U0829646

权威·前沿·原创

皮书系列为
“十二五”“十三五”“十四五”国家重点图书出版规划项目

BLUE BOOK

智库成果出版与传播平台

区域蓝皮书
BLUE BOOK OF
CHINA'S REGIONAL DEVELOPMENT

中国区域经济发展报告（2021~2022）

ANNUAL REPORT ON CHINA'S REGIONAL ECONOMY (2021-2022)

北京市社会科学院
主　编 / 赵　弘
副主编 / 游霭琼 杨维凤 王德利

社会科学文献出版社
SOCIAL SCIENCES ACADEMIC PRESS (CHINA)

图书在版编目(CIP)数据

中国区域经济发展报告.2021－2022／赵弘主编.－－
北京：社会科学文献出版社，2022.4
（区域蓝皮书）
ISBN 978－7－5201－9814－1

Ⅰ.①中… Ⅱ.①赵… Ⅲ.①区域经济发展－研究报
告－中国－2021－2022 Ⅳ.①F127

中国版本图书馆CIP数据核字（2022）第035311号

区域蓝皮书
中国区域经济发展报告（2021~2022）

主　　编／赵　弘
副 主 编／游霭琼　杨维凤　王德利

出 版 人／王利民
组稿编辑／邓泳红
责任编辑／吴　敏
责任印制／王京美

出　　版／社会科学文献出版社·皮书出版分社（010）59367127
　　　　　地址：北京市北三环中路甲29号院华龙大厦　邮编：100029
　　　　　网址：www.ssap.com.cn
发　　行／社会科学文献出版社（010）59367028
印　　装／天津千鹤文化传播有限公司

规　　格／开 本：787mm×1092mm　1/16
　　　　　印 张：22.5　字 数：335千字
版　　次／2022年4月第1版　2022年4月第1次印刷
书　　号／ISBN 978－7－5201－9814－1
定　　价／128.00元

读者服务电话：4008918866

北京市社会科学院系列皮书
编辑工作委员会

《中国区域经济发展报告（2021～2022）》
编　委　会

主编简介

赵　弘　研究员，博士，博士后导师，享受国务院政府特殊津贴专家，北京市人民政府专家顾问团顾问，北京市社会科学院原副院长，中国总部经济研究中心主任，中关村创新发展研究院院长，兼任中国区域经济学会副会长、北京市产业经济研究会副会长等学术职务，入选北京“高创计划”哲学社会科学和文化艺术领军人才、北京市新世纪社科理论人才“百人工程”，北京市宣传文化系统“四个一批”人才。

在我国区域经济、产业经济、科技创新等研究领域有较高的知名度和影响力，在国内首次提出“总部经济”理论，出版了我国第一部总部经济理论专著——《总部经济》，在全国引起强烈反响。先后主持完成国家社会科学基金、国家自然科学基金、省部级以及其他各类研究课题150余项，出版著作20余部，获“北京市科学技术奖”“北京市哲学社会科学优秀成果奖”等省部级奖10项。

游霭琼　广东省社会科学院省人才发展研究中心主任、研究员，广东经济学会理事，广东省区域与产业创新研究会副会长，广东消费经济学会副会长，主要从事区域经济学、对外经贸、人才政策等研究。

杨维凤　北京市社会科学院经济所副研究员，博士，主要研究方向为区域经济。在《新华文摘》等公开发表50余篇论文，主持和参与北京市社会科学基金项目、北京市优秀人才资助项目、国家社会科学基金项目、首都智库重大项目等各类科研项目60余项，出版专著1部，参编著作11部。

王德利 北京市社会科学院经济所研究员，博士，主要研究方向为区域经济与区域规划。入选北京市第八批优秀青年人才、北京市高层次创新创业人才支持计划青年拔尖人才；出版专著4部，参编著作7部；发表论文50余篇，其中SCI论文1篇，核心期刊20余篇；10余篇研究报告获得北京市委书记、市长等领导的肯定性批示；主持完成国家自然科学基金项目、国家社会科学基金项目、北京市哲学社会科学规划项目等课题40余项，主持及参与区域规划等40余项；独立获得北京市第十四届哲学社会科学优秀成果二等奖、北京市第十一届优秀调查研究成果优秀奖等省部级奖项。

摘　要

2021年是我国“十四五”开局之年，新冠肺炎疫情不断反复，变异病毒在全球蔓延，全球经济在坎坷中艰难复苏，中国经济面临多重考验。以习近平同志为核心的党中央准确判断形势，精心部署，统筹疫情防控和经济发展，开启了全面建设社会主义现代化国家的新征程。我国区域经济展示出强大韧性和活力，整体逆势向好，区域发展相对差距逐步缩小，但南北分化加剧；深入实施区域发展总体战略，区域协调发展向着更高水平迈进；区域经济发展动力加快转换，推动区域经济高质量发展；巩固拓展脱贫攻坚成果，接续推进乡村振兴；生态文明建设不断深化，各地“双碳”目标任务不断落实。新冠肺炎疫情反复和变异病毒蔓延给世界经济发展带来了很大不确定性，我国经济发展面临的外部压力大。2022年，我国区域经济发展面临众多机遇和挑战。展望2022年，我国区域经济发展将呈现以下趋势：深入实施区域重大发展战略和区域协调发展战略，区域经济布局不断优化；以现代化都市圈为核心，分级分类推动城市群发展；以国内大循环为主体、国内国际双循环相互促进的新发展格局将加快构建；乡村振兴将全面推进，农业农村现代化加快发展；以降碳为重点战略方向，将加速经济社会发展全面绿色转型。

本书通过总报告、京津冀地区、长三角地区、珠三角与南部沿海地区、中西部地区和东北地区等模块，深入分析了中国区域经济发展的总体态势。总报告分析了2021年我国区域经济发展的总体态势，研判了2022年我国区域经济发展面临的机遇和挑战，预测了2022年我国区域经济发展趋势。京津冀地区篇围绕京津冀区域绿色低碳发展、高技术产业、京津雄城市群问题进行了深入探讨。长三角地区篇对长三角碳排放、创新能力、普惠金融和文旅融合发展等问题进行了专题研究。珠三角与南部沿海地区篇对粤港澳大湾区协同发展、“极点”城市区域合作、“两个合作区”创新发展等问题进行了深入分析。中西部地区篇分析了成渝双城经济圈、河南建设国家创新高地、山西现代物流高质量发展等问题。东北地区篇对东北地区营商环境、交通可达性和吉林省工业碳排放等问题进行了专题研究。大事记部分对2021年全国区域经济发展的重要事件进行了归纳和梳理。

关键词： 区域经济　协调发展　高质量发展　低碳发展

目　录

Ⅳ 珠三角与南部沿海地区

Ⅴ 中西部地区

Ⅵ 东北地区

Ⅶ 大事记

皮书数据库阅读**使用指南**

总报告

General Report

B.1
2021~2022年中国区域经济发展形势与展望

北京市社会科学院区域经济研究课题组*

摘　要： 2021年，我国区域经济展示出强大韧性和活力，整体逆势向好，区域发展相对差距逐步缩小，但南北分化加剧；深入实施区域发展总体战略，区域协调发展向着更高水平迈进；区域经济发展动力加快转换，推动区域经济高质量发展；巩固拓展脱贫攻坚成果，接续推进乡村振兴；生态文明建设不断深化，各地“双碳”目标任务不断落实。新冠肺炎疫情反复和变异病毒蔓延给世界经济发展带来了很大不确定性，我国经济发展面临的外部压力大。

* 课题组组长：赵弘，博士，北京市社会科学院原副院长，研究员，研究方向为区域经济。成员：杨维凤，博士，北京市社会科学院经济所副研究员，研究方向为区域经济；王德利，博士，北京市社会科学院经济所研究员，研究方向为区域经济；方方，博士，北京市社会科学院经济所副研究员，研究方向为区域经济；何砚，博士，北京市社会科学院经济所助理研究员，研究方向为区域经济；徐李璐邑，博士，北京市社会科学院经济所助理研究员，研究方向为区域经济。

2022 年，我国区域经济发展面临众多机遇和挑战。展望 2022 年，我国区域经济发展将呈现五大趋势。

关键词： 区域发展差距 区域重大战略 高质量发展 乡村振兴 生态文明

2021 年是我国“十四五”开局之年，新冠肺炎疫情不断反复，变异病毒在全球蔓延，全球经济在坎坷中艰难复苏，中国经济面临多重考验。以习近平同志为核心的党中央准确判断形势，精心部署，统筹疫情防控和经济发展，开启了全面建设社会主义现代化国家的新征程。我国区域经济展示出强大韧性和活力，整体逆势向好，区域发展相对差距逐步缩小，但南北分化加剧；深入实施区域发展总体战略，区域协调发展向着更高水平迈进；区域经济发展动力加快转换，推动区域经济高质量发展；巩固拓展脱贫攻坚成果，接续推进乡村振兴；生态文明建设不断深化，各地“双碳”目标任务不断落实。新冠肺炎疫情反复和变异病毒蔓延给世界经济发展带来了很大不确定性，我国经济发展面临的外部压力大。2022 年，我国区域经济发展面临众多机遇和挑战。展望 2022 年，我国区域经济发展将呈现以下趋势：深入实施区域重大发展战略和区域协调发展战略，区域经济布局不断优化；以现代化都市圈为核心，分级分类推动城市群发展；以国内大循环为主体、国内国际双循环相互促进的新发展格局将加快构建；乡村振兴将全面推进，农业农村现代化加快发展；以降碳为重点战略方向，经济社会发展将加速全面绿色转型。

一 2021年中国区域经济发展态势分析

2021 年，我国区域经济发展整体逆势向好，区域发展相对差距逐步缩小，但南北分化加剧；深入实施区域发展总体战略，区域协调发展向着更高水平迈进；区域经济发展动力加快转换，推动区域经济高质量发展；巩固拓展脱贫攻坚成果，接续推进乡村振兴；生态文明建设不断深化，各地“双碳”目标任务不断落实。

（一）经济发展摆脱疫情带来的负面影响，区域经济发展整体向好

2021 年，国际国内形势发生了深刻复杂变化。当前，全球疫情仍在持续演变，国内也出现零星疫情散发，给我国经济发展带来挑战，但在国内积极应对下，疫情短期负面影响逐渐褪去，经济长期平稳向好发展的基本趋势没有改变。

1. 经济发展整体逆势向好

2021 年，我国国内生产总值为 114.4 万亿元，按可比价格计算，同比增长 8.1%，经济增速在全球主要经济体中名列前茅，第一至第四季度同比分别增长 18.3%、7.9%、4.9%、4.0%，两年平均增长分别为 4.9%、5.5%、4.9%、5.2%。[①] 分产业看，第一、第二、第三产业增加值分别为 83086 亿元、450904 亿元、609680 亿元，分别同比增长 7.1%、8.2%、8.2%，分别占 GDP 的 7.3%、39.4%、53.3%，与上年相比，第二产业比重提高 1.6 个百分点，第一、第三产业比重分别下降 0.4 个、1.2 个百分点。可以看出，我国经济在 2021 年前两个季度保持了稳定的复苏态势；第三季度以来，国内外风险挑战增多，全球疫情蔓延，世界经济复苏势头放缓，国际大宗商品价格持续走高，国内部分地区遭遇疫情和洪涝灾害，经济转型调整的压力显现。

从经济总量来看，2021 年，广东依旧稳居全国第一，为 124369.67 亿元。GDP 排名第二的江苏为 116364.2 亿元，迈上 11 万亿元新台阶。除此之外，还有不少省份 2021 年 GDP 都迈上了新台阶，如山东 GDP 突破 8 万亿元，浙江 GDP 突破 7 万亿元，河南 GDP 达到 5.9 万亿元，四川、湖北 GDP 突破 5 万亿元，福建、湖南 GDP 分别达到 4.9 万亿元、4.6 万亿元，接近 5 万亿元；而上海、安徽、河北、北京 GDP 均已突破 4 万亿元；山西、内蒙

---

① http：//www.gov.cn/xinwen/2021－10/18/content_ 5643249.htm.

古 GDP 突破 2 万亿元，甘肃 GDP 突破 1 万亿元[①]。从以上分析可以看出，沿海强省仍然占据了前四名，前 10 名省份中沿海省份有 6 个进入了榜单，前四名的排名多年来基本保持不变。中部六省有 3 个省份进入了前十行列，分别为河南、湖北、湖南；其中，河南在中部地区排名最靠前，排全国第五位，超过沿海的福建省。东北三省辽宁、吉林、黑龙江中，除辽宁 GDP 超过 2 万亿元（27584.1 亿元，居第 17 位）外，黑龙江 GDP（14879.2 亿元，居第 25 位）和吉林 GDP（13235.5 亿元，居第 26 位）均在 1 万亿元以下。

从经济增速来看，2021 年，湖北、海南、山西、江西、江苏、浙江、北京、安徽、重庆、四川等 11 个省份的 GDP 同比增速超过了全国平均水平（8.1%），其中东部地区 5 个省份和中部地区 4 个省份榜上有名，西部地区只有重庆、四川入围，东北地区则无一上榜。GDP 增速最低的 5 个省份分别是河南（6.3%）、内蒙古（6.3%）、黑龙江（6.1%）、辽宁（5.8%）和青海（5.7%）。湖北省由于 2020 年基数较低，加上基础设施投资增加，一大批项目开工，对经济的拉动作用明显；2021 年，湖北省经济增速达到 12.9%，居全国首位（见图 1）。

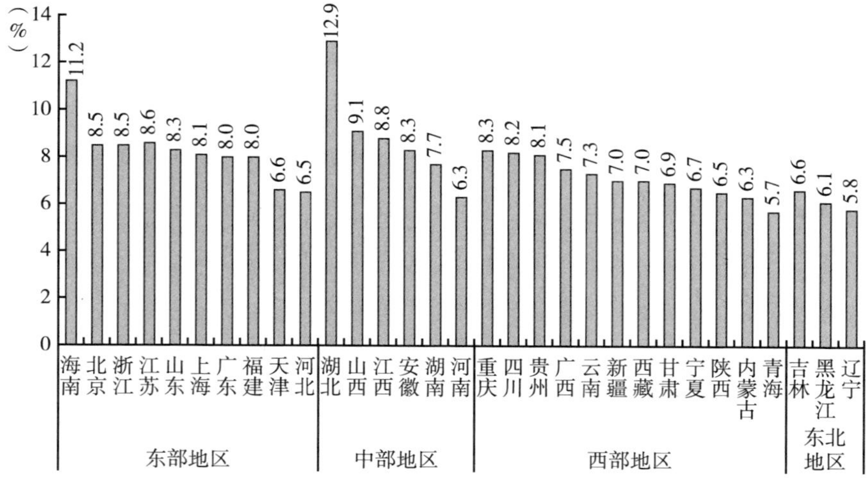

图 1　2021 年中国分省份 GDP 增速对比分析

① http：//www. zhicheng. com/hgcy/n/408389. html.

从以上分析可以看出，东部地区加快经济转型的效果明显，东部地区再次呈现领跑态势。东部地区的海南省，以 11.2% 的增速，仅次于湖北；2021 年前三季度，海南省第三产业增加值同比增长 17.4%，对经济增长的贡献率达到 81.3%，两年平均增长 9.3%。江苏和浙江经济增速均居前十，江苏高新技术产业发展迅速，2021 年前三季度，江苏省高新技术产业产值同比增长 25%，占规模以上产业的比重达到 48.1%；浙江大力推进数字改革，数字经济发展势头强劲，2021 年前三季度数字经济产业增长 24.2%，两年平均增长 19.2%。在中部地区，除湖北外，山西作为煤炭资源大省，在煤炭需求和价格上涨的影响下，2021 年前三季度工业增加值同比增长 14.0%。虽然 2021 年前三季度西部 7 个省份的经济增速超过了全国 5.2% 的两年平均增速，但相较于东部地区的优势有所下降，长期以来一直引领全国经济增长的贵州省排名也有所下降。西部地区 2020 年受疫情影响较小，经济增长较快，但 2021 年前三季度，受上年基数高和云南、宁夏等地疫情零星散发的影响，西部地区经济增速有所放缓，对经济发展产生一定影响。①

2. 区域发展相对差距逐步缩小，但南北分化加剧

新中国成立初期，党中央加大对中西部地区的投入，促进了内陆地区的经济发展，缩小了内陆与沿海地区的经济差距。改革开放初期，沿海率先发展战略使东部地区率先发展并保持优势地位。2000 年以来，随着西部大开发、东北振兴、中部崛起等区域发展战略的实施，区域协调发展的局面逐渐形成。党的十八大以来，我国推动共建“一带一路”，实施京津冀协同发展、长江经济带、粤港澳大湾区、长三角一体化等重大战略，区域发展更加均衡，发展差距逐步缩小。从经济发展数据看，新中国成立以来，区域经济发展的相对差距经历了一个从缩小到扩大再到缩小的过程。1952 年，人均 GDP 最高的东北地区与最低的西部地区的相对差距为 2.6 倍，1990 年下降到 1.9 倍。自 1991 年起，我国东部地区人均 GDP 开始超过东北地区，在四

① https：//finance. sina. com. cn/roll/2021 - 11 - 01/doc - iktzqtyu4707238. shtml.

大地区中排名第一；东部地区与其他地区的差距逐渐扩大，2003 年达到峰值 2.5 倍。2003 年以后，随着西部大开发、东北振兴、中部地区崛起等区域发展战略的深入实施，东西部地区的区域发展差距逐渐缩小，2018 年缩小为 1.8 倍。党的十八大以来，东部、中部、西部和东北地区人均 GDP 增速分别为 7.2%、8.2%、8.5% 和 6.1%，中西部地区的经济增速连续多年超过东部地区，区域经济发展的良性互动局面逐渐形成,[①] 西部地区与东部地区的人均 GDP 差距进一步缩小。区域经济差距作为发展不平衡的重要表现形式，一直是我国经济发展中的一个突出现象和问题。过去，我国区域发展的不平衡主要表现为东西部差距，政府对区域发展的调控主要集中在东西部。新世纪以来，我国实施了一系列重大区域战略，包括西部大开发、东北振兴、中部地区崛起、东部地区引领发展、共建“一带一路”、长江经济带发展等，我国东中西差距有所缩小。从经济发展水平看，1978 年南北经济总量所占比重分别为 53.7% 和 46.3%。从 20 世纪 80 年代到 90 年代，南方经济在国民生产总值中所占比重不断上升。2002 年以来，随着北方经济增速相对加快，北方经济在国民经济中所占比重也在增加。但自 2012 年以来，南方经济所占的比重逐年上升，2019 年超过 77%，为 20 世纪 80 年代以来的最高水平，北方经济仅占全国经济的 23%，特别是东北经济在国民经济中所占比重下降到 6.3%，不到 1978 年的一半。从城市群建设看，长三角、珠三角城市群发展相对成熟，上海、广州、深圳与周边区域的融合程度较高，成为区域发展中的重要增长极。相比之下，北方的京津冀城市群内各城市发展处于相对孤立的状态，其对区域发展的辐射和带动作用有待提高。从城市发展层面看，南方城市如深圳、佛山、东莞、苏州逐渐崛起，而北方的长春、鞍山、哈尔滨、石家庄排名逐渐靠后。从 1978 年到 2020 年，排名前 20 位的城市中，北方城市数量从 11 个降到 5 个，排名前 10 位的城市中，北方城市数量从 6 个降到只有北京 1 个。由东西向南北分化的转变，是新常态以来我国区域经济发生的重大变化，对我国区域经济协调发展提出了新挑战。这意味着，我国不仅要继

---

① https：//politics. gmw. cn/2019 -08/19/content_ 33089244. htm.

续把重点放在促进东西部地区均衡发展上，而且要加大力度缩小南北发展差距。[①]

（二）深入实施区域发展总体战略，区域协调发展向着更高水平迈进

“十四五”开局之年，我国区域发展总体战略深入实施，共建“一带一路”高质量推进，京津冀协同发展、长江经济带发展、粤港澳大湾区建设、长三角一体化发展、黄河流域生态保护和高质量发展等区域重大战略不断向纵深推进，区域空间布局更加优化，区域协调发展向着更高水平迈进。

1. 共建“一带一路”高质量推进

共建“一带一路”仍呈现较强韧性，高质量推进。一是共建“一带一路”国家持续增多。截至2022年1月，我国已与147个国家、32个国际组织签署200多份共建“一带一路”合作文件。[②] 2021年，我国和老挝签订了关于建立共建“一带一路”合作工作协调机制的谅解备忘录，分别和古巴、摩洛哥、尼加拉瓜、叙利亚、圣多美和普林西比签署了共建“一带一路”合作文件。二是和“一带一路”沿线国家的贸易往来不断深入。中欧班列增长态势强劲。2021年，中欧班列运送货物146.4万标箱，同比增长29%；综合重箱率达到98.1%；开行量达到15183列，同比增长22%。[③] 2021年，我国对“一带一路”沿线国家进出口额达到11.6万亿元，同比增长23.6%，占我国进出口总值的29.7%。其中，出口和进口分别增长21.5%和26.4%。能源、农业、矿产等领域合作密切，2021年我国自“一带一路”沿线国家进口原油、农产品、金属矿砂和天然气分别增长44%、26.1%、24.9%和38.9%。产业链、供应链合作日益深化，2021年中间产

---

① 盛垒、张子彧：《我国南北经济分化的影响因素研究——基于区域创新能力差异的视角》，《华中师范大学学报》（自然科学版）2021年第5期。

② https：//www. yidaiyilu. gov. cn/xwzx/gnxw/215896. htm.

③ https：//baijiahao. baidu. com/s？ id = 1722312729782840914&wfr = spider&for = pc.

品占我国对“一带一路”沿线国家的出口比重提升到56.2%。民营企业成为共建“一带一路”的重要力量，2021年我国民营企业对“一带一路”沿线国家进出口占同期我国与“一带一路”沿线国家进出口总额的53.5%，达到6.21万亿元。三是“一带一路”建设重大项目取得积极进展。2021年12月3日，中老高铁正式通车，全长1035公里。中巴经济走廊所有项目建设运营基本正常，喀喇昆仑公路二期升级改造项目完工并实现运营，卡西姆港、塔尔、萨希瓦尔、胡布等水电项目工程和瓜达尔港建设有序推进中，签署了科哈拉、帕坦等水电项目购电协议。

2. 京津冀协同发展取得新突破

京津冀协同发展战略实施8年来，京津冀三地建立了紧密的分工协作联系。一是在交通、产业、生态、公共服务等领域取得新突破。交通方面，“轨道上的京津冀”加快打造。京沈高铁建成通车，北京市郊铁路开行365公里，厂通路北京段、河北段开工建设，北京市域内高速公路“断头路”全部打通，三地城市交通实现一卡通行，京津冀一小时交通圈逐步扩大。生态方面，大气联防联控机制日益完善，京津冀地区空气质量持续改善，取得历史性突破。2021年，京津冀三地PM2.5年均浓度首次全部达到“30+”。持续开展京津风沙源治理和京冀生态水源保护林建设，构筑京津冀绿色生态屏障。持续推动区域水环境治理，永定河北京段25年来首次实现全线通水，大运河北京段和廊坊段同时实现旅游通航试运行。产业方面，产业协同发展取得积极成效。截至2021年8月，中关村企业累计在津冀设立分支机构8793家；其中天津4152家，河北4641家。北京与廊坊北三县举行项目推介洽谈会，累计签约项目120余个。推动建设一批电力、燃气、供热等重点项目，张北柔性直流输电工程建成投运、涿州热电供热管线等工程建成投运。张北云计算产业基地加快发展。公共服务方面，截至2021年10月，43项临床检验结果在京津冀近500家医疗机构实现互认，180多家定点医疗机构实现跨省异地就医门诊费用直接结算。京津冀教育合作不断深化，三地组建高校联盟，职业院校开展合作办学，互派培养中小学教师。二是非首都功能疏解取得新进展。2014年以来，累计退出一般制造业企业2800多家，疏解提升区域性批发市场和物流中心约1000个。[①] 截至2020年底，北京向河北疏解法人单位近1.9万家，其中产业活动单位7800多家；北京市到天津布局的项目3062项。[②] 在疏解转移中，北汽集团、首钢集团、金隅集团等龙头企业起到了示范作用。央企总部加快疏解，2021年8家大型央企总部迁出北京。中国星网集团、中国华能集团和中国中化集团迁驻雄安新区，中国船舶集团、中国电气装备集团迁往上海，中国电子集团迁驻深圳，三峡集团回迁湖北，中国稀土集团迁驻赣州。三是北京城市副中心和雄安新区“两翼”建设不断深入。北京城市副中心建设稳步推进。城市副中心剧院、图书馆、博物馆三大建筑全部实现主体结构封顶，北京环球影城开园营业，广渠路东延正式通车。《北京城市副中心站综合交通枢纽地区规划综合实施方案》公布，综合交通枢纽进入主体结构施工阶段。首旅集团、中核矿业、三峡集团、路孚特集团、北投集团北京建院、中国化学工程股份有限公司、普华永道咨询（北京）有限公司、北京科技大学、北京市工程咨询有限公司等一批央企、外企、上市公司、高校、科研机构等落地城市副中心。上田八木、华夏理财、国际财富管理研究院等全国全市首创性项目落地城市副中心。深入推动通州区与北三县协同发展，加快建设通州区与北三县一体化高质量发展示范区。2021年12月26日，国家出台了《国务院关于支持北京城市副中心高质量发展的意见》，制定了一系列针对性政策，支持北京城市副中心高质量发展，为进一步发展注入了新动能。雄安新区从规划阶段转入大规模建设和承接非首都功能疏解同步推进的阶段。230个建设项目正在稳步推进，部分在京央企总部逐步向雄安新区疏解。北京出资支持的“三校一院”交钥匙项目基本完工。

3. 长江经济带高质量发展扎实推进

长江经济带绿色发展成效明显，对全国经济发展的引领作用不断增强。一是顶层制度设计日益完善。2021年9月，《“十四五”长江经济带发展实

---

① 《奋力推动京津冀协同发展迈向更高水平》，央视网，2021年10月20日。

② http：//video. sina. com. cn/p/finance/2021 - 07 - 08/detail - ikqcfnca5619662. d. html.

施方案》印发实施，是指引长江经济带高质量发展的总体方案。实施方案是“1+N”政策规划体系中的“1”，提出了一系列重点任务，重点强化生态环境系统保护修复，推动经济绿色低碳发展，促进城乡区域协调发展和保护传承弘扬长江文化。[①] 11 月，长江经济带发展领导小组办公室出台了《“十四五”长江经济带综合交通运输体系规划》，是政策规划体系“N”中首个印发的配套政策，是支撑长江经济带高质量发展的重要举措。二是生态环境改善成效显著。长江流域“十年禁渔”全面启动，沿江各省市污染治理“4+1”工程持续推进，生态环境警示片中的 484 个问题，已经整改完成 437 个。2021 年上半年，长江经济带优良水质比例达到 88.2%，同比上升 2.1 个百分点，优于全国 6.5 个百分点。[②] 劣Ⅴ类水质比例同比下降 0.3 个百分点，达到 0.6%。三是绿色高质量发展有序推进。2021 年上半年，长江经济带沿线地区生产总值占全国的 46.9%，达到 24.88 万亿元，同比提高了 14%。沿江各地促进新兴产业发展，推动绿色发展示范，创新驱动发展活力持续增强。新兴产业集群起到明显带动作用，长江经济带电子信息、装备制造等产业规模占全国比重均超过 50%。[③] 四是体制机制不断完善。2021 年 5 月，多部门联合印发了《支持长江全流域建立横向生态保护补偿机制的实施方案》，生态补偿机制日益完善。生态产品价值实现机制试点稳步实施，已经形成一些可复制、可推广的经验做法。坚持依法治江，长江保护法颁布实施。长江经济带负面清单管理制度执行严格有力。

4. 粤港澳大湾区建设取得阶段性成效

粤港澳大湾区建设取得阶段性成效。一是交通一体化建设持续推进，初步形成放射型对外交通格局和内部城际交通网。目前粤港澳大湾区铁路里程 2200 多公里，高铁里程 1200 多公里，高速公路里程达到 4800 多公里，城市轨道交通运营里程 1000 多公里。2021 年，广州地铁 18 号线贯通，时速达到 160 公里。广深港高铁、穗莞深城际铁路运营通车，已经开工建设汕

---

① http://cjjjd.ndrc.gov.cn/gongzuodongtai/bangongshi/202111/t20211108_1303518.htm.

② 《长江经济带谱写生态优先绿色发展新篇章》，央视网，2021 年 10 月 21 日。

③ https://baijiahao.baidu.com/s?id=1688105768137134906&wfr=spider&for=pc.

汕、深江、广湛、深汕等高铁。深圳湾口岸货检通道24小时均可通关，新横琴口岸开通使用，黄茅海跨海通道、深中通道、粤澳新通道（青茂口岸）加快建设。深圳机场扩建工程、佛山新机场、广州白云国际机场三期扩建工程加快建设中。二是营商环境不断改善。目前，粤港澳大湾区政务商事等服务已经实现“一网通办”；金融市场互联互通加快推进，“跨境理财通”首批业务落地，为粤港澳大湾区居民提供便利快捷的跨境金融服务；职业资格认可、标准衔接的范围不断拓宽；实行新型通关模式，便利人员跨境流动。广州市实行营商环境4.0改革，制定了《广州市用绣花功夫建设更具国际竞争力营商环境若干措施》，提出了260项年度任务和35条改革举措，不断提升市场主体满意度。珠海横琴新区开通跨境办、一站办、掌上办等快捷服务通道，建立了个体经营台账式备案系统，提高了澳门投资者在横琴新区的市场准入便利度。三是创新合作不断深化，引领粤港澳大湾区高质量发展。破除影响创新的体制机制障碍，实行跨境拨付财政科研资金，推行“港人港税”“澳人澳税”，推动资本市场互联互通。大数据、云计算、人工智能、5G等数字经济技术在各行各业中广泛应用，成为推动经济发展的新引擎。珠三角先进制造业和港澳现代服务业联动发展，产业竞争力日益提升。粤港澳大湾区综合性国家科学中心正式启动，加快构建科技创新体系。广深港、广珠澳科技创新走廊建设持续推进，出台了《广州穗港智造合作区建设实施方案》，推动香港发挥优势，实现“再工业化”，打造千亿级智能制造产业集群。横琴先进智能计算平台一期建设已经完成，实现大湾区内跨境光纤互联。在广州南沙、深圳前海、珠海横琴等重大合作平台，新注册港资企业1.3万家、澳资企业3280家。①

5. 长三角一体化发展取得积极进展

长三角一体化发展战略实施三年以来取得积极进展。一是基础设施互联互通水平日益提升。长三角地区开通运营了71条跨省公交线路，杭黄高铁、商合杭高铁正式运行，上海、杭州、南京、合肥等城市通过城际客运可以快

① https：//baijiahao. baidu. com/s？ id = 1693854526917058928&wfr = spider&for = pc.

速通达。长三角铁路开通了“月票”，实施优惠票价，旅客可以随到随走。二是体制机制持续创新。对标国际一流标准，实行自由贸易账户、外商投资负面清单、国际贸易“单一窗口”等制度创新，加快和国际通行规则接轨。2021年上半年，在规划管理、项目管理、生态保护、公共服务、要素流动和体制机制等方面提出了18项突破性制度创新成果。长三角一体化发展战略实施以来，已实行制度创新73项。三是创新引领长三角高质量发展。搭建长三角科技资源共享服务平台，聚集了3.6万台（套）大型科学仪器、22个重大科研基础设施。围绕新一代人工智能、量子信息、第三代半导体、物联网等领域，实施技术创新，相关新兴产业集群不断发展。G60科创走廊加快建设，成立了长三角G60科创走廊科技成果转化基金，吸引更多社会资本投入科技创新。2021年制定了《长三角G60科创走廊“十四五”先进制造业产业协同发展规划》和《长三角G60科创走廊打造具有国际影响力的科创走廊和我国重要创新策源地指标体系》，聚焦集成电路、生物医药、民用航空、数字经济、未来科技等五大产业，推动先进制造业发展，打造世界级产业集群。2021年上半年，长三角三省一市GDP超过13万亿元，约占全国GDP的1/4。

6. 黄河流域生态保护和高质量发展扎实推进

黄河流域生态保护和高质量发展上升为国家战略以来，强化生态环境保护，不断完善治理体系，取得初步成效。一是顶层设计不断完善，构建起黄河流域生态保护的“四梁八柱”。2021年10月8日，中共中央、国务院印发的《黄河流域生态保护和高质量发展规划纲要》是指引黄河流域生态保护和高质量发展的纲领性文件，明确提出黄河流域的战略定位是：大江大河治理的重要标杆、国家生态安全的重要屏障、高质量发展的重要实验区、中华文化保护传承弘扬的重要承载区。围绕这些战略定位，要加强上游水源涵养能力建设和中游水土保持，推进下游湿地保护和生态治理，加强全流域水资源节约集约利用，紧紧抓住水沙关系调节这个“牛鼻子”，强化环境污染系统治理，保护传承弘扬黄河文化，推动黄河流域高质量发展。同日，国务院发布了《中华人民共和国黄河保护法（草案)》，明确了在生态保护与修复、水资源节约集约利用、污染防治等方面违法行为的法律责任。沿黄河流域各省（区、市）纷纷制定了相关规划和政策规定：《山东省黄河流域生态保护和高质量发展规划》《山西省黄河流域生态保护和高质量发展规划》《内蒙古自治区黄河流域生态保护和高质量发展规划》《河南省黄河流域生态保护和高质量发展规划》《甘肃省黄河流域生态保护和高质量发展规划》《陕西省黄河流域生态保护和高质量发展规划》《四川省黄河流域“十四五”生态环境保护规划》《黄河青海流域生态保护和高质量发展规划》《宁夏建设黄河流域生态保护和高质量发展先行区促进条例》，自然资源部出台了《支持宁夏建设黄河流域生态保护和高质量发展先行区意见》。山东省构建形成了“1 + N + X”省级规划体系，编制了生态环保、水利建设、国土空间、文化保护传承、东平湖生态保护和高质量发展等 9 个专项规划，制定了一系列政策措施加强黄河保护治理、支持黄三角农高区高质量发展、保护传承弘扬黄河流域非物质文化遗产等。二是整治生态环境问题，推进生态保护修复。2021 年 5 月，生态环境部开展黄河流域固体废物倾倒排查整治工作，拟用两年时间完成。截至 2021 年 11 月底，黄河中上游地区内蒙古、四川、甘肃、青海、宁夏 5 省（区、市）24 市已经提前完成立查立改点位整治的目标。各地累计投入资金 2408. 4 万元人民币，清理各类固废 882. 6 万吨。其中清理生活垃圾堆放点位 92 个，清理量 12. 3 万吨；一般工业固体废物堆放点位 42 个，清理量 735. 3 万吨。[①] 2021 年，山东省开工了 286 个重大项目，主要涉及黄河流域生态保护、污染治理、产业发展、基础设施建设等；出资 2 亿元支持实施黄河三角洲生态保护修复工程和沿黄其他地区湿地公园保护修复。陕西省实施拦沙工程、淤地坝和坡改梯建设工程，开展“黄河专项整治行动”；截至 2020 年底，陕西省黄河流域累计治理水土流失面积 5. 7 万平方公里，年均入黄泥沙量由 8. 3 亿吨减少到 2. 68 亿吨。[②] 山西省重

① https：//baijiahao. baidu. com/s? id = 1722303139403336771&wfr = spider&for = pc.

② http：//slj. yl. gov. cn/n – show – 4745. html.

点推进汾河保护与治理、五湖治理和开展国土绿化彩化财化行动，加强黄土高原水土流失综合治理等。

（三）区域经济发展动力加快转换，推动区域经济高质量发展

我国实施区域协调发展战略，力求在区域协调新机制上实现突破，建立健全公平与效益并重、市场优化配置与政府调控并重、问题导向与政策目标并重、激励与约束并重的区域政策新体系，初步形成适应区域经济高质量发展内在要求的区域协调新机制。在形成区域协调新机制的基础上，区域经济发展动力加快转换，数字经济成为推动区域经济高质量发展的重要“引擎”。

1. 数字经济成为推动区域经济高质量发展的重要引擎

2021 年，我国数字经济规模实现了较大幅度的增长。同时，以数字信息、大数据等为关键要素的数字市场的出现及其不断发展壮大，也迅速改变着要素供给端的结构，从供需两个方面为区域经济由高速向高质量发展的转型提供了有效可行的发展路径，成为驱动区域经济增长的关键新力量。例如，北京确立了以建成国际数据要素配置枢纽高地、城市数字智能转型示范高地、新兴数字产业孵化引领高地、数字治理中国方案服务高地、数字经济对外合作开放高地、全球数字技术创新策源高地“六个高地”为目标，率先探索构建城市经济高质量发展新格局的有效路径，推动数字经济迅速发展，数字经济标杆城市建设取得阶段性成果。各地自贸区积极打造数字贸易产业产品发展示范基地。河南省自贸区依托网上巡查、大数据分析等方法打造跨境电商零售进口事后监督新模式，利用数字技术生成专属二维码，集成进行跨境电商零售信息录入，推动新兴产业健康有序发展。在湖北省，武汉片区依托亚欧商道重点、节点地位提升数字贸易产业产品大数据集成与挖掘能力；襄阳片区依托雄厚的产业基础，数字化、智能化升级先进制造业平台；宜昌片区基于“多审合一、一窗受理、网上流转、数字交付”数字化平台，开办建筑工程的图审业务。湖南自贸区近年来大力实施创新引领战略，先进制造业发展规模居全国第一。湖南自贸区长沙片区建立湖南首个数字贸易特色园区“黄花数字贸易港”，探索“5G + 工业互联网”知识产权

保护数字化确权、涉企检查“云备案”、高端装备制造业融资租赁集成业务模式等制度创新案例。安徽自贸区将创新作为区域发展的最大动力和政策，基于大数据分析建立中小企业信用贷款新模式；通过线上平台与线下专业化服务将企业和高校院所需求进行有效连接，推进科技成果转化；芜湖片区通过搭建产业链融合创新平台推动智慧家电、智能网联汽车发展，实行“区块链＋综窗通办”模式，应用“智能化行政审批系统”提供全天候服务。

在当前全球经济进入数字化驱动快车道的大背景下，发展数字经济已成为我国区域经济结构优化升级的必然选择，也是推动构建我国区域经济新发展格局的必由之路。数字经济作为一种新兴经济形态，在很大程度上促进了我国区域经济全要素生产率的提升，为新发展格局下我国区域经济的高质量发展以及社会进步提供了重要的创新动力源。

2. 深入实施创新驱动发展战略，推动区域经济高质量发展

创新是引领发展的第一动力，也是建设现代化区域经济体系、实现区域经济高质量发展的战略支撑及其根本要求。我国各地深入实施创新驱动发展战略，推动区域经济高质量发展。例如，北京遵循科技创新中心要求，聚焦“白菜心”，抢抓“新机遇”，谋篇布局，精准施策，实现了“十四五”时期首都高精尖产业发展的“开门红”，充分彰显了“五子”联动赋能产业发展，先进制造业与生产性服务业深度融合、快速发展的“北京范式”，产业结构不断优化。北京市通过持续推进高精尖产业项目落地和政策落实，统筹利用产业资金和基金支持产业发展、完善细化支持高精尖产业发展的政策工具，统筹推进中德、中日产业园的规划和建设，加快推动京津冀协同发展，加速构建具备首都特色的现代化经济体系。浙江舟山市以企业创新为政策抓手，建设“创新舟山”，紧抓疫情防控和科技创新，推动科技型企业复工复产，不断增强企业自主创新能力和内生发展动力，助推全区经济社会实现平稳较快发展。四川省深入实施创新驱动发展战略，构建以成都和绵阳为主引擎、成都都市圈为主承载、其他区域中心城市和节点城市为重要支撑的区域协同创新格局；成都平原经济区以国家战略科技力量为引领，强化原始创新和高端现代产业创新，打造成德绵眉乐高新技术产业带；川南经济区、川东北经济区强化产教融合和技术创新应用，促进资源能源高效开发、产业提档升级和老工业城市转型发展；攀西经济区加快国家战略资源创新开发试验区建设，提升钒钛、稀土、光热等资源综合利用科技水平；支持川西北生态示范区强化绿色发展科技支撑，发展高原特色产业，推动成都都市圈各市和区域中心城市国家高新技术产业开发区全覆盖；支持四川省级新区布局建设产业技术创新平台；以创建全国百强县（区）为带动，培育一批创新型县（市）；发挥成都等地创新辐射带动作用，积极探索“研发＋转化”等新机制新模式。

（四）巩固拓展脱贫攻坚成果，接续推进乡村振兴

随着2020年全国832个国家级贫困县全部脱贫摘帽，我国的脱贫攻坚事业也取得了胜利。自此之后，我国彻底告别千百年来的绝对贫困问题，也意味着在实现脱贫攻坚之后，未来将以乡村振兴战略为引导，进一步推动农村地区发展。2021年中央一号文件指出，对于脱贫县设立5年的过渡期，保持现有帮扶政策稳定，并逐项分类优化调整，合理把握节奏、力度和时限，逐步实现由集中资源支持脱贫攻坚向全面推进乡村振兴平稳过渡，推动“三农”工作重心历史性转移。在此背景下，2021年2月25日，国家乡村振兴局正式挂牌成立，各地也先后成立地方的乡村振兴机构。

1.巩固拓展脱贫攻坚成果

全面脱贫的成果来之不易，当前国际国内环境面临众多不确定性因素，新冠肺炎疫情仍在反复，在经济增长依然存在较大压力的背景下，巩固脱贫攻坚成果绝非易事。各地都在积极努力推行相关举措，巩固拓展脱贫攻坚的成果。

一是积极建立防止返贫的长效机制。各地根据各省（区、市）的实际需求，积极探索多样化机制阻止规模性返贫困，加强农村低收入人口常态化帮扶。云南省创造性地建立了政府救助平台，包括群众端、政府端和数据中心，涉及7个行业部门15个服务事项，着力解决农村“两不愁三保障”问题。群众可以通过微信小程序、手机App等渠道申请救助，截至2021年12月23日，

共收到群众申请15.4万余件，已办结13.7万余件。[①] 江西省积极开发“江西省防返贫监测平台”，对脱贫不稳定户、边缘易致贫户、突发严重困难户，快速发现、及时预警、分类帮扶，截至2021年12月上旬，全省累计识别监测对象3.3万户11.4万人，已消除风险2.2万户7.5万人。贵州省充分运用“互联网+”，依托全省数据共享交换平台，搭建了“省统筹、市县督、乡镇核”的低收入人口动态监测信息平台，率先在全国建立了低收入人口动态监测和常态化帮扶机制，自2021年5月上线以来共监测数据24万余条，发出预警信息6万余条，及时将新增符合条件的0.16万群众纳入兜底保障。

二是全力打造长效稳固的提升机制。当前，尽管贫困地区已经脱离绝对贫困，但很多地区的发展水平仍然较低，需要进一步建立健全脱贫成果巩固提升机制，帮助贫困居民进一步提升持续增收能力。各地区也在积极探索，尝试各种机制进一步增强贫困地区的内生发展能力。山西晋中推出《关于深化市域内县际结对帮扶巩固拓展脱贫攻坚成果的实施方案》，提出5个经济基础较好的县（区、市）结对帮扶4个重点帮扶县，通过推进县际间产业、就业、人才、消费、社会帮扶等，形成多层次、多形式、全方位的县际结对帮扶工作格局，实现脱贫攻坚与乡村振兴的衔接。云南省坚持“产业为基、就业为本”的原则，将产业和就业作为巩固脱贫成效的重要抓手，并建立合作社绑定农户、龙头企业绑定合作社的“双绑”利益联结机制，推进产业帮扶全覆盖，让贫困村民能够通过就地务工，实现收入倍增。在广西柳州三江县，广西残联不断发掘适合残疾人的就业项目，着力打造“文创+就业”的示范基地，利用当地侗族文化资源优势，通过“零基础入学、零距离就业”和产供销一条龙模式，培训提升当地残疾人稳定就业能力，助力残疾人能够通过自身的努力工作实现就业增收，巩固脱贫攻坚成果。

三是有序推进政策优化调整。各地都积极探索多元举措，保障相关扶贫政策能够发挥更好、更长远的效益。四川遂宁对脱贫攻坚和乡村振兴的衔接资金加强了管理，通过建立机制、细化管理、注重绩效三方面的制度强化，

---

① http：//nrra. gov. cn/art/2022/1/10/art_ 4316_ 193345. html.

推动了资金更加高效地利用。重庆奉节县为保持政策稳定，从饮水安全保障、产业帮扶、基本医疗保障、义务教育保障、易地扶贫搬迁后续扶持等5个方面投入真金白银，细化任务目标，同时出台16个衔接政策指导性文件确保政策对标对表落实，并针对弱项短板进行了政策创新。

2. 全面推进乡村振兴

在实现脱贫攻坚、全面建成小康社会之后，为了更好地推进乡村振兴，2021年4月29日，中华人民共和国第十三届全国人民代表大会常务委员会第二十八次会议通过《中华人民共和国乡村振兴促进法》（以下简称《乡村振兴促进法》），并宣布自2021年6月1日起施行。《乡村振兴促进法》是第一部以“乡村振兴”命名的基础性、综合性法律，为全面推进乡村振兴、加快农业农村的现代化发展提供了坚实的法治保障，具有里程碑意义。在《乡村振兴促进法》的指引下，各地都在进一步完善乡村发展政策，积极、全面地推动乡村振兴。

一是大力推动产业振兴。一方面，充分利用各地区既有的资源优势，积极推动产业融合，充分挖掘乡村的各方面资源优势，推动乡村产业实现“三产联动”发展的新格局；另一方面，积极推动高新技术的应用，通过新型农业技术提升农产品品质，提高农产品产量，同时加强现代化生产技术的广泛应用，降低农业的劳动力需求，减少农业生产成本，增加农业生产效益。广东佛山里水镇统筹规划，联合中国移动广东公司南海分公司、广东漫云物联科技有限公司建设了“南海区花卉园艺产业园5G＋数字农业云平台”。该平台涵盖里水农业云名片系统、大数据可视化展示、区块链农产品质量安全溯源系统等应用，可实现农业数字化管理。河南信阳光山县的司马光油茶园产业基地出台了《2021年全民油茶计划实施方案》，鼓励村民充分发挥当地的油茶优势，并通过数字经济赋能，建立了“政府＋电商＋新型农业经营主体＋农户”的合作机制，使村民的高质量农产品通过线上平台销往全国各地。

二是重点培育人才振兴。乡村振兴需要依靠人才，发挥人才优势，各地也在积极根据本地的优势，推动人才培育，为实现乡村发展提供充足人才。安徽省出台了《关于加快推进乡村人才振兴的实施意见》，提出将加快培养农业生产经营、农村二三产业发展、乡村公共服务、乡村治理、农业农村科技共五类人才，同时，将到农村一线工作锻炼作为培养干部的重要途径，并积极发挥各类主体在乡村人才培养中的作用，还要建立县域专业人才统筹使用制度。山西省商务厅等14部门制订的《家政兴农行动计划（2021—2025年）》，提出了22条举措，在以往已经形成的“吕梁山护工”“天镇保姆”等品牌基础上，进一步打造“阳曲家政”服务团队，顺应社会发展需要和城乡双向需求，促进家政服务品牌化、专业化、规范化，并通过参与家政服务有效带动农村劳动力增收。

三是努力打造文化振兴。文化振兴能够夯实乡村振兴基础，充分体现乡土特色，真正实现乡村的可持续发展。安徽宿州市坚持以群众需求为抓手、加强协调联动，创新实施文化惠民工程，坚持实践“四个一”，即完善一张网络、搭建一方平台、打造一支队伍、擦亮一张名片，推动乡村文化和旅游高质量发展，绘就乡村文化振兴美丽画卷。山西代县积极实施乡村振兴巾帼行动，聘请非遗传承人指导弘扬代县雁绣文化技艺，大力开展职业技能线下培训90余期，培训项目涵盖刺绣、缝纫、剪纸等，帮助农村贫困妇女掌握一门手艺。贵州黔西新仁苗族乡化屋村通过打造苗绣产业，不仅生产传统的苗族服饰，也不断研创融入苗绣元素的旗袍、西装，将民族文化优势转化为产业优势，让传统的成为时尚的，通过开网店、直播带货等线上销售形式，让特色文化产品销往全国，扶贫车间的上百万订单有效解决了34户159名易地搬迁群众的就业和收入问题。

四是坚持落实生态振兴。一方面，许多乡村都积极开展环境整治，让乡村颜值更高、环境更美、更宜居。河南焦作扎实开展了以“三清一改”为主要内容的农村人居环境整治工作，打好“垃圾处理、污水治理、厕所革命”三场硬仗，已经实现创建国家卫生县城、国家级和省级卫生乡镇、省级卫生村占比分别达到100%、46.8%、16.5%。云南维西傈僳族自治县保和镇拉河柱村开展“四美创建”活动，用“骏马旗”“蜗牛旗”评比等方式对群众内务、卫生等展开评价，逐渐改变了群众的不良卫生习惯，改善了村内的生态环境。另一方面，许多乡村也积极利用优美的田园自然风光，将生态优势转化为资源优势，实践“绿水青山就是金山银山”。将乡村拥有的生态资源、乡村旅游资源、特色种植资源等做精做优，大力实施基础设施建设和旅游服务提升工程，增强乡村旅游的吸引力，提升乡村旅游的消费水平，增加村民收入。

五是积极推动组织振兴。组织振兴是乡村良好发展的重要保障，不仅能够凝聚力量，还能引导乡村高质量发展。陕西安康探索基层党建引领作用，发挥党建“联动力”，按照“大联小、强联弱、川联山、近联远”的思路，以城乡、村村、村企等方式进行支部结对或区域“支部联建”，解决基层党组织能力参差不齐、地区发展差异较大的问题，保障了乡村振兴的组织引领。湖南省平江县梅仙镇三里村为了树立良好的乡村风气，鼓励村民积极上进，通过召集全村党员、组长和群众代表共同商定村内的“村规民约”，不仅充分体现了群众的想法，得到了群众的认可，也在很大程度上保证了村民能够积极、自觉地遵守村规民约，达到了实现乡风文明的良好效果。

（五）生态文明建设不断深化，各地“双碳”目标任务不断落实

生态文明建设是新时代中国特色社会主义的重要特征。2021 年作为“十四五”开局之年，我国系统部署了生态文明建设与环境保护的战略目标、任务与要求，以高水平保护促进绿色发展，生态文明建设持续推进，生态文明制度持续完善。

1. 生态文明建设持续推进，生态建设新途径探索不断加强

习近平同志关于生态文明建设的重要论述，为全面贯彻新发展理念、正确处理经济发展与生态环境保护之间的关系、推进形成绿色发展方式与生活方式提供了重要的遵循。2021 年，国家及地方相继出台了一系列生态文明制度与相关政策，各省区市积极探索生态产品价值实现机制与路径，生态文明建设不断深化，生态文明建设成效显著。

（1）生态文明制度与政策体系不断完善

2021 年，习近平同志在考察北京、河北、贵州、西藏等地及举办座谈会时，发表了一系列推进生态文明建设的讲话，不断充实中国特色的生态文明建设理论，例如，2021 年 1 月，在北京、河北考察时指出，“加强生态文明建

设，加快调整优化产业结构、能源结构，倡导绿色低碳的生产生活方式”，“中国力争于2030年前二氧化碳排放达到峰值、2060年前实现碳中和”；在2021年2月赴贵州考察时指出，“优良生态环境是贵州最大的发展优势和竞争优势”，“继续打好污染防治攻坚战，加强大气、水、土壤污染综合治理，持续改善城乡环境”；2021年3月，在参加十三届全国人大四次会议青海代表团审议时要求，“加快完善生态文明制度体系”，“在建立以国家公园为主体的自然保护地体系上走在前头”；2021年4月在参加首都义务植树活动时指出，“将碳达峰、碳中和纳入生态文明建设整体布局，全面推行绿色低碳循环经济发展”；在领导人气候峰会上提出，“以创新为驱动，大力推进经济、能源、产业结构转型升级，让良好生态环境成为全球经济社会可持续发展的支撑”。

“十四五”期间，我国国土空间开发保护、生产生活方式转型、能源资源配置、生态安全格局等生态文明领域将取得新进展。2021年，围绕生态文明建设目标，我国制定出台一系列生态文明政策制度，不断完善新时期生态文明建设的顶层设计。例如，2021年2月，国务院发布《关于加快建立健全绿色低碳循环发展经济体系的指导意见》，首次对绿色低碳循环发展的经济体系进行顶层设计与系统部署；2021年3月，生态环境部等六部门出台《“美丽中国，我是行动者”提升公民生态文明意识行动计划（2021—2025年）》，推动构建生态环境治理全民行动体系；2021年4月，中办、国办印发《关于建立健全生态产品价值实现机制的意见》，全面推进生态环境治理能力现代化；2021年6月，生态环境部出台《关于加强高耗能、高排放建设项目生态环境源头防控的指导意见》，着重遏制高耗能、高排放项目盲目发展，积极推动产业绿色转型和高质量发展；2021年6月，住房和城乡建设部等15部门出台《关于加强县城绿色低碳建设的意见》，提出以绿色低碳理念引领县城高质量发展；2021年9月，中办、国办印发《关于深化生态保护补偿制度改革的意见》，从全局谋划了未来我国生态保护补偿制度，提出了生态保护补偿的改革路线。

（2）各地相继出台生态文明政策与实施意见

在生态文明建设顶层设计的引领下，不同区域结合自身生态建设与经济社会高质量发展的需求，分别出台地方性的生态文明规划与实施意见，不同区域政策各有侧重。例如，在京津冀地区，北京制定出台《北京市关于进一步完善市场导向的绿色技术创新体系若干措施》等政策，为构建市场导向的绿色技术创新政策体系提供支撑；河北出台《河北省人民政府办公厅关于鼓励和支持社会资本参与生态保护修复的实施意见》，推动河北省生态保护修复高质量发展。在长三角地区，江苏出台《江苏省交通运输碳减排三年行动计划（2021—2023年）》，全面推动江苏构建绿色交通新格局；浙江、上海等地分别制定2021年生态环境保护的工作要点，持续改善区域生态环境，推动绿色低碳发展。在珠三角地区，广东省出台《广东省生态文明建设“十四五”规划》，明确了未来生态文明建设的任务与举措。在东北地区，辽宁出台《辽宁省加快建立健全绿色低碳循环发展经济体系任务措施》，提出加快构建绿色经济体系的29条措施；黑龙江制订《2021年推进碳达峰碳中和工作实施计划》，明确了推动碳达峰、碳中和工作的具体任务。在西部地区，青海省出台《关于加快把青藏高原打造成为全国乃至国际生态文明高地的行动方案》，探索生态友好、绿色低碳的高原高质量发展路径；云南省制定出台《云南省创建生态文明建设排头兵促进条例实施细则》，为构建西南生态安全屏障、推动绿色低碳提供政策支撑；西藏出台《西藏自治区生态文明建设示范创建管理办法》，加快构建西藏生态文明体系。在中部地区，湖北省出台《关于进一步加强生态环境保护工作服务区域发展战略和经济高质量发展的意见》，推进区域形成生态环境高水平保护格局；江西省制订出台《江西省推进新时代水生态文明建设五年行动计划（2021—2025年）》，为推动区域高质量发展提供水资源保障。

（3）各地积极探索生态产品价值实现机制

2021年，各地积极探索创新绿水青山向金山银山转化的实践路径，着力构建新发展格局，不断推进生态文明建设向更深层次演进。按照中央的部署，浙江、江西、贵州、青海、福建、海南等省市及其部分地级市相继设立了生态产品价值实现机制试点，积极探索生态产品价值实现路径。四川选择了14个地区作为试点，在生态产品的价值核算、供需精准对接、可持续经营开发、保护补偿、价值考核以及绿色金融等领域开展试点工作，重点探索生态产品商品化路径，破解生态产品难交易、难变现等问题。在浙江，安吉等地率先开展“两山银行”改革试点建设，通过搭建生态资源与产业资本对接的服务平台，构建政府引导、企业和社会多元化主体广泛参与、市场化运作的生态资源运营服务体系，促进生态资源向资本的高效转化。江西建立了全国第一批生态文明试验区、全国第二个生态产品价值实现机制试点市，加快推动生态产品价值实现，在推动生态要素向生产要素转化、生态价值向经济价值转变等方面进行了有益的探索。贵州于2020年确定了遵义市赤水市、毕节市大方县等五个县（市）作为生态产品价值实现机制试点，制定生态系统生产总值核算技术规范，编制核算报告与试点方案，积极探索建立一套生态产品价值实现制度体系，为西部欠发达地区生态产品价值实现提供可资借鉴的经验模式。海南率先开展海南热带雨林国家公园的生态系统生产总值核算，成为全国首个发布核算成果的国家公园体制试点区，着力推动国家生态文明试验区建设，在改善生态环境质量方面取得显著成效。

2. “双碳”政策相继出台，各地进入以降碳为战略重点的新阶段

实现碳达峰、碳中和是推进我国区域实现高质量发展的内在要求。2021年10月，《中共中央　国务院关于完整准确全面贯彻新发展理念做好碳达峰碳中和工作的意见》《2030年前碳达峰行动方案》等政策出台，全面系统地部署了我国碳达峰、碳中和的战略格局，各地进入以降碳为战略重点的新阶段，“双碳”重点工作有序推进，能源结构不断优化完善。

（1）全国各地积极探索碳达峰、碳中和的实现途径

2021年2月，我国开始施行《碳排放权交易管理办法（试行）》；7月，全国碳排放权交易在上海正式启动，组织全国碳排放权集中统一交易，标志着我国碳市场发展进入新阶段，未来将逐步扩大覆盖行业范围，推动全国碳市场平稳有序运行。自2013年起，北京、上海、湖北等七省市试点碳市场累计配额成交量超过4.8亿吨二氧化碳当量。在全国“十四五”规划纲要的指引下，各省（区、市）在“十四五”规划纲要中均将碳达峰、碳中和列为工作重点。在东部地区，北京市明确了“碳排放稳中有降，碳中和迈出

坚实步伐”的目标；天津市颁布《天津市碳达峰碳中和促进条例》，首次以法规形式提出“双碳”管理体制、降碳等政策措施；上海提出“力争2025年碳排放达峰”的工作目标；江苏要求“在全国达峰之前率先达峰”；广东提出“推动碳排放率先达峰”，“分区域分行业推动碳排放达峰，深化碳交易试点”；浙江提出“开展低碳工业园区建设和‘零碳’体系试点”。在中部地区，江西出台《江西省人民代表大会常务委员会关于支持和保障碳达峰碳中和工作促进江西绿色转型发展的决定》，是全国首个地方性的“双碳”决定，着重“鼓励重点领域、重点城市碳排放尽早达峰”；湖南积极落实国家碳排放达峰行动方案，提出“调整优化产业结构和能源结构，构建绿色低碳循环发展的经济体系”。在西部地区，重庆“探索建立碳排放总量控制制度，实施二氧化碳排放达峰行动”；四川制定了“二氧化碳排放降幅完成国家下达目标任务”的目标；云南提出“增加森林和生态系统碳汇，积极参与全国碳排放交易市场建设，科学谋划碳排放达峰和碳中和行动”。在东北地区，吉林重视二氧化碳排放达峰行动，加强重点行业和重要领域绿色化改造；黑龙江着重“探索发展碳汇经济，推进碳中和试点，打造全国碳汇经济大省”。

（2）能源结构不断优化调整，能源利用效率不断提升

“十四五”规划纲要指出，“产业结构和能源结构调整优化取得明显进展，重点行业能源利用效率大幅提升”。近年来，为应对能源危机和有效解决环境污染问题，清洁能源迅猛发展，能源利用效率不断提升，由化石能源占主导地位的能源结构体系，逐渐向光伏、风力、水力等可再生能源持续提升的能源结构体系转变，具体体现在：一是能源生产结构持续优化。在我国能源供给侧结构性改革、“双碳”等一系列政策引导下，我国清洁能源快速发展，其比重持续提升。2021年，我国能源产业链、供应链较为稳定，非化石能源发展迅速，可再生能源发电装机规模达到历史新高，清洁能源消纳成效显著，风电、光伏和水能利用率分别达到96.9%、97.9%和97.8%，有效带动了交通领域能效提高和能源消费结构优化。新能源已成为我国能源结构的重要环节，推动了我国能源结构体系的优化重构。二是能源消费结构趋于清洁低碳化。随着我国疫情防控取得重大战略成果，经济社会秩序有序

恢复，能源需求也逐步回升。2015～2020年，我国能源消费总量不断提升，由43.0亿吨标准煤增长至49.8亿吨标准煤。从能源消费结构来看，我国仍属于以煤炭消费为主体的消费结构，石油和天然气对外依存度高。煤炭消费量占比持续下降，由64.0%降至56.8%，天然气、水电、核电、风电等清洁能源消费量占比持续提升，由17.9%增至24.3%。清洁能源比重持续提升，能源消费结构总体趋于清洁化。三是能源利用效率不断提升。2020年，我国重点耗能工业企业单位电石综合能耗与上年相比下降了2.1%，单位合成氨综合能耗、吨钢综合能耗、单位电解铝综合能耗、每千瓦时火力发电标准煤耗与上年相比分别增加了0.3%、－0.3%、－1.0%、－0.6%，万元国内生产总值二氧化碳排放与上年相比下降了1.0%，总体来看，我国生产能耗不断下降，能源利效率不断提升。

二　2021年中国区域经济发展面临的机遇和挑战

2021年，我国克服新冠肺炎疫情等重重困难，经济保持了持续增长势头。当前，我国已进入工业化中后期阶段，面对严峻复杂的国内外环境，特别是受新冠肺炎疫情的严重影响，全面深化改革快速推进。我国在面临有效防控疫情的“红利效应”、国内国际双循环新格局、新一轮科技革命和产业变革加速发展、绿色转型发展四大战略机遇的同时，也遭遇全球疫情反复和经济形势复杂、关键核心技术“卡脖子”影响产业发展、产业链供应链自主可控能力亟待提升三大挑战。在新的发展阶段，我们要抓住机遇，妥善应对风险，抓住重点，有效推进经济结构转型升级。

（一）发展机遇

1. 中国有效防控疫情的“红利效应”

中国坚持“外防输入、内防反弹”的防疫策略，采取精准精细防控措施，做到及早发现、快速处置、精准管控、有效救治，实行持续性的零感染、零传播的“动态清零”政策，率先控制住了疫情。科学精准的“动态清零”政策不仅成本更低，而且还带来促进经济发展的“清零红利”。受疫情冲击，全球贸易萎缩，中国外贸却实现了连续 16 个月正增长。尤其是 2021 年，在海运价格暴涨、原材料价格大幅上涨的背景下，中国外贸一直保持着两位数增长，2021 年我国货物贸易进出口总值为 39.1 万亿元，创历史新高，同比增长 21.4%，出口增幅达到 21.2%。其中，2021 年我国笔记本电脑、平板电脑、家用电器等“宅经济”相关产品出口合计增长了 13.2%。[①] 中国成为全球供应链畅通的超级“稳定器”。这是中国经济长期向好基本面的体现，也凸显了中国外贸的韧性和实力。外贸的持续增长得益于中国率先控制住了疫情，有效统筹了疫情防控和经济发展。2022 年，中国外贸总体向好的趋势不会改变，中国经济将持续为世界经济复苏贡献力量。2022 年 1 月，国务院办公厅发布了《关于做好跨周期调节进一步稳外贸的意见》，采取财税金融支持政策、鼓励外贸新业态发展等措施，稳住外贸发展。2022 年 1 月 1 日，中国—柬埔寨自由贸易协定和《区域全面经济伙伴关系协定》（RCEP）正式生效，我国对外贸易发展面临新的机遇，为外贸发展带来新动力。

2. 国内国际双循环新格局带来新发展机遇

党的十九届五中全会通过的《中共中央关于制定国民经济和社会发展第十四个五年规划和二〇三五年远景目标的建议》提出，要加快构建以国内大循环为主体、国内国际双循环相互促进的新发展格局。改革开放以来，我国积极参与全球经济大循环，抓住信息技术革命带来的重大战略机遇，推动工业化发展。当前，我国经济逐步进入高质量发展阶段，制度优势明显，治理水平不断提高，经济前景向好。我国在国际分工和价值链中地位不断攀升，产业体系完善、创新潜力巨大、市场优势日益凸显，对世界经济的影响和溢出效应进一步增强。如果我国继续充当“世界工厂”的角色，在国际分工中停留在价值链的中低端，将难以为经济持续健康发展提供强劲动力。

从国内看，经济发展从要素驱动、投资驱动转向创新驱动，经济结构不断优化，更加注重可持续发展。推动高质量发展，就是要推动新旧动能转

---

① http://finance.sina.com.cn/roll/2022-01-22/doc-ikyamrmz6678011.shtml.

换，发展现代经济，更好地满足人民群众的美好生活需求；特别是要降低生产、流通、消费等各环节的交易成本，加强开放合作，培育新形势下我国参与国际合作与竞争的新优势。国际经验表明，国内产业链安全稳定是促进要素自由流动的重要基础，只有建设好国内大循环，才能提升我国在国际循环中的竞争力。当前，全球经济发展的不确定性和新冠肺炎疫情蔓延的叠加效应影响到我国产业链的安全，高技术领域依赖进口造成的“瓶颈”现象已经显现。以国内大循环为主体，建立有效的内需体系，贯穿国内生产、流通和消费的各个环节，充分发挥我国市场规模优势，使国内市场与国际市场联通，是保证国内产业链、供应链稳定的重要环节。这是“十四五”时期和今后我国经济发展战略的一次重大调整和完善，是我国着眼于长远发展而做出的重大战略部署，对我国实现高质量、可持续发展具有重要意义。

3. 新一轮科技革命和产业变革加速发展

随着新一轮科技革命的加速，新技术不断涌现，信息技术、工业互联网、大数据、新能源等产业的变革加速。一是新技术意味着新机遇，世界上最为典型的三次工业革命都是通过技术的快速更新引领了全球经济大发展，对世界经济产生颠覆性影响，因此及时地掌握最前沿技术，紧抓发展机遇，不仅能够获得重要的经济发展机遇，也有利于综合国力提升。二是新理念、新技术的产生也为经济增长带来了新的支撑点。随着时代的发展和进步，产业必定面临着新旧的交替和更迭，夕阳产业的经济附加值递减，新理念、新技术能够带来生产要素组合的新突破，形成更加有效的新经济增长点。例如，2021 年最火的新概念——元宇宙（Metaverse），它激发了一系列的新理念和新想象空间，也带动了一系列对新创造和新产品的思考，将对人类未来的生活方式、生活空间、生活习惯都产生重要的影响。三是当前新冠肺炎疫情反复，德尔塔、奥密克戎等的出现，使这一全球大流行疫情尚未看到结束的迹象，而长达两年的疫情给人们的生活方式带来诸多改变，居家办公、远程会议、视频教学、线上消费等迅速发展，新经济相关产业出现爆发式增长。同时，在疫情下很多技术领域和产业领域加速革新，带来了很多全新的产品和产业的更新升级，也激励了充满发展机遇的新型行业成长。

4. 绿色转型发展机遇

绿色转型是一场广泛的、系统的经济社会变革，深刻地改变着能源结构、产业结构与人类生产生活方式，绿色转型持续深化为我国区域经济发展带来了新的机遇。一是绿色低碳行业将成为新的经济增长点。为应对全球气候变化，减缓疫情对全球经济发展的冲击，全球主要经济体加快经济绿色转型步伐，加大对绿色低碳领域的投资，绿色低碳行业将成为全球经济新的增长点。我国以碳达峰、碳中和为契机，加快绿色产业布局，一些清洁能源、新能源汽车等领域迎来前所未有的发展机遇。例如，新能源汽车领域是我国推进节能减排工作中的重点领域，围绕碳达峰、碳中和目标，科学制定汽车产业实施路线图，强化关键技术攻关，产业链上下游实现贯通，新能源汽车产业体系日趋完善。二是推动传统工业转型升级。随着绿色转型不断推进，我国传统工业领域加快升级改造，绿色制造体系加快构建。工信部通过推出严控高耗能高污染行业的新增产能规模、加大对落后产能的淘汰力度、推进资源的循环利用等措施，加强大数据、工业互联网等新兴技术在低碳节能领域的应用，加速推进传统工业产业的智能化、绿色化升级改造，纺织、化工、钢铁等传统产业领域正在向绿色低碳转型。一些绿色工厂、绿色工业园区、绿色供应链企业加快建设，初步构建了我国绿色制造体系。三是西部生态脆弱区迎来新的发展机遇。西部生态脆弱区以生态经济为抓手，全面推动生态文明建设，加快推进生产生活方式绿色化，支持绿色产业发展，调整优化生产力布局和空间格局，为各地区创新经济与生态共发展、人与环境相和谐的新型发展道路提供了新机遇。一些西部地区依托自然资源禀赋，培育生态产品经营开发主体，盘活存量生态资源，打造旅游与康养相结合的生态旅游路径，积极拓展生态产品价值实现的新模式。

（二）面临挑战

1. 全球经济走势面临很大不确定性

新冠肺炎疫情反复、变异新冠病毒奥密克戎毒株在全球扩散，世界经济复苏之路漫长且充满不确定性。新冠肺炎疫情深刻改变了世界经济运行方式，成为影响经济发展的一个新变量。新冠肺炎病毒不断变异，从德尔塔到奥密克戎。目前，奥密克戎毒株正在全球扩散，全球仍处于大流行的急性期，未来疫情的发展形势具有高度不确定性。据世界卫生组织（WHO）的数据，截至2021年12月20日，全球新冠肺炎确诊病例超过2.7亿例，死亡病例超过535万例。[①] 据世界卫生组织发布的报告，奥密克戎可能不是最后一个变异株，未来向什么方向发展，具有不确定性。

疫情直接影响全球经济，世界银行2022年1月11日发布的《全球经济展望》预测，2022年全球经济将增长4.1%，世界经济复苏势头将显著放缓。芯片短缺、能源供应不足、航运不畅和运费暴涨等供应链短缺问题难以完全解决，通货膨胀、债务与收入不平等加剧，全球经济复苏面临很大不确定性。新冠肺炎疫情严重冲击了各国经济，同时也使得单边主义、国际贸易保护主义加剧，部分国家逆全球化而动，对全球产业链稳定和供应链畅通带来空前挑战，世界全球化困局加深。

2.关键核心技术“卡脖子”影响产业发展

当前，新能源、新材料、航空航天、生物医药、新一代信息通信等领域技术快速发展，并重塑全球产业和经济格局。我国形成了独立完整的现代工业经济体系，拥有联合国产业分类中所列全部工业门类，但我国产业的发展却屡遭关键核心技术“卡脖子”难题，特别是在芯片、发动机、材料、数控机床、工业软件等领域依然存在明显“短板”，一些关键零部件、关键装备依赖进口。形成关键核心技术“卡脖子”难题的主要原因有：第一，依靠市场机制和经济效益驱动的关键核心技术突破体制机制存在短板。从全球范围看，技术突破和新兴产业蓬勃发展主要靠两个因素驱动，首位因素是国家战略需求驱动，其次是依靠市场机制和经济效益。目前，我国关键核心技术突破的代表性成果大多属于前者，在依靠市场机制和经济效益驱动实现关键核心技术突破方面依然存在不足。关键核心技术突破需要搭建产业链、价值链和创新链融合发展的生态系统。第二，包容创新机制及其配套体系有待

① https：//m. thepaper. cn/baijiahao_ 16058245.

进一步优化。目前，我国科技创新能力显著提升，作为全球第二大研发投入国和知识产出国，我国的综合创新能力持续提升，部分前沿领域甚至由并跑阶段开始步入领跑阶段。然而，必须清醒地看到，我国与全球科技强国仍有相当的差距，关键核心技术受制于人的整体格局没有从根本上改变，产业高质量发展所必需的高端精密设备、关键元器件和关键新材料等大部分依赖进口，重大基础性、原创性科研成果缺乏。第三，我国科技领域存在的基础科学研究短板问题十分突出。基础科学研究方面存在短板，与之带来的是随时可能面临被“卡脖子”的风险，影响我国产业的高质量发展。例如，我国是全球最大的电子产品制造国，但依旧没能打破“缺芯少魂”局面。与之类似，我国是医药大国，但不是医药科创强国，仿制药占比很高，多数精密医疗诊断设备依赖进口。即使是应用水平居于世界前列的人工智能产业，在开源框架、底层算法等关键核心领域基础依然比较薄弱，“地基”不稳的现象十分突出。

3. 产业链供应链自主可控能力亟待提升

新冠肺炎疫情突袭而至，给全球产业链的稳定和流动带来了前所未有的冲击。受新冠肺炎疫情影响，许多国家产能大幅下降，全球产业链和供应链受到严重冲击，而我国迅速恢复了生产能力，并向许多国家提供防疫和生活必需品，为稳定世界经济做出了贡献。总的来说，我国很多行业都具有基础较好、支持程度较高的优势。多年来，我国积极融入经济全球化，形成了体系完善、门类齐全的产业体系，为全球产业链和供应链的发展做出了巨大贡献。同时，我们也要看到，在实现产业链、供应链自主可控方面，我国仍面临一些困难和挑战。疫情初期的物资短缺和生产停工，反映了我国的产业链和供应链结构层次不高、核心技术不强、抗风险能力不足等问题。

未来一段时间，我国不仅将面临全球产业链、供应链循环不畅的短期冲击，也将面临全球产业链、供应链调整的长期挑战。第一，产业链和供应链的核心技术优势不足。我国核心零部件、材料和工艺的工业基础能力难以适应产业发展需求；数字基础技术体系薄弱，自动控制与感知、核心软硬件、工业互联网等基础科学薄弱，基础支撑能力不足。从外贸结构上看，我国出口总量较大，但集中于生产加工环节的低附加值；进口需求相对较小，但核心技术进口依赖严重，核心基础零部件、工业软件、集成电路、高端芯片等技术领域供应短缺。这一趋势很可能会减少其他国家对中国的出口需求，并显著增加我国产业向海外转移的压力。第二，对于产业链关键环节的控制力有待加强。中国对集成电路、生物医药等产业链关键环节的控制力和主导权较弱，产业链中存在许多“断点”和“阻塞点”，缺乏具有国际竞争力的关键技术。第三，产业链、供应链抗风险能力有待提高。随着中国产业结构开始向中高端升级，一些发达国家认为中国产业对其构成竞争威胁，开始对我国高技术产业展开围追堵截。

三 2022年中国区域经济发展趋势展望及战略思考

2021 年，中国经济保持稳定增长，世界经济复苏步伐加快，国际贸易和投资逐步恢复。我国区域经济协调发展取得历史性成就，但区域发展差距较大，仍存在一些问题需要解决，我国区域经济协调发展仍面临诸多挑战。展望 2022 年，国际形势正在发生深刻变化，全球疫情不断反复，为本已复杂的全球局势再添变数。国内供给和需求仍面临较多制约，加上推进高质量发展的战略转变、生态环境要求趋紧等，个别行业、企业陷入困境。未来应深入实施区域重大发展战略和区域协调发展战略，加快构建以国内大循环为主体、国内国际双循环相互促进的新发展格局。当前乃至未来很长一段时间内，促进区域协调发展仍然是我国区域经济发展的重心。

（一）深入实施区域重大发展战略和区域协调发展战略，区域经济布局不断优化

“十四五”规划明确提出，坚持实施区域重大战略和区域协调发展战略，这为我国区域经济发展提供了方向。区域重大战略和区域协调发展战略的深入实施，将有利于推动形成优势互补的区域经济高质量发展布局。

1. 区域重大发展战略将深入实施

区域重大发展战略将扎实推进，为高质量发展蓄势增效。一是将提升京津冀协同发展水平。新时期，京津冀协同发展将面临新的挑战和机遇，双循环新格局是京津冀协同发展的内在动力，将重点实施以下任务：疏解非首都功能，在京部委所属高校、央企总部和医院将加快向外疏解；加快建设北京城市副中心，推动城市副中心与北三县一体化高质量发展；雄安新区加快打造北京非首都功能疏解集中承载地，严格落实雄安新区规划政策，继续推进重大工程项目建设，强化疏解项目的配套落地政策实施；天津滨海新区进行更深层次制度创新和科技创新探索；在重点领域的协同发展加快推进，加快构建京津冀创新链和产业链，推动交通一体化、生态环保联防联治和基本公共服务共建共享，打造引领全国高质量发展的动力源。二是将加快推动长江经济带发展。围绕“五新三主”的战略部署，长江经济带将重点实施以下任务：进一步强化生态环境综合管控、治理，强化生物多样性保护，提升生态系统功能；加快重点行业绿色转型，探索生态产品价值实现途径，加快制造业转型升级，推动产业链现代化，实现产业基础高级化；深入贯彻“一轴、两翼、三极、多点”的网络化空间布局策略，推动上、中、下游地区联动发展，依托长三角、长江中游、成渝、黔中、滇中等城市群，发挥对周边节点城市的扩散效应，推动区域协调发展；强化综合立体交通网络建设，推进不同交通方式的衔接，提升一体化发展水平；打造长江生态文化，强化长江文化遗产保护。三是将扎实推进粤港澳大湾区建设。港澳与内地的科技创新合作进一步深化，加快构建开放型区域创新共同体，粤港澳大湾区国际科技创新中心建设进程加快；加快推进基础设施互联互通，1 小时生活圈加快形成；现代产业加快转型，在全球产业格局中地位不断提升，具有国际竞争力的现代产业体系加快形成。四是将不断提升长三角一体化的发展水平。重点探索一体化制度创新，打造生态绿色一体化发展示范区；高标准建设上海自贸区临港新片区，重点发展新型国际贸易、高端国际航运、金融、先进制造，推动更高水平开放；构建一体化交通网，加强基础设施互联互通；推动长三角科技创新共同体建设，推动科创和产业融合发展，激发人才创新活力，加快构建协同创新体系。五是将全面推动黄河流域生态保护与高质量发展。黄河流域将以抓好大保护、推进大治理为战略导向，贯彻实施“四水四定”原则，重点实施以下任务：加大生态系统保护修复力度，降低人为活动影响，整治突出环境问题；落实以水而定、量水而行的要求，强化水资源节约利用；健全水沙调控体系，增水减沙、调水调沙；依托关中平原城市群、呼包鄂榆城市群、兰西城市群、山东半岛城市群、中原城市群等主要增长极，加快新旧动能转换，推动黄河流域高质量发展。

2. 区域协调发展战略将稳步推进

区域协调发展战略将稳步推进，区域经济布局不断优化。一是推动西部大开发形成新格局。西部大开发取得重大历史性成就，但西部发展不平衡不充分问题仍比较突出。在国内国际双循环相互促进的新发展格局下，西部地区起着重要作用，既有利于促进共建“一带一路”国家经济之间的国际循环，又有利于促进国内不同区域之间的内循环。将重点实施以下任务：培育发展特色产业和新兴产业，加快传统产业转型升级，提升农牧业现代化水平，推动文化、旅游产业发展；巩固脱贫攻坚成果，推动乡村振兴，解决欠发达地区和低收入人口问题，实现共同富裕；推动关中、成渝、兰西、呼包鄂榆城市群建设，培育增长极；加强生态保护修复，解决干旱区水资源短缺问题，加大环境污染治理力度，推动生态文明和绿色发展；加快面向中亚、中东、东欧等地的路上边境贸易；提高矿产资源开发水平和能源转化效率，建设大型清洁能源基地。二是加快推动东北振兴在重点领域实现新突破。重点围绕以下几个方面：推动国有企业改革，提高发展质量和效益；优化营商环境；推动民营经济发展，提升活力和竞争力；加快产业结构调整升级，培育新兴产业；维护国家“五大安全”的能力不断提高，巩固国家粮食“压舱石”地位；提升东北亚国际合作水平，建设开放合作新高地。三是推动中部地区崛起。要加快先进制造业发展，引导产业集群发展，推动制造业重大技术改造升级，推动传统制造业向智能化、绿色化和服务化发展；积极承接新兴产业转移，鼓励承接产业链关键环节，推动共建产业合作园区，探索跨区域经济统计分成制度；提高关键领域自主创新能力，鼓励原创技术创新；加快内陆开放通道建设，打造高水平开放平台；提升公共服务保障水平。四是推动东部地区率先实现高质量发展。东部地区将发挥创新要素集聚优势，实现创新突破，加快推进社会主义现代化；提高要素产出效率，推动新兴产业、现代服务业发展，培育世界级先进制造业集群；建立全方位开放型经济体系，在更高层次更广领域参与国际合作和竞争。

（二）以现代化都市圈为核心，分级分类推动城市群发展

1. 都市圈作为城市群高质量发展的战略支撑地位将进一步明确

回顾改革开放以来的五年规划，国家不断制定城镇化发展目标和政策。“十五”期间，首次提出了城镇化的发展目标和发展政策，优先发展小城镇，积极发展中小城市，完善区域中心城市功能，充分发挥大城市的辐射带动作用，走出一条符合中国国情的大中小城市和小城镇协调发展的城镇化道路。“十一五”以来，中央政府工作文件首次明确提出以城市群为城镇化的主要形态，逐步形成以城市群为主体，其他城市和小城镇合理分布的城镇化空间格局。“十二五”和“十三五”规划、《国家新型城镇化规划（2014—2020 年）》以及 2015 年中央城市工作会议再次提出以城市群作为我国城镇化主体形态的战略布局；“十三五”规划提出建立健全城市群发展协调机制，促进区域间产业分工，推动基础设施共建、生态共育，实现城市群一体化协调发展。“十三五”期间，我国陆续编制并实施了 19 个城市群发展规划，在规划实施的过程中，发现部分城市群建设超出了都市圈发育这个不可逾越的发展阶段，城市群建设“空心化”现象严重，无法发挥有效辐射带动作用。针对这一问题，国家发改委于 2019 年 2 月 19 日发布了《关于培育发展现代化都市圈的指导意见》（发改规划〔2019〕328 号），首次明确都市圈在城市群建设及城镇化发展中的战略地位。2020 年“十四五”规划纲要又明确提出发展壮大城市群和都市圈，促进城市群一体化发展，建设现代都市圈，明确大中小城市的发展方向和建设重点。[①] 当前，国际形势呈现逆

① 方创琳：《新发展格局下的中国城市群与都市圈建设》，《经济地理》2021 年第 4 期。

全球化趋势，世界经济正在经历深刻调整。推动实现我国经济“双循环”新格局，必须依靠城市群高质量发展，提高经济整体效益，进一步提升城市群和都市圈的综合承载能力及综合实力。

2. 以现代化都市圈为载体，提高中心城市承载力

目前，我国仍处于人口和经济因素向中心城市集聚的过程中，生态恶化、交通拥堵、公共服务供给不均等“城市病”频发。都市圈通过整合发展中心城市及其周边地区高度一体化，增强中心城市经济和人口的承载能力，更大程度地发挥中心城市的集聚效应，提高经济效益；同时，可以有效避免“大城市病”，更好地发挥中心城市对城市群发展的引领带动作用。都市圈的发展是世界城市化进程中的普遍规律，核心城市的建立和城市网络的界定是都市圈存在的必要条件，都市圈既是各种空间形态的节点，又是高度协调的空间地理单元。现代都市圈是交通枢纽，是人才和资本的聚集地，是科技创新高地和信息中心，是未来国民经济高质量发展的压舱石。都市圈作为城市群与城市之间的中间层次，是城市群中突破城市行政边界的最小空间尺度，具有率先实现资源要素跨城市配置的优势，在推动全国高质量发展方面承担着重要的辐射带动和示范引领使命。① 未来应以现代化都市圈为重点，促进大中城市协调发展。加强新型基础设施的升级改造，为城市群高质量发展奠定坚实的硬件基础；统筹推进基本公共服务体系建设，营造城市群高质量发展的软件环境；全面提升对外开放水平，拓展城市群高质量发展腹地空间。通过构建更加有效的区域合作机制，充分发挥中心城市对区域发展的引领带动作用，实现大、中、小城市全面协调发展。

3. 以现代化都市圈为核心，提高城市群发展竞争力

“十四五”期间，培育一批具有国际竞争力的现代化大都市圈，突出都市圈建设在城镇化空间战略格局中承上启下的关键作用，是推动中国新型城镇化高质量发展的关键。当前，我国都市圈和城市群发展总体上还处于培育

① 高国力：《增强城市群都市圈综合承载能力培育高质量发展增长极和动力源》，《宏观经济管理》2021 年第 11 期。

和成长阶段，除个别城市群面临的资源环境压力较大外，多数城市群资源环境承载能力远未饱和，产业和人口进一步集聚的潜力巨大。都市圈建设是推动城市群高质量发展、实现中心城市与周边区域融合协调发展的重要基础。一方面，增强中心城市的经济和人口承载能力，更大程度地发挥中心城市的集聚效应，提高经济效益；另一方面，加强中心城市对周边地区的辐射带动作用，进一步增强生产能力，释放周边地区的消费潜力，强化中心城市与周边区域的环境协同治理及公共服务均等化。在都市圈率先实现高质量城镇化，是城市群高质量发展的有力支撑。[①] 未来要培育一批具有国际竞争力和影响力的现代化都市圈，为实现高质量的城镇化发展奠定更坚实的基础，以都市圈的健康发展支撑城市群等重大区域战略。

（三）以国内大循环为主体、国内国际双循环相互促进的新发展格局将加快构建

构建“以国内大循环为主体、国内国际双循环相互促进的新发展格局”是党中央对“十四五”时期我国经济发展战略、发展路径做出的重大战略调整，是着眼于我国社会经济发展长治久安做出的重大战略部署，对我国实现更为安全、更有效率、更高质量、更加公平和更可持续的发展，乃至促进世界经济的共同繁荣，都将产生重要而又深远的影响。

1. 资源要素流动将进一步加快，城乡区域良性互动将进一步增强

城乡区域良性互动的新框架中，农村要素输入城市，城市要素也应反哺农村，形成一种城乡要素双向循环的良性互动。一方面，在政府与市场共同作用下，城市的资金、技术和人才等资源要素通过不同通道流向农村，助力农村摆脱了以往要素短缺的困境，有利于形成乡村发展的新动能。农村经济越高质量发展，要素的投资回报率越高，吸纳优质资源要素的容量就越大，从而步入快速发展通道。另一方面，在要素良性互动的发展状态下，城乡间

---

① 胡明远等：《“十四五”时期我国城市群高质量发展的关键：培育现代化都市圈》，《行政管理改革》2020 年第 12 期。

要素互助作用会不断增强。从农村一端看，既有源自城市的更高能级要素的注入，也有面向城市的要素输出，与单向流出相比，虽然也会有一定程度的要素流失，但不再只是农村经济依附城市经济状态下的“失血”流动，而是农村通过发挥自身产业特征形成独特的产品和价值，根据在自身城乡经济互动体系中的差异性定位对城市有主动选择的输出与互动，孕育出新型城乡关系。

为进一步推进资源要素流动，应尽快实现城乡区域良性互动，并在以下两个领域实现有效突破。首先，增强城乡间发展的融合性。把“乡村振兴战略”作为有机整体予以统筹推进，一方面“求同”，突出良性互动下的协同发展；另一方面“存异”，避免低端同质化发展。坚持城乡特色化发展，形成“进城”和“下乡”各得其所、相得益彰的生产生活新格局。坚持产城互动，以产业为基础，以产业化促进城乡一体化，为城乡融合提供强有力的产业支撑。坚持三次产业优化升级，发展订单式农业，努力缩小城乡差距，基本实现城乡间公共服务均等化、大型基础设施通达均衡化。其次，大力扶持特殊区域发展。在新发展格局下，制定革命老区振兴发展的政策支撑体系，针对革命老区的开发建设提供倾斜性政策。推动民族地区经济高质量发展，支持民族地区依据要素禀赋，发展优势产业和区域特色经济。推动边疆地区开发开放，推进边境城市和重点开发试验区建设，开展兴边富民行动，确保边疆巩固、边境安全。支持资源枯竭地区发展新型接续替代产业，不断探索产业衰退型老工业基地的经济发展新模式。

2.流通体系的支撑作用将进一步增强

以物流为基础、信息流为先导、商流为内核、资金流为保障的流通体系，将发挥支撑供给侧结构性改革的基础作用，特别是在提振乡村市场、激发小店经济、鼓励流通创业和解决普通劳动者就业等方面发挥重要作用，而基于数字技术的普及应用，流通体系将更有能力引导生产精准发力，凸显流通体系对于畅通我国经济内循环的基础性和先导性作用。

随着信息化、数字化、智能化等新兴前沿技术在流动产业的持续应用，流通体系的新业态、新模式和新场景不断涌现，有效带动了产业链的升级、供应链的延展和业务流程再造。基于数据化技术商品流通向虚拟化发展，数据成为流通体系的关键要素，实物商品流通和数字化商品流通互补，突破了经营实体门店受时空因素的限制，扩大了流通规模，提高了物流效率。未来我国现代流通体系将主要呈现三个发展趋势：一是流通体系的数智化升级。随着我国数智化零售体系初见端倪，数智化零售业新应用场景的不断涌现，我国零售业拥有了引领全球零售业创新的潜在优势。二是流通体系与生产过程更好地相互融合。数字经济时代，流通体系和设计环节、生产环节的紧密融合，能更充分地发挥个性化消费需求引领生产、流通反向引领定制化生产的功能。三是政府支持下的超前配置的数据化物流基础设施是中国特色流通体系的典型特征，在数字化转型趋势下，交通运输及配送体系的智能化升级将加快。

推动流通体系的高质量发展，应特别重视三大核心子体系：一是物流体系。物流是商品流通领域的生产环节，交通运输体系愈加成为物流体系的核心竞争力，是现代流通体系中高级生产力的典型代表。二是批发体系。批发是流通体系中实现商品跨区域调配与流通的环节，是政府执行流通体系宏观调控的有力抓手。下一阶段，政策主要发力方向是推进一般性批发市场向现代化数字型批发交易平台转型升级，加快培育具备国际竞争力的大型批发集团。三是零售体系。从消费的终端需要决定生产的视角出发，现代零售体系的定位不仅单向地推动商品销售，也将进一步地利用终端信息优势，精准洞察消费需要并引致反向驱动生产创新。

3. 支持性政策机制将进一步健全

探索建立区域战略统筹机制。一是依托共建“一带一路”、京津冀协同发展、长江经济带发展和粤港澳大湾区建设等重大战略，促进西部、东北、中部、东部等四大区域经济板块的相互融通，加强板块间、跨区域的重大基础设施互联互通，协调东中西和南北方的区域均衡发展。以非首都功能为政策抓手，深入推进京津冀协同发展，优化京津冀城市群的空间结构，提升京津冀区域产业协作水平。“一体两翼”式推动河北雄安新区和北京城市副中心建设，探索超大城市、特大城市等人口经济密集地区有序疏解功能、有效治理“大城市病”的集约化开发模式。二是遵循不搞大开发的原则，以绿色发展为引领，发挥长江经济带横跨东中西三大板块的区位优势，推动长江上中下游地区和沿江地区的高质量发展。三是探索以中心城市都市圈建设引领城市群发展、城市群发展带动区域协同发展的新模式，推动区域协同发展迈上更高水平。以首都都市圈建设推进京津冀建设世界级城市群。以打造上海都市圈为契机，引领长三角城市群发展，带动长江经济带高质量发展。以香港、澳门、广州、深圳等城市的都市圈建设，构建粤港澳大湾区，带动珠江—西江经济带的创新发展。

建立区域市场一体化发展机制。一是发挥市场对要素资源的基础性配置作用，推进城乡间要素资源的自由流动。优化营商环境，探索实施区域乃至全国统一的市场准入负面清单，清除隐蔽性区域市场的准入门槛。激发市场活力，消除区域市场壁垒，探索实施公平竞争审查制度，废除阻碍统一市场和公平竞争的各项规定。打破劳动力在城乡间、区域内部和区域板块之间自由流动的行政壁垒，探索全面放宽城市落户，推动人力资源优化配置。二是培育区域市场一体化。建立规划制度统一、发展模式共推、区域市场联动的区域市场一体化发展新机制。按照统一、开放、竞争、有序的市场经济内在要求，推动京津冀、长江经济带、粤港澳等区域大市场的形成。三是建设区域性要素资源交易平台。选择有条件的地区作为试点，完善区域性要素交易市场，建立健全大数据、电力、水权、排污权、碳排放权等要素资源的交易制度。培育各类自然资源产权交易平台，打造具备价值发现功能的自然资源资产交易平台，逐步完善自然资源资产有偿使用制度。

创新区域政策调控机制。一是因地制宜实行精细化调控的区域政策。充分考虑区域社会经济发展特点，发挥区域的要素比较优势，提高财政、产业、土地、环保、人才等政策的落地性和有效性，因地制宜培育激发区域经济发展新动能。在坚持用最严格制度、最严密法治保护生态环境的前提下，进一步突出重点区域、行业和污染物的防控及治理，有效防范生态环境风险。加强跨地区、跨区域产业转移过程中的环保监控。对于生态环境敏感脆弱区域，严禁开展不符合区域主体功能定位的各类生产经营活动。鼓励人才特别是中高端人才到中西部地区创业就业，支持中西部地区根据自身发展需要，制定区域性人才政策。二是探索以区域协同发展为目标的财政转移支付制度。增强中西部地区对高端要素的集聚能力，增加经济发展能级，将常住人口人均财政支出差异控制在合理范围内。三是建立健全区域政策与其他宏观调控政策协调联动机制。优化政策工具组合，建立区域发展规划与财政、货币、投资等措施的协调联动机制。财政、货币、投资等措施要服务于国家重大区域发展战略，在风险可控的前提下，对经济增速放缓地区应给予更有针对性的组合政策支持，以保持区域经济运行在合理区间。强化地方金融监管机构与中央金融监管部门的合作与沟通，对杠杆率较高地区实行动态监测预警，从而更加有效地防范和化解区域性金融风险。

（四）乡村振兴将全面推进，农业农村现代化加快发展

1. 农业农村现代化加快发展

农业农村现代化是国家现代化发展中不可缺少的重要环节。过去，我国尽管一直强调“四化同步”发展，但实际农业农村现代化滞后于新型工业化、信息化和城镇化。随着全面建成小康社会目标的实现，农业农村现代化不应该成为国家社会主义现代化中的短板，而我国当前解决不平衡不充分问题的重点在“三农”，构建新发展格局的潜力后劲也在“三农”，同时应对国内外各种风险挑战的基础支撑依然在“三农”。因此，切实必须将“三农”工作放在重要位置，农业农村现代化必须加快发展，迎头赶上。要加快农业农村现代化，一是要加快推进农业现代化发展，包括提升粮食和重要农产品供给保障能力，坚持种业的科学技术研发，统筹乡村的生态、生产、生活空间布局，强化现代农业科技和物质装备支撑，并积极构建现代乡村产业体系，打造农业全产业链，推进农业绿色发展，建立现代化农业经营体系。二是要大力实施乡村建设行动，加快推动乡村规划工作，加强乡村的公共基础设施建设，推动数字乡村建设，提升农村人居环境和公共服务水平，使城乡地区的宜居性达到基本一致的水准，全面促进农村消费。三是要加强党对“三农”工作的全面领导，加快党委农村工作领导小组和工作机构建

设，加强党的农村基层组织建设和乡村治理，推动新时代农村精神文明建设，推进移风易俗，创新优秀传统乡土文化。

2. 城乡融合发展体制机制不断完善，城乡差距不断缩小

城乡二元机制的存在依然是阻碍我国城乡融合发展的制度障碍。尽管已经试点探索了一系列城乡融合发展的实施方案，但未来还需要进一步深入推动农村制度的改革，充分打通城乡要素平等互换、双向流动的制度性通道，推动城乡融合发展，促进城乡差距的显著缩小，以期更好地实现社会主义共同富裕的发展目标。因此，一是加快农村产权制度改革，充分激发农村发展内生动力，坚持保持农村土地承包关系稳定并长久不变；二是积极探索农村集体经营性建设用地入市制度，完善盘活农村存量建设用地政策，探索灵活多样的供地新方式；三是规范开展城乡建设用地增减挂钩，完善收益分配等相关机制；四是促进县域内城乡融合发展，推动县域就业农民工的就地市民化，推动以县域为载体的城镇化建设，将县域城镇建设成为连接城市、服务乡村的区域中心。

（五）以降碳为重点战略方向，经济社会发展将加速全面绿色转型

依据“十四五”规划纲要，我国2035年生态环境建设的远景目标为，“广泛形成绿色生产生活方式，碳排放达峰后稳中有降，生态环境根本好转”。目前，我国绿色转型发展基础仍较为薄弱，面临着资源环境压力较大、绿色科技创新能力不足、绿色市场体系建设滞后等问题，未来将围绕碳达峰、碳中和战略目标，强化对产业绿色转型、现代能源体系、能源转型、绿色发展体系等领域的政策支持力度，加快推进经济发展向绿色转型。

1. 能源转型步伐将不断加快，能源安全体系将进一步健全

双碳目标是基于我国经济社会发展实际提出的重大战略决策，未来将围绕“双碳”目标，有序推进我国能源结构体系调整优化，着力构建新型现代能源体系，保障能源安全。一是能源中长期发展战略将进一步完善，能源开发结构将进一步优化。未来将进一步优化我国能源发展思路，科学谋划能

源体系的布局和建设时序，实施煤炭资源减量化和清洁化利用并举战略，加强可再生能源与传统能源开发之间的统筹协调。清洁能源高效利用是实现能源低碳转型的关键，未来将进一步加强清洁高效的低碳燃料开发，以代替高污染的传统燃料，同时，加强煤炭的清洁高效利用，促进可再生资源的开发利用，推进电力部门逐步脱碳化。二是鼓励多元化市场主体参与能源开发，保障能源供给安全。为应对我国能源资源稀缺的风险，未来将进一步加强多元化市场主体培育，鼓励多元资本参与国内能源开发；通过制定进口能源来源多元化策略，不断探索能源运输通道、运输途径与能源贸易的多样化模式，加快推进能源供给转型；着力构建全面开放条件下的能源安全保障体系，提升国际能源市场话语权。三是以科技创新推动能源技术革命的步伐将加快。科技创新是推动我国能源全面转型的关键，未来将进一步加强以核能与可再生能源为主的能源技术的研发投入，全面推进节能、节材与资源循环利用技术创新，提高能源科技创新成果的转化率；加强基础材料零碳化技术的推广与应用，充分挖掘基础材料的节能潜力，提升能源的精细化管理水平。四是能源体制机制改革将持续推进，为能源低碳转型提供重要保障。加快推进全国碳排放权交易市场建设，采用市场化手段构建科学合理的碳价机制，出台支持绿色电力发展的配套政策，构建碳市场交易相关法律法规保障体系；构建符合碳减排实际需求的投融资体系，加强对高碳项目投资的限制，鼓励社会资本参与节能环保项目投资，引导金融机制为能源低碳项目提供相应的优惠政策等。

2. 绿色产业布局将不断加速，绿色产业体系将不断加快完善

推动绿色产业发展，构建绿色产业体系是培育经济发展新动能、推动我国区域经济高质量发展的必要途径。按照“十四五”规划提出的绿色转型要求，以及《“十四五”工业绿色发展规划》提出的绿色环保产业发展目标，未来我国将进一步加速绿色环保产业布局，着力构建绿色产业体系，推动经济绿色转型取得积极进展。一是产业绿色转型战略框架将不断完善。积极探索我国产业绿色转型的战略框架与创新路线，明确产业绿色转型的战略目标、战略布局、重点任务与优先发展领域，制定出台不同区域、不同行业

领域推进绿色转型的任务目标与责任清单，构建完善促进产业绿色转型的扶持与配套政策，为强化我国绿色产业布局指明政策方向。二是绿色产业体系建设将不断加速，产业绿色转型升级将持续推进。未来应聚焦新能源、生态环保、绿色制造等领域，加快产业投资布局，为构建绿色产业体系提供有力支撑。大力支持绿色农业发展，以农业科技创新加强农产品安全与生态安全；在绿色创新战略指引下，加快绿色工业技术研发，推动传统工业升级改造，完善绿色制造的技术标准，大力发展战略性新兴产业，突破核心关键技术，构建现代化的绿色工业体系；创新绿色服务业体系，以生态服务替代传统服务模式，降低对原材料与能源的损耗，推进生态系统实现良性循环。三是绿色低碳的土地要素支撑体系将不断完善。综合研判碳排放总量和强度与土地开发利用之间的逻辑关系，着力培育适宜于绿色低碳经济的土地供给模式；优化调整土地利用结构，提升土地资源的能源利用效率；加大对绿色低碳、节能环保等战略性新兴产业的土地供应力度，支持低碳产业发展，优化建设用地布局；以农地技术创新，推进农地利用方式向低碳化、清洁化转型，促进农业废弃物循环利用，降低农地能源消耗，实现农业低碳发展。四是绿色产业发展的政策保障体系将不断健全。未来将着力打造提升绿色产业竞争力、技术创新、绿色产业集聚的政策支撑体系，积极推进绿色产业示范基地建设；探索构建符合绿色产业发展导向的财税产业政策体系，引导财政资金支持绿色产业发展；鼓励开发绿色金融产品，加大对绿色新兴产业的信贷支持力度，对先进环保设备更新改造的企业给予减免税、低息贷款等优惠政策。

参考文献

王分棉：《以数字技术推动工业绿色低碳转型》，《经济日报》2021 年 8 月 11 日。

吕建中：《全球加速能源转型背景下的结构性风险与应对策略》，《世界石油工业》2021 年第 5 期。

朱亮峰、黄国良、张亚杰：《煤炭市场倒逼机制下我国能源结构走势的研究》，《价格理论与实践》2014 年第 3 期。

唐任伍、张景森：《现代流通体系推动共同富裕实现的功能、作用和路径》，《中国流通经济》2022 年第 1 期。

袁怀宇、李风琦：《“双碳”目标影响供给侧结构性改革的机制与应对策略》，《理论探讨》2022 年第 1 期。

崔新蕾、刘欢：《国家创新型城市设立与区域创新能力》，《科研管理》2022 年第 1 期。

刘耀彬、郑维伟：《新时代区域协调发展新格局的战略选择》，《华东经济管理》2022 年第 2 期。

郭先登：《论“十五五”期区域经济发展新视角——兼论多规划期接续实现第二个百年目标聚光点》，《经济与管理评论》2022 年第 1 期。

巫瑞、李飚、原上伟：《数字经济对区域经济高质量发展的影响研究》，《工业技术经济》2022 年第 1 期。

陈劲：《坚持理论创新加快突破关键核心技术》，《清华管理评论》2021 年第 12 期。

京津冀地区

Beijing, Tianjin and Hebei Region

B.2
京津冀区域绿色低碳发展研究

武义青　张 旭　姚连宵*

摘　要： 绿色低碳发展是实现碳达峰、碳中和的必由之路。本报告测算了京津冀三地绿色全要素生产率与碳生产率，并对京津冀、长三角、珠三角地区进行了测算和对比，结果表明：京津冀三地，北京市绿色低碳发展水平较高，天津市次之，河北省较低；珠三角地区绿色低碳发展水平较高，长三角次之，京津冀较低。基于碳生产率增长对经济增长的贡献率判定地区经济增长方式，“十五”至“十二五”时期，京津冀地区增长方式逐步好转，“十三五”时期经济增长方式为高碳Ⅱ型，并从产业结构、能源结构、技术创新角度分析了京津冀三地绿色低碳发展的动因。

* 武义青，博士，河北经贸大学副校长，研究员，研究方向为区域经济、数量经济；张旭，河北经贸大学硕士研究生，研究方向为区域经济、数量经济；姚连宵，河北经贸大学硕士研究生，研究方向为区域经济、数量经济。

关键词： 京津冀　绿色低碳发展　绿色全要素生产率　碳生产率　经济增长方式

党的十九大报告提出，中国经济已经从高速增长转向高质量发展，京津冀区域作为中国经济增长极之一，在“碳达峰、碳中和”目标约束下，以绿色、低碳理念引领区域经济高质量增长符合生态文明建设总体要求。本报告通过对比京津冀三地及京津冀与长三角、珠三角地区的绿色、低碳发展水平，从实证角度探究低碳与绿色发展的关系，就京津冀区域进一步提高绿色低碳发展水平提出几点建议。

一　基于 GTFP 的京津冀区域绿色发展

绿色发展的核心是资源的节约和要素效率的提高，以提高绿色全要素生产率（GTFP）为导向的绿色发展是实现京津冀高质量发展的关键，本部分采用武义青等①提出的绿色全要素生产率模型来测算京津冀、长三角、珠三角地区 2010 年以来两个五年时期②的绿色发展水平。

（一）京津冀地区绿色全要素生产率

2010～2019 年，北京市、天津市、河北省 GTFP 分别由 10.15③、6.24、3.49 增长至 14.10、6.42、3.84（见图 1），均呈上升趋势。其中，北京市 GTFP 年均增长率最高，为 3.83%，天津市和河北省分别为 0.44% 和 1.17%，津冀两地 GTFP 水平同北京市的差距不断扩大。

---

① 武义青、陈俊先：《绿色全要素生产率测定的一种新方法——以河北省 11 个设区市工业为例》，《河北经贸大学学报》2018 年第 6 期。

② 在本部分，“十二五”时期以 2010 年为基期，“十三五”时期以 2015 年为基期，由于数据的可得性，仅包括 2016～2019 年。

③ 单位为：万元/（万元$^{0.2802}$人$^{0.3792}$吨标准煤$^{0.1332}$万立方米$^{0.2074}$），下同。

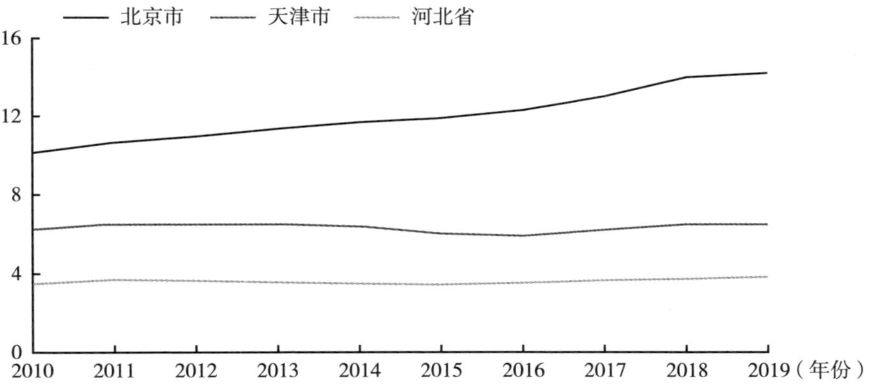

图1　京津冀三地绿色全要素生产率比较

资料来源：笔者计算。

京津冀三地的单要素生产率方面，北京市较高、天津市次之、河北省较低。劳动生产率、能源生产率、水资源生产率方面，三地均呈上升趋势。从劳动生产率角度看，2010～2019年，北京市、天津市、河北省分别由14.51万元/人、9.37万元/人、4.66万元/人增加至22.05万元/人、12.47万元/人、6.7万元/人，天津市、河北省同北京市劳动生产率的差距逐渐扩大（见图2a）。

从资本生产率角度看，2010～2019年，北京市、天津市、河北省的资本生产率分别由0.58、0.33、0.34变化为0.57、0.17、0.16，北京市资本生产率呈先降后升趋势，2010年和2019年基本持平；天津市和河北省资本生产率呈下降趋势（见图2b）。

从能源生产率角度看，2010～2019年，北京市、天津市、河北省分别由2.15万元/吨标准煤、1万元/吨标准煤、0.65万元/吨标准煤增加至3.81万元/吨标准煤、1.36万元/吨标准煤、0.86万元/吨标准煤，天津市和河北省能源生产率上升幅度较小，北京市能源生产率不断提高（见图2c）。

从水资源生产率角度看，2010～2019年，北京市、天津市、河北省分别由 425.11 元/米^3、303.59 元/米^3、92.95 元/米^3 增加至 673.14 元/米^3、393.74 元/米^3、266.56 元/米^3。河北省水资源生产率保持稳定上升趋势，天津市水资源生产率 2015～2016 年有所下降，呈波动趋势（见图 2d）。

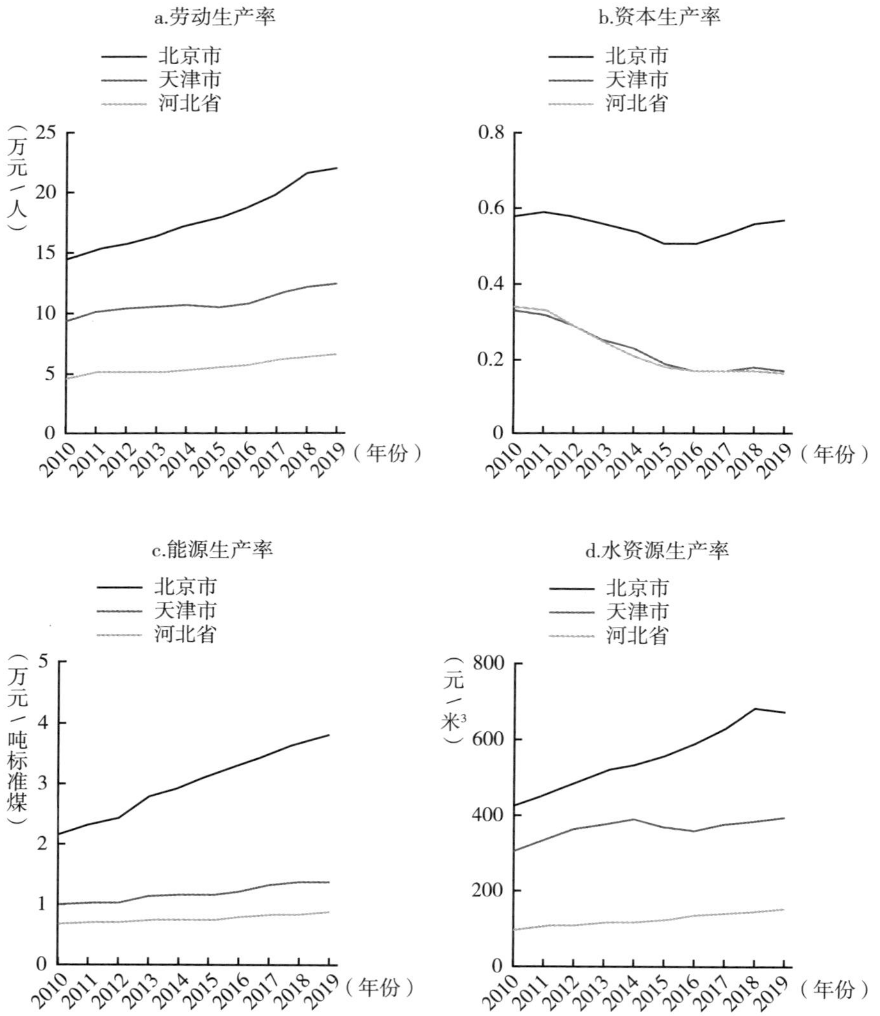

图 2　京津冀三地单要素生产率比较

资料来源：笔者计算。

（二）三大区域绿色全要素生产率比较分析

三大区域中，珠三角地区绿色发展水平最高，长三角地区次之，京津冀地区较低，但均高于全国平均水平。2010～2019年，珠三角、长三角、京津冀及全国的GTFP分别由5.84、4.97、5.01、3.87增加至7.73、6.67、6.01、5.23（见图3）。珠三角、长三角地区及全国GTFP呈稳定上升趋势，京津冀地区自2015年起，GTFP增速提高，但同珠三角、长三角地区相比仍存在一定差距。

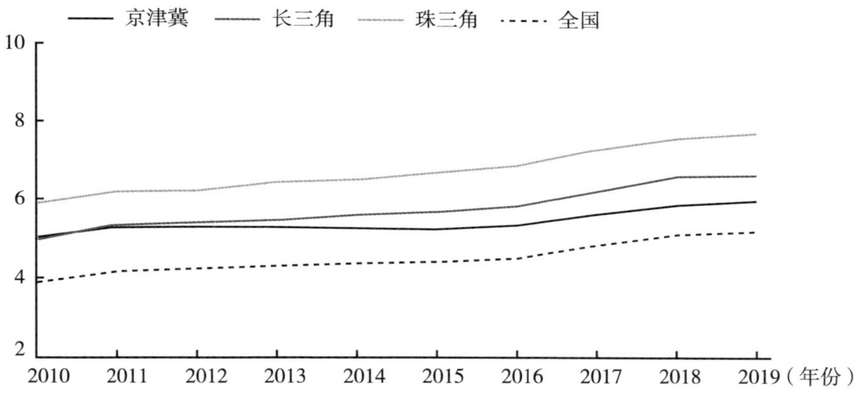

图3　京津冀与长三角、珠三角及全国GTFP对比

资料来源：笔者计算。

京津冀、长三角、珠三角地区及全国的劳动生产率、能源生产率、水资源生产率均呈上升趋势。从劳动生产率角度看，2012年以来，长三角地区较高，其次为珠三角、京津冀和全国平均水平。2010～2019年，长三角、珠三角、京津冀地区及全国的平均劳动生产率分别由7.39万元/人、7.83万元/人、7.07万元/人、5.42万元/人增加为13.08万元/人、11.95万元/人、10.59万元/人、10.19万元/人（见图4a）。

从资本生产率角度看，三大区域及全国均呈下降趋势，珠三角地区较高，其次为长三角、京津冀，京津冀地区资本生产率与全国基本持平。

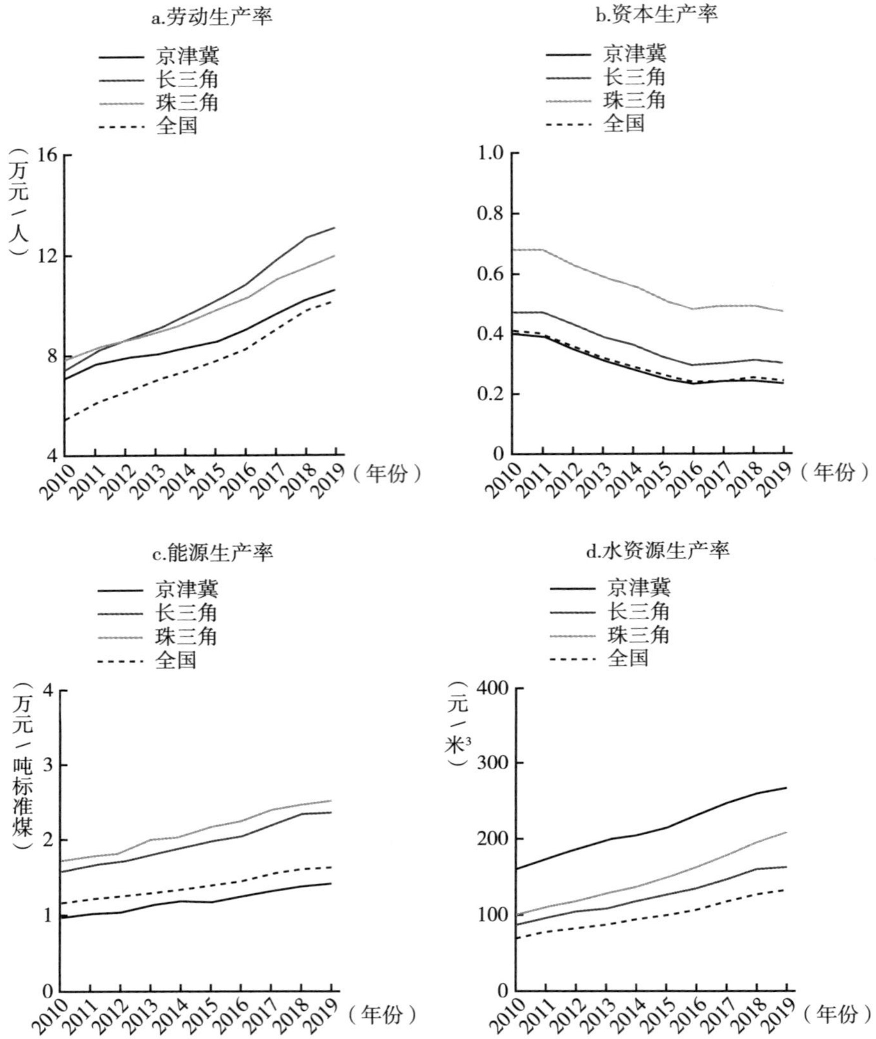

图4　京津冀与长三角、珠三角及全国单要素生产率对比

资料来源：笔者计算。

2010～2019年，珠三角、长三角、全国及京津冀地区资本生产率分别由0.68、0.47、0.41、0.4下降至0.47、0.3、0.24、0.23（见图4b）。

从能源生产率角度看，珠三角和长三角地区高于京津冀及全国。2010～

2019 年，珠三角、长三角、全国及京津冀能源生产率分别由 1.71 万元/吨标准煤、1.57 万元/吨标准煤、1.14 万元/吨标准煤、0.96 万元/吨标准煤增加至 1.77 万元/吨标准煤、1.65 万元/吨标准煤、1.2 万元/吨标准煤、1 万元/吨标准煤，各地区上升幅度相近（见图 4c）。

从水资源生产率角度看，京津冀地区较高，其次为珠三角、长三角地区，均高于全国。2010～2019 年，京津冀、珠三角、长三角地区及全国水资源生产率分别由 158.31 元/米^3、97.96 元/米^3、85.09 元/米^3、68.44 元/米^3 增加至 266.56 元/米^3、207.18 元/米^3、161.68 元/米^3、131.13 元/米^3，京津冀地区水资源生产率一直保持领先水平（见图 4d）。

二　基于碳生产率的京津冀区域低碳发展

提高碳生产率是经济低碳发展的核心。利用二氧化碳排放量表示碳要素投入，碳生产率刻画了一定时期内地区 GDP 与二氧化碳排放量的比值。① 本部分测算了 2001～2018 年四个五年规划期（“十三五”时期利用 2016～2018 年数据表示）京津冀、长三角、珠三角地区碳生产率，利用碳生产率增长对经济增长的贡献率判定地区经济增长方式。本部分二氧化碳排放量数据来源为《中国碳核算数据库》；经济增长数据来源为国家数据官方网站（https://data.stats.gov.cn/），并以 2018 年为基期进行价格调整；能源利用数据来源为《中国能源统计年鉴》（2002～2019 年）；科技研发数据来源为《中国科技统计年鉴》（2002～2019 年）。

（一）碳排放量比较分析

京津冀三地碳排放量变化出现差异，河北省呈明显上升趋势，北京市和天津市分别于 2010 年和 2012 年达到最高值，呈波动变化趋势。河北省

① Kaya, Yoichi, Keiichi Yokobori, et al., *Environment, Energy, and Economy: Strategies for Sustainability*, Tokyo: United Nations University Press, 1997.

碳排放量高于北京市与天津市，2001~2018年，河北省、北京市、天津市碳排放量分别由251.50百万吨、68.20百万吨、58.20百万吨增加至912.2百万吨、89.56百万吨、154.09百万吨（见图5）。河北省碳排放增量最高，2007年天津市碳排放量超过北京市，居第二位，三者差距有所扩大。

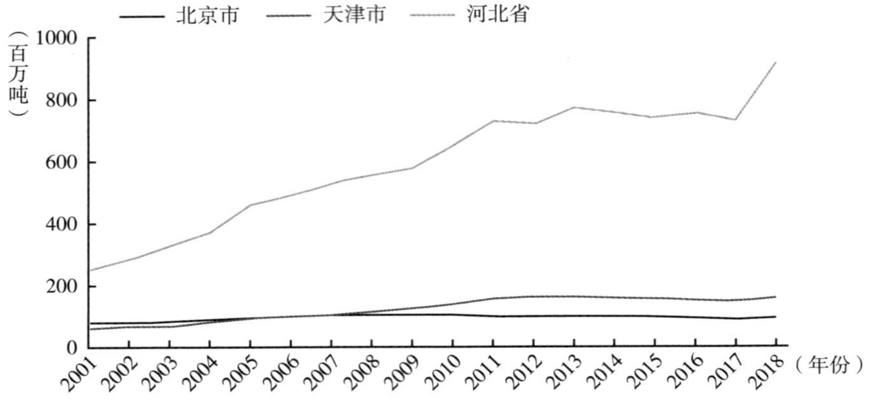

图5　京津冀三地碳排放量

资料来源：中国碳核算数据库。

三大区域中，长三角地区碳排放量较高，京津冀地区次之，珠三角较低。三大区域碳排放量总体呈上升趋势。2001~2018年，长三角、京津冀、珠三角地区碳排放量分别由567.50百万吨、363.70百万吨、199.60百万吨增加至1742.50百万吨、1155.86百万吨、567.51百万吨（见图6），且增速不断降低，2018年京津冀地区碳排放量上升明显，增加值为204.06百万吨。

（二）碳生产率比较分析

京津冀三地，北京市和天津市碳生产率呈上升趋势，河北省碳生产率呈先降后升趋势；北京市碳生产率较高，天津市次之，河北省较低。2001~2018年，北京市、天津市、河北省碳生产率分别由0.91万元/吨、0.41万

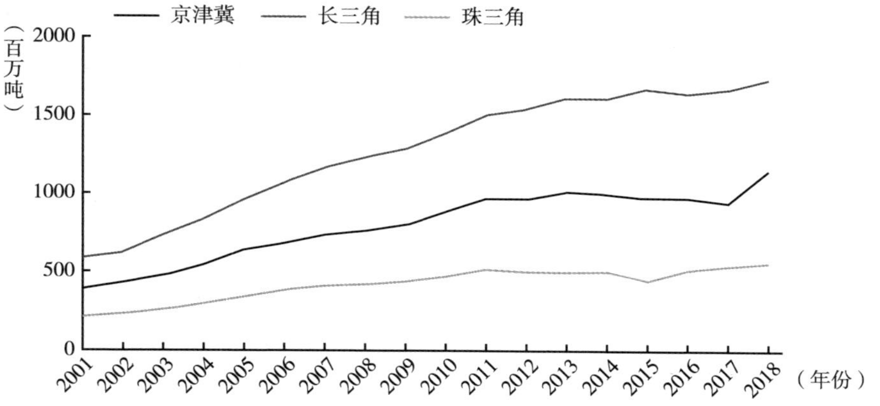

图6　京津冀与长三角、珠三角地区碳排放量对比

资料来源：中国碳核算数据库。

元/吨、0.33 万元/吨增长至 3.7 万元/吨、0.87 万元/吨、0.36 万元/吨（见图7），京津冀三地碳生产率差距不断扩大。

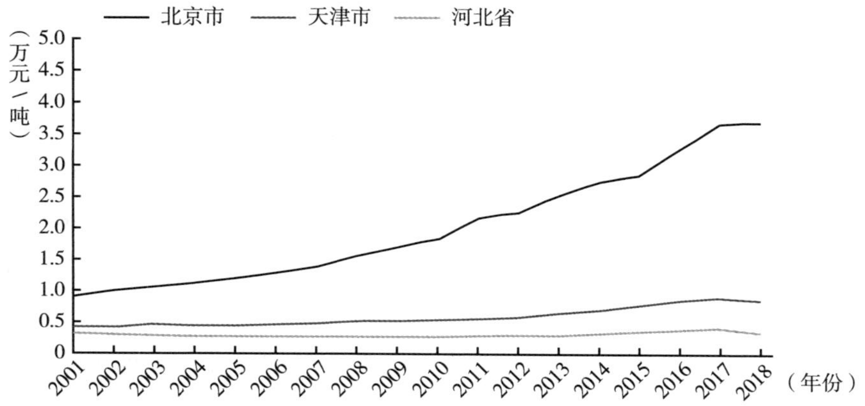

图7　京津冀三地碳生产率比较

资料来源：笔者计算。

三大区域及全国平均碳生产率呈上升趋势，珠三角地区碳生产率较高，长三角次之，京津冀地区偏低，且低于全国平均水平。2001～2018 年，珠三角、长三角、全国及京津冀地区碳生产率分别由 0.85 万元/吨、0.68 万元/吨、0.63 万元/吨、0.45 万元/吨增加至 1.76 万元/吨、1.27 万元/吨、0.96 万元/吨、0.68 万元/吨（见图 8）。2017 ~2018 年，京津冀地区碳生产率下降 0.1 万元/吨。

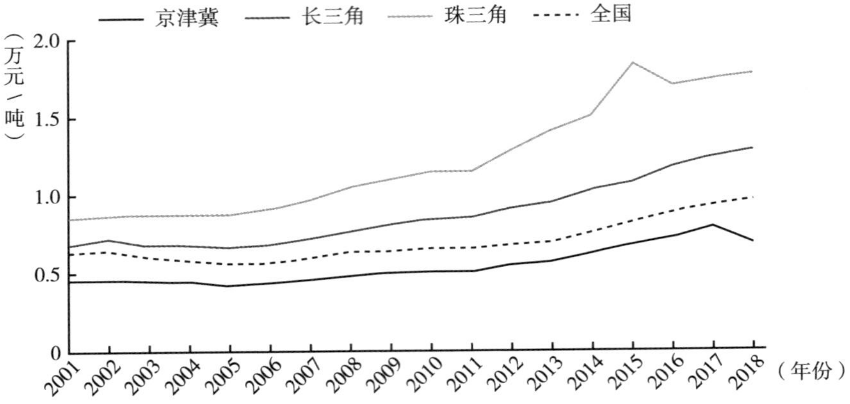

图 8　京津冀与长三角、珠三角地区及全国碳生产率对比

资料来源：笔者计算。

（三）经济增长方式

从碳生产率角度看，经济增长影响因素由碳排放量增长、碳生产率增长及两者的交互作用构成，进一步，若经济增长主要由碳生产率增长推动，即地区经济增长方式低碳化特征明显，反之地区经济增长方式具有高碳性特征，本部分参照武义青等①②对经济增长方式的划分方法，依据碳生产率增长对经济增长的贡献率，将经济增长方式划分为低碳型（低碳Ⅰ型、低碳Ⅱ型、低碳Ⅲ型）、中碳型（中碳Ⅰ型、中碳Ⅱ型、中碳Ⅲ型）与高碳型（高碳Ⅰ型、高碳Ⅱ型、高碳Ⅲ型）。经济增长方式判定结果如表 1 所示。

① 武义青等：《京津冀经济增长方式及阶段性特征》，《经济与管理》2019 年第 1 期。

② 武义青、姚连宵：《基于碳生产率的我国省域经济增长方式评价》，《河北经贸大学学报》2021 年第 4 期。

表 1　经济增长方式判定

区域	一阶段	两阶段		四阶段			
	2001～2018 年	2001～2010 年	2011～2018 年	“十五”	“十一五”	“十二五”	“十三五”
全国平均	C+	C	A-	C-	C+	B+	A
京津冀地区	C+	C	B+	C-	C+	A-	C
北京市	A	B+	A+	B-	A	A+	A+
天津市	B-	C+	A	C+	C+	A-	A
河北省	C	C-	B-	C-	C	A-	C-
长三角地区	B-	C+	A-	C	B-	B+	A
上海市	A-	B+	A	B-	A-	A	A
江苏省	C+	C	B+	C-	B-	B-	A
浙江省	B-	C	A	C-	B-	A	A
安徽省	C+	C+	B-	B-	C	B-	B-
珠三角地区	B-	C+	A-	C	B-	A+	C-
广东省	B-	C+	A-	C	B-	A+	C-

注：“A+”表示低碳Ⅰ型，“A”表示低碳Ⅱ型，“A-”表示低碳Ⅲ型，“B+”表示中碳Ⅰ型，“B”表示中碳Ⅱ型，“B-”表示中碳Ⅲ型，“C+”表示高碳Ⅰ型，“C”表示高碳Ⅱ型，“C-”表示高碳Ⅲ型。

2001～2018 年，全国平均经济增长方式为高碳Ⅰ型；按照两阶段划分实现了高碳Ⅱ型向低碳Ⅲ型的转变；“十五”时期至“十三五”时期，全国平均经济增长方式不断优化，由高碳Ⅲ型转变为低碳Ⅱ型。京津冀地区总体为高碳Ⅰ型经济增长方式；按照两阶段划分为高碳Ⅱ型转变为中碳Ⅰ型；“十五”时期至“十二五”时期，京津冀地区经济增长方式由高碳Ⅲ型转变为低碳Ⅲ型，低碳发展理念成效显著，但是在“十三五”时期前三年，经济增长方式转变为高碳Ⅱ型。北京市以低碳型经济增长方式为主；按照两阶段划分由中碳Ⅰ型转变为低碳Ⅰ型；“十二五”和“十三五”时期均保持低碳Ⅰ型经济增长方式，二氧化碳排放量呈负增长。与京津冀地区相比，“十三五”时期，长三角经济增长方式以低碳Ⅱ型为主，安徽省为中碳Ⅲ型，经济增长方式与上海市、江苏省、浙江省存在差距。珠三角地区“十五”时期至“十二五”时期，经济增长方式优化，“十三五”时期经济增长方式为高碳Ⅲ型（见表1）。

降低二氧化碳排放量增长速度，逐步实现二氧化碳负排放，是实现碳达峰、碳中和目标的现实要求。贯彻落实低碳发展理念，经济增长方式转向以低碳型为主是“十四五”时期重要的发展目标。

三 京津冀三地经济绿色低碳发展影响因素分析

产业结构、能源结构和科技创新能力是影响京津冀三地绿色低碳发展的主要因素。从产业结构来看，2020 年，北京市、天津市、河北省三次产业结构分别为 0.3∶15.83∶83.87、1.49∶34.11∶64.4、10.72∶37.55∶51.73，[①] 北京市第三产业占比最高，超过 80%，河北省第二产业比重略高于天津市，第二产业中，工业是排放二氧化碳的主要产业，尤其是钢铁、建材、化工等行业。京津冀三地，工业增加值占比呈下降趋势，北京市占比最低。2001～2020 年，河北省、天津市、北京市工业增加值占比分别由 39.72%、43.75%、23.83% 下降至 31.89%、29.74%、11.68%（见图 9），天津市工业增加值占比下降速度快于河北省，2010 年后，河北省工业增加值占比最高，北京市工业增加值占比远低于河北省与天津市。

从能源结构来看，河北省化石能源消费比重最高，天津市与北京市基本持平，三地化石能源消费比重均呈下降趋势（见图 10）。2001～2018 年，河北省、北京市、天津市化石能源消费比重[②]分别由 80.05%、71.77%、70.88% 下降至 71.01%、55.69%、55.92%。河北省和天津市化石能源需

① 按三次产业增加值计算。

② 利用《中国能源统计年鉴》（2001～2019 年）的能源终端消费量数据和能源折标煤系数参考表，分别计算煤炭消费量（包括原煤、洗精煤、其他洗煤、型煤、焦炭、焦炉煤气、其他煤气）、石油（包括原油、汽油、柴油、燃料油）、天然气与总能源消费量（单位为万吨标准煤），进而计算化石能源消费比重。

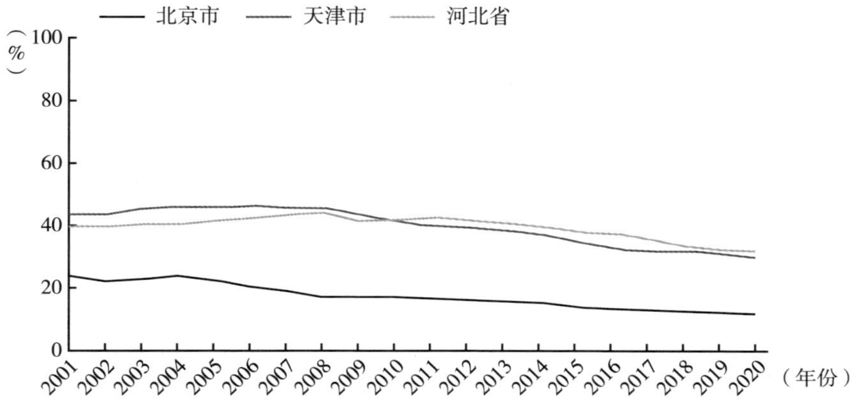

图9　京津冀三地工业增加值比重变化

资料来源：国家统计局。

求主要来源于工业发展，北京市在交通、建筑方面化石能源需求量较大。

2015～2017 年，河北省煤炭消费量逐年下降，分别为 14652.7 万吨标准煤、14292.9 万吨标准煤、13402.9 万吨标准煤；2018 年，煤炭消费量为 14908.1 万吨标准煤，出现反弹并超过 2015 年煤炭消费水平。能源消费总量方面，2015～2017 年，最高消耗量为 2016 年的 23083.4 万吨。可见，能源消费总量，特别是煤炭消费量于 2018 年出现反弹，导致 2018 年河北省二氧化碳排放量出现回升。要不断优化经济增长方式，实现绿色低碳发展，就需要不断优化能源结构，同时控制煤炭消费量增长速度。

从创新的角度看，北京市研发强度①较高，天津市次之，河北省较低。总体上三地研发强度均呈上升趋势（见图 11）。2001～2020 年，北京市、天津市、河北省研发强度分别由 4.43%、1.43%、0.51% 增加至 6.44%、3.44%、1.75%。

① 研发强度表示 R&D 经费内部支出占 GDP 比重，其中 2009～2018 年研发强度数据来自《中国科技统计年鉴》；2006～2008 年、2019～2020 年研发强度数据来自《全国科技经费投入统计公报》；2001～2005 年研发强度数据，利用《中国科技统计年鉴》（2001～2005）提供的“研究与试验发展内部经费支出”数据和国家数据官方网站提供的 GDP 数据计算而得。

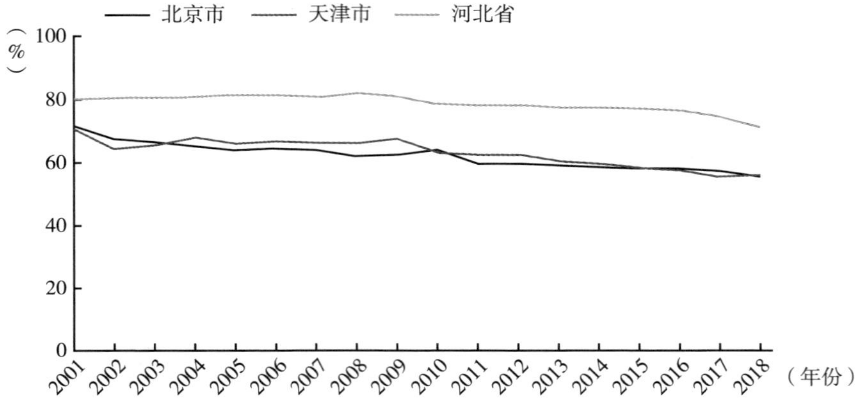

图 10　京津冀三地化石能源消费比重变化

资料来源：《中国能源统计年鉴》。

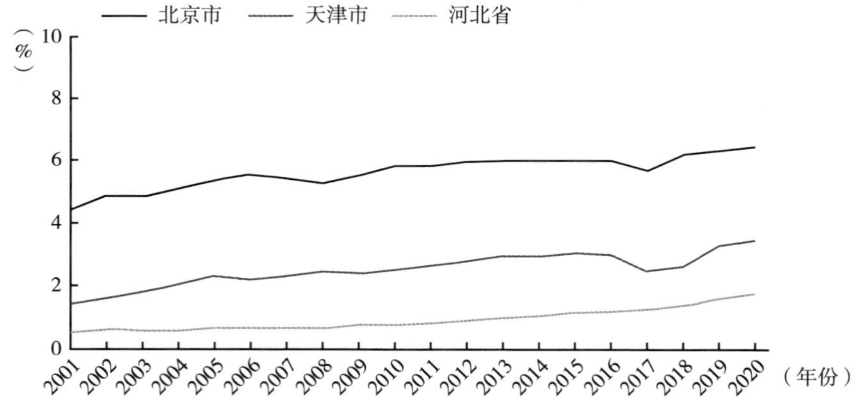

图 11　京津冀三地研发强度对比

资料来源：国家统计局、《中国科技统计年鉴》、《全国科技经费投入统计公报》。

2011 年以来，京津冀三地有效发明专利数呈上升趋势，2019 年，河北省有效发明专利数超过天津市，但是与北京市相比差距较大；河北省新产品项目数增加较快，2019 年为京津冀三地最高水平，天津市新产品项目数波动较大，2016 年以来与北京基本持平（见表 2）。

表 2　京津冀三地有效发明数与新产品项目数

单位：个

年份	有效发明专利数			新产品项目数		
	北京	天津	河北	北京	天津	河北
2011	7342	5193	2601	9238	14658	6292
2012	14051	7341	3358	11024	12219	7541
2013	16402	10191	4049	13310	11977	7194
2014	18721	12263	4999	12259	13213	8024
2015	23749	17422	7740	10580	9800	7489
2016	28290	22021	13074	10304	10767	8428
2017	34497	22346	14750	10490	11373	10238
2018	42851	23407	18762	11010	11797	11449
2019	48656	20856	21487	12142	12714	14913

资料来源：国家数据官方网站。

四　绿色与低碳发展的关系

深入贯彻落实习近平生态文明思想，把碳达峰、碳中和纳入经济社会发展全局，以经济社会全面绿色低碳转型引领高质量发展。为进一步探讨绿色与低碳发展的相互联系，本研究使用相关数据进行实证分析。用 Ln*GTFP* 表示绿色全要素生产率的自然对数，Ln*Pc* 表示碳生产率的自然对数，Ln（1/*Pc*）表示碳排放强度的自然对数，LnP_E表示能源生产率的对数，Ln（1/P_E）表示能源消耗强度的自然对数。碳排放强度与碳生产率在数值上互为倒数，能源消耗强度与能源生产率在数值上互为倒数。使用 OLS 方法分别对全国 2008～2018 年时间序列以及省份面板数据进行回归，结果如表 3 所示。

表 3　回归拟合结果

项目	Ln*GTFP*		Ln*Pc*		Ln(1/*Pc*)	
	全国	30 省份	全国	30 省份	全国	30 省份
Ln*Pc*	0.5600 *** (0.0750)	0.5081 *** (0.0225)				
LnP_E			1.1421 *** (0.0794)	1.0983 *** (0.0208)		
$Ln(1/P_E)$					1.1421 *** (0.0794)	1.0983 *** (0.0208)
常数项	1.6256 *** (0.0428)	1.5857 *** (0.0205)	-0.8028 *** (0.0208)	-0.7513 *** (0.0108)	0.8028 *** (0.0208)	0.7513 *** (0.0108)
N	11	330	11	330	11	330
R^2	0.8611	0.6078	0.9583	0.8946	0.9583	0.8946

注："***"

表 3 显示：

（1）关于碳生产率对绿色全要素生产率的影响。碳生产率每提高 1 个百分点，绿色全要素生产率提高 0.50～0.56 个百分点。这表明，提高碳生产率的低碳发展，对提高绿色全要素生产率的绿色发展有重要的促进作用。

（2）关于能源生产率对碳生产率的影响。能源生产率每提高 1 个百分点，碳生产率提高 1.1 个百分点左右。这表明，提高能源生产率，对提高碳生产率至关重要。

（3）关于能源消耗强度对碳排放强度的影响。能源消耗强度每下降 1 个百分点，碳排放强度降低 1.1 个百分点左右。这表明，降低能源消耗强度可以有效降低碳排放强度。

我国"十四五"规划纲要明确提出，2025 年，能源消耗强度下降 13.5%，碳排放强度下降 18%。按照回归结果，全国和北京市能源消耗强度下降 13.5%，碳排放强度约下降 14.85%，低于目标要求的 18%；天津市和河北省"十四五"规划纲要提出能源消耗强度 2015 年较 2020 年下降 15%，按照回归结果，碳排放强度约下降 16.5%，低于目标要求的 18%

（全国）和19%（见表4）。“十四五”时期应进一步加大产业结构调整力度，提高非化石能源消耗比重，加大研发力度，降低能源碳排放因子，进一步推动碳排放强度降低。同时，促进绿色发展，降低碳排放量，要求通过能源生产率提高促进碳生产率提升，进而提高绿色全要素生产率。

表4　全国和京津冀三地能源消耗强度和碳排放强度下降目标

区域	能源消耗强度下降目标	碳排放强度下降目标	碳排放强度下降(估计)	差距
全国	13.5%	18%	14.85%	3.15个百分点
北京市	达到国家要求	达到国家要求	—	—
天津市	15%	达到国家要求	16.5%	—
河北省	15%	19%	16.5%	2.5个百分点

注：分别来自中国、北京市、天津市、河北省的《国民经济和社会发展第十四个五年规划和二〇三五年远景目标纲要》。

五　结论和建议

（一）结论

2010~2019年京津冀地区GTFP年均增长率为2.03%，天津市与河北省GTFP出现负增长。北京市绿色发展水平较高，天津市次之，河北省较低。2019年河北省GTFP为北京市的59.04%、天津市的26.93%。从单要素生产率来看，各项生产率均为北京市较高、天津市次之、河北省较低，提高京津冀地区GTFP应重点提高河北省各单要素生产率及天津市的能源和资本生产率；碳生产率方面，北京市水平较高且增长速度较快，天津市与河北省碳生产率呈波动上升趋势，上升幅度小，与北京市存在较大差距。

京津冀地区GTFP低于长三角、珠三角地区，且增速相对缓慢，“十三五”期间增速提高到3.57%，略低于长三角地区（4.06%）、珠三角地区（3.85%）。京津冀地区水资源生产率较高，劳动、资本、能源要素生产率是京津冀地区绿色发展中的短板。京津冀地区 GTFP 与长三角、珠三角地区的差距不断扩大的主要原因有：一是长三角、珠三角地区水资源生产率提高，缩小了与京津冀地区之间的差距。二是京津冀地区劳动生产率增长较慢、资本生产率下降较快；与绿色发展趋势相同，京津冀、长三角、珠三角地区碳生产率的变化亦出现明显分层，珠三角地区碳生产率较高，长三角次之，京津冀地区碳生产率低于全国平均水平，且由于 2018 年河北省煤炭消费量提高，京津冀地区碳生产率出现负增长。

2001～2018 年，京津冀地区经济增长方式为高碳Ⅰ型，北京市、天津市及河北省经济增长方式分别为低碳Ⅱ型、中碳Ⅲ型、高碳Ⅱ型；按照两阶段划分，京津冀地区经济增长方式由高碳Ⅱ型转变为中碳Ⅰ型，京津冀三地经济增长方式优化效果明显；按照四阶段划分，北京市、天津市经济增长方式不断优化，但是京津冀地区“十二五”时期至“十三五”时期，经济增长方式由低碳Ⅲ型转变为高碳Ⅱ型，河北省由低碳Ⅲ型转变为高碳Ⅲ型，主要原因是 2018 年河北省煤炭消耗及能源总量消耗大幅提高，应优化经济增长方式，时刻防止传统生产方式抬头倾向，调控能源结构及煤炭消耗总量。

降低能源消耗强度对降低碳排放强度具有正向促进作用，能源消耗强度每下降 1 个百分点，碳排放强度降低 1.1 个百分点左右，为完成“十四五”规划纲要提出的能源消耗强度和碳排放强度下降目标，“十四五”时期各地区应进一步优化能源结构，提高非化石能源消费比重。

（二）建议

尽管京津冀地区绿色低碳发展取得了积极成效，但仍存在不足与问题。应将“双碳”目标融入经济社会发展全局，深化绿色低碳发展，提升经济增长质量。

1. 能源结构绿色低碳转型

严格控制煤炭资源消费增长，制定压减煤炭消费量工作方案，有序淘汰煤电落后产能，加快推进煤改电、煤改气或改生物质工作；提高可再生能源发电比例，全面推进风力发电、太阳能发电高质量发展，构建集中式与分布式并举的风电、光伏发电基地。坚持陆海并重，充分利用海洋风力发电资源，建设同光热、光伏发电协调互补的可再生能源发电基地；因地制宜，推进水电基地建设，建设符合生态保护要求的金沙江上游、黄河上游、雅鲁藏布江下游等水电开发，推动西南地区建设集水电、风电、光电系统互补于一体的发电系统；积极安全有序地发展核电，推广高温气冷堆、快堆、海上浮动堆等先进推行示范工程，开展核能综合利用示范；基于我国多煤少油缺气资源禀赋，提高终端燃油产品能效，逐步调整汽油消费规模，加大生物液体燃料、可持续航空燃料替代传统燃油的力度；引导天然气消费，优先保障民生用气，推进天然气与其他能源融合发展；重点推进氢能示范，培育制氢产业，加快氢气站、氢气储运中心等基础设施建设，培养氢能产业集群，逐步转变以化石能源为主体的能源结构。

2. 产业结构转型升级

工业是产生碳排放的主要领域之一，加快工业领域传统产业绿色低碳改造，促进工业行业能源消费低碳化、能源利用高效化，建设节能降碳重点工程，打造国际先进的节能低碳园区，提高能源利用效率；针对钢铁、有色金属、建材行业、石油化工等重点行业二氧化碳排放量大，采取有力措施，对高耗能、高排放项目实行清单管理、分类处置，在建项目重点排查，整改能耗水平不符合行业能耗限额准入制要求的项目，压减饱和产能，对未饱和行业，按照国家布局，严格审批，提高准入要求，对标国际标准；有序引导新兴产业发展，对高耗能新兴产业，应支持引导使用绿色低碳生产技术，提高能源使用效率，充分利用互联网、人工智能等现代信息技术，布局战略性新兴产业，构建常态化监管机制。

3. 持续加强科技创新

发挥科技创新的支撑引领作用，提升创新能力。设立低碳技术研发示范区，开展低碳、零碳、负碳等核心技术攻关，协调高校、科研单位、国有企业协同合作，研发绿色低碳技术创新成果。强化企业的创新主体地位，支持企业承担国家绿色低碳科技项目，加强对绿色低碳技术的知识产权保护力度，构建激励创新机制；革新人才培养模式，鼓励高校、企业加大新能源、氢能、碳减排等相关学科建设和人才培养合作力度；重点扶持低碳项目研发、装备制造，研发碳捕集、碳封存技术，建设二氧化碳利用与封存示范项目；推进绿色低碳技术商业化发展。

4. 深化生态文明理念

以绿色低碳发展为引领的新发展理念逐渐普及，进一步增强全民环保意识、节约意识，积极主动地践行绿色低碳生活方式。将生态文明教育纳入教育体系，普及绿色低碳基础知识，加强对公众的科普教育；推广绿色低碳生活方式、绿色产品消费，完善绿色产品标识认证体系；持续开展世界地球日、世界环境日、全国低碳日等宣传活动，推动生产文明理念普及；培育企业社会责任，引导企业顺应绿色低碳发展要求，提高绿色创新水平，企业内各级领导应强化绿色责任意识，学习生态文明知识，切实将生态文明建设理念融入日常生产管理。

参考文献

武义青、陈俊先：《绿色全要素生产率测定的一种新方法——以河北省 11 个设区市工业为例》，《河北经贸大学学报》2018 年第 6 期。

Kaya, Yoichi, Keiichi Yokobori, et al., *Environment, Energy, and Economy: Strategies for Sustainability*, Tokyo: United Nations University Press, 1997.

武义青等：《京津冀经济增长方式及阶段性特征》，《经济与管理》2019 年第 1 期。

武义青、姚连宵：《基于碳生产率的我国省域经济增长方式评价》，《河北经贸大学学报》2021 年第 4 期。

B.3

京津雄城市群“十四五”时期宏观发展分析预测

张　智*

摘　要： 河北雄安新区的设立改变了京津冀核心区域发展格局，雄安新区的加快建设将在“十四五”时期内初步形成以京津雄城市群为核心的区域空间构架。本报告通过对京津雄和上海、重庆近20年主要宏观指标的回顾和比较，初步建立起一个京津雄城市群的宏观分析框架。宏观计量模型预测分析表明，“十四五”期间京津雄城市群的经济规模将明显提升，发展质量也将有显著提高。建议强化雄安新区科技创新引领作用，以制度创新激发京津雄新市民活力，推动区域高质量发展。

关键词： 京津雄城市群　数字经济　新型基础设施

2021年是中国共产党建党100周年，也是我国全面建成小康社会的一个里程碑。2021年11月党的十九届六中全会在京举行，全会公报指出“党的十八大以来，我国经济发展平衡性、协调性、可持续性明显增强，国家经济实力、科技实力、综合国力跃上新台阶”。京津冀协同发展战略和京津雄城市群建设的渐次推进正是在这一大的历史背景下实现的。河北雄安新区的建立是京津冀区域协同发展的最大变量，而“十四五”时期将是京津雄城

* 张智，天津社会科学院经济分析与预测所研究员，研究方向为宏观经济预测、城市经济、房地产经济。

市群主体构架初步形成的重要时期，本报告尝试对京津雄城市群的宏观发展进行模型预测与分析。

一　京津雄城市群在区域发展中的地位与作用

京津雄城市群是京津冀区域的核心区域，其对京津冀协同发展战略的持续推进具有深远的历史意义，只有从京津冀核心区域价值和京津冀协同发展战略的宏观视角考察，才能更加深入地理解关于建立雄安新区是“千年大计、国家大事”的历史定位。

（一）京津冀经济区域发展面临的转型困境

“十一五”时期，国家发改委曾组织编制《京津冀都市圈区域规划》。至2011年，该规划编制形成一个“8+2”框架，即包括北京、天津两个直辖市和河北省的石家庄、秦皇岛、唐山、廊坊、保定、沧州、张家口、承德8地市的京津冀都市圈。虽经数年的编制和报审，但《京津冀都市圈区域规划》一直未获批准。从历史沿革看，京津冀都市圈的概念是由京津唐工业基地的概念发展而来，稍早有观点认为，京津冀一体化的核心是京津唐，京津唐区域合作对于京津冀协调发展有着关键作用。现在来看，这一观点有一定道理但也存在局限性。

2014年之前“京津唐”思路是“自下而上”的，旨在加强区域内部联合和促进区域一体化发展。从现实看，这一过程是迟缓的，发展的结果也并未达到预期，“京津唐”思路的局限在于难以突破区划分割的体制约束。而2014年以后，特别是2015年6月《京津冀协同发展规划纲要》的印发实施，标志着京津冀区域发展进入了一个崭新阶段。推动京津冀协同发展是重大国家战略，核心是有序疏解北京非首都功能，而疏解北京非首都功能客观上要求“交通一体化、生态环境保护、产业升级转移”等方面必须统筹协调。简单来讲，京津冀协同发展战略是“自上而下”的，从全国甚至全球格局出发，重新塑造北京功能及其所在区域发展环境的思路框架。

（二）雄安新区的设立改变了原有的京津双城格局

2017 年以前，京津冀区域核心是京津双城。河北省省会石家庄市距离京津较远，且产业关联度也不太高；唐山市在发展规模和成熟度方面与京津相比也存在较大差距。这就存在一个问题，京津与河北协同发展在空间上缺少一个适当的核心支点。

从历史上看，京津双城一体化发展过程中的深层次矛盾也没有得到很好的解决。一方面，北京在决策、规划和市场要素的吸引方面都占有绝对优势，天津的部分资源和优质市场要素向北京流动也是不争的事实；另一方面，天津作为北方老工业基地，自身也存在产业结构老化、创新动力不足等深层次问题。在此背景下，京津双城始终未能形成良性的互动关系。

天津工业结构偏重，2016 年以来重工业占比在 80% 以上，且国有企业占比相对较大，这就在很大程度上抑制和挤压了民营经济的发展空间。民间经济发展滞后的结果是市场活力不足和营商环境欠佳，而这促使天津本地高品质人力资源外流，其中不愿意离开北方的高品质人力资源往往选择前往北京就业。市场活力不足、营商环境欠佳和高品质人力资源不足等因素“屏蔽”了北京高新技术向天津的扩散，北京大多数高新技术选择了同南方地区寻求合作生产。北京研发、天津生产的“理想”分工合作机制始终未能实现。综上，有序疏解北京非首都功能和促进京津冀协同发展的战略目标，在原有京津双城的核心构架下是难以很好实现的。正是雄安新区的设立改变了原有的京津双城格局，这为打破僵局、重塑京津冀核心区良性互动机制创造了条件。

（三）京津雄城市群空间构架的形成

2017 年 3 月中共中央、国务院印发通知，决定设立河北雄安新区。2018 年 4 月《河北雄安新区规划纲要》获得中共中央、国务院的批复。规划纲要明确指出，雄安新区作为北京非首都功能疏解集中承载地，与北京城市副中心形成北京发展新的两翼，共同承担起解决北京“大城市病”的历史重任，有利于探索人口经济密集地区优化开发新模式。[1] 2021 年 11 月 26 日国务院发布《关于支持北京城市副中心高质量发展的意见》（国发〔2021〕15 号），再次强调规划建设北京城市副中心，与河北雄安新区形成北京新的两翼，是以习近平同志为核心的党中央作出的重大决策部署，是千年大计、国家大事。

显然，设立建设雄安新区，规划建设北京城市副中心是设计重构京津冀核心城市群的战略举措。从空间构架上看，雄安新区的设立为京津冀协同发展提供了绝佳的战略支点，稳固而高效的京津雄城市群将成为京津冀的核心和高地。2020 年底已实现京雄城际铁路全线开通运营，津兴（天津至北京大兴机场）城际铁路正在加紧施工，津雄城际铁路也在规划设计之中。至 2025 年京津雄城市群将初步形成半小时至 1 小时交通圈，届时京津、北京至大兴机场、雄安至大兴机场、天津至大兴机场、津雄之间城际列车均可实现半小时通达。通勤效率的提高将大大增强京津冀核心区的一体化程度，这将有力提升京津雄城市群在区域发展中的地位与作用。

二　京津雄城市群主要宏观指标比较分析

京津作为两大直辖市，各方面发展都较为成熟，其统计数据也比较充足且易得。雄安新区主要包括雄县、容城、安新三县和任丘市、高阳县的部分乡镇，由于设立时间很短且正处于基础建设阶段，其数据难以获取，本研究拟采用“宽口径”数据进行比较分析。在观察京津两城宏观发展状况时引入上海和重庆的相关数据进行比较，针对人口、GDP、投资、消费指标进行梳理分析。

（一）人口变化比较分析

人口是一个国家或地区的基础性战略资源，没有对应人口的经济活动

① 《河北雄安新区规划纲要》，中国雄安官网，2018 年 4 月 21 日。

是不可想象的。因此在逻辑上，人口统计的价值与地位优先于国民经济核算，以至于在大多数统计年鉴的目录中人口统计数据均排在国民核算数据之前。

这里收集整理了京津沪渝四个直辖市的城镇常住人口数据，之所以采用城镇常住人口主要有两个原因：一是京津沪城镇化率在全国一直是最高的，使用城镇常住人口数据可更准确地反映城市人口资源实力。2005 年京沪的常住人口城镇化率分别达到 83.6% 和 89.1%，天津稍低但也达到 75.1%；2020 年京津沪城镇化率分别达到 87.6%、84.7% 和 89.3%。二是重庆的城镇化率相对偏低，2005 年仅有 45.2%，即使是 2020 年重庆城镇化率已经大幅提高到 69.5%，但与京津沪相比仍明显偏低，如果使用城镇常住人口数据就可以提高四个直辖市人口数据的可比性。

图 1 是 2005～2020 年京津沪渝年末城镇常住人口的变化情况。数据来源于《中国统计年鉴 2021》，即人口数据已经依据 2020 年第七次全国人口普查数据进行了修正。需要说明，绘制图 1 采用的是年末城镇常住人口数据，如果采用年平均人口数据，仅需将本年末数据与上年末数据简单加总平均即可，而不论采用年末数据还是年平均数据，其分析结论都是一致的。

由图 1 可见，在 2014 年我国宏观经济进入“新常态”之前，京津沪的城镇常住人口是同步上升的。至 2014 年末我国宏观经济进入“新常态”，国家制定京津冀协同发展战略，提出疏解北京非首都功能，强调人口疏解是重要抓手，2015 年以后北京城镇常住人口基本没有增加。与此同时，2015 年上海常住人口减少 15 万人，其原因是产业转型、治理违章建筑和整顿房屋群租。2017 年天津通过清理“散、乱、污”企业 2 万多家推动产业结构升级，至 2018 年末城镇常住人口比 2016 年减少 41 万人。与京津沪不同，2005 年末重庆城镇常住人口为 1265 万人，与北京同期非常接近，随后常住人口数量呈直线上升，2020 年末重庆城镇常住人口达到 2229 万人，与上海同期基本相同。城镇常住人口的持续上升给重庆经济增长带来较强的动力。

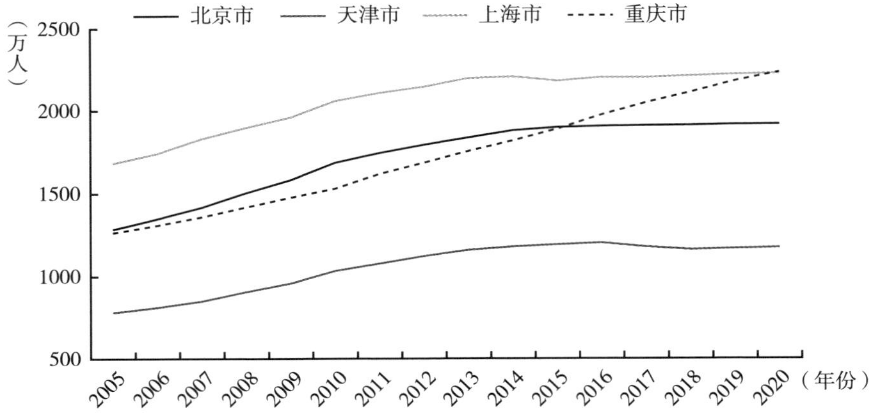

图 1　2005～2020 年京津沪渝年末城镇常住人口变化

资料来源：《中国统计年鉴 2021》。

（二）GDP 比较分析

根据全国第四次经济普查修正后的 GDP 数据，这里计算了 2021 年以来京津渝三市现价 GDP 与上海 GDP 的比值，依计算结果绘制了图 2。由图 2 可知，2015 年以前京津渝三市 GDP 与上海比值总体呈上升趋势。北京比值从 2001 年的 73.4% 上升至 2014 年的 90.7%，重庆比值从 2001 年的 38.3% 上升至 2014 年的 57.9%，天津比值由 2001 年的 33.4% 上升至 2014 年的 42.1%，三市分别上升 17.3 个、19.6 个和 8.7 个百分点。从 2015 年开始三市变化趋势出现明显分化，北京比值基本持平，2020 年比值 93.3% 仅比 2014 年提高 2.6 个百分点；重庆比值上升相对较快，2020 年比值 64.6% 比 2014 年上升 6.7 个百分点；天津比值不升反降，2020 年比值 36.4% 比 2014 年下降 5.7 百分点。

虽然不能以人口规模实现对经济发展的全面评价，但人口规模却是城市扩张或城市收缩的最主要指标，对城市常住人口的监测、预测分析是城市规划发展研究和管理的重要环节。如果暂不考虑其他因素，仅从前文人口变化分析看，2014 年以后京津渝现价 GDP 与上海比值变化的趋势特征与三市同

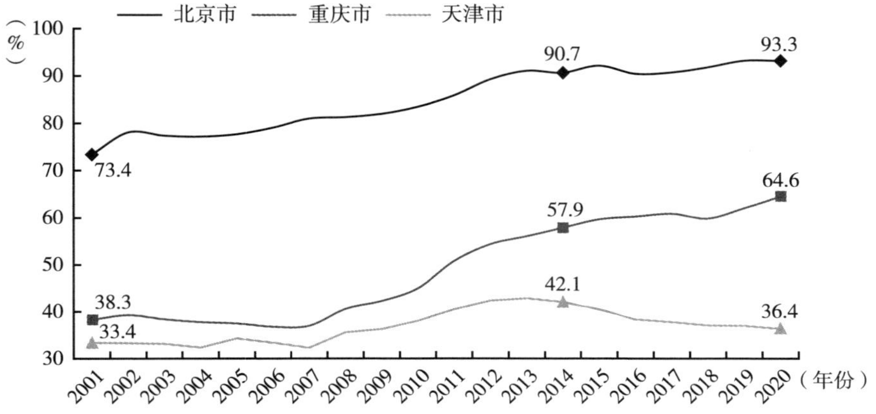

图 2　2001～2020 年京渝津现价 GDP 与上海 GDP 的比值变化比较

资料来源：国家统计局国家数据查询系统，下同。

期人口变化趋势是总体吻合的，即 2014 年以后上海和北京常住人口基本稳定，其现价 GDP 比例也基本持平；重庆城镇常住人口到 2020 年末达到 2229 万人，比 2014 年末增加 411 万人，其 GDP 比值增长也是最快的；天津常住人口明显下降，GDP 比值也出现下降。

（三）投资增长与效率比较分析

投资增长是维持或扩大再生产和经济结构调整的主要途径和手段。从图 3看可以发现以下特征：第一，2014 年以后四市总体上投资增速明显下降，特别是天津和重庆 2014 年前后投资增长水平相差较大，这表明津渝两城经济转型和结构调整仍需要一个过程。第二，2018 年前后京津投资出现明显负增长，这应该与京津冀地区的环境治理和经济增长方式转变有关。第三，上海除 2010 年和 2011 年投资接近零增长外（与世博会等因素有关），其他时段投资增速比较平稳，2020 年在新冠肺炎疫情的强烈冲击下，投资仍保持了两位数增长，这在全国平均投资增速 2.9% 的情况下是十分难得的。第四，从投资产出效率看，由于近几年统计局不公布投资总量数据，这里根据一些相关数据推算，2020 年京津沪渝的固定资产投资分别约为8000亿元、5390亿元、8940亿元和20800亿元。结合前文四市GDP比较看，京沪两市的投资产出效率大致相当，而津渝两市的投资产出效率较低。

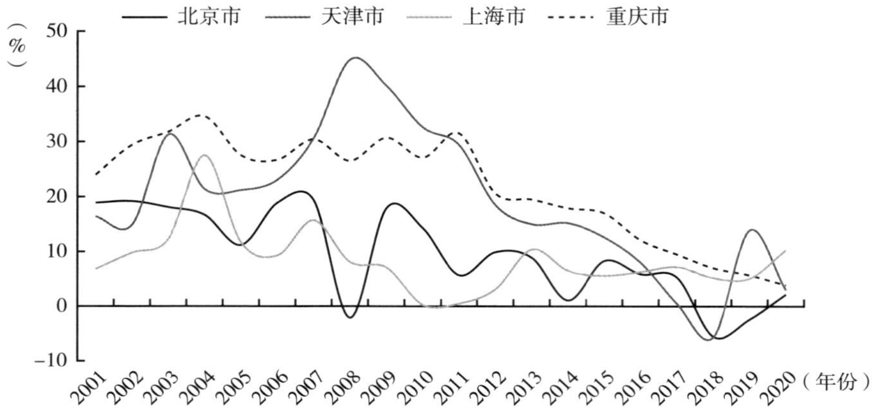

图3　2001～2020年京津沪渝固定资产投资增速变化比较

（四）消费比较分析

消费分析是宏观形势分析的重要组成部分。这里以上海社会消费品零售总额为标准，计算京津渝三市与上海的比值，依计算结果绘制图4。由图4可知，北京与上海比值经历了一个先升后降的过程，2000年北京比值为83.8%，2005年达到97.7%，2015年达到105.7%的历史峰值。伴随京津冀协同发展、疏解北京非首都功能工作的推进，北京社会消费品零售总额与上海比值从2015年的105.7%快速回落到86.1%，疏解工作的成效是显著的。天津消费比值从2000年的42.8%波动上升到2013年52.2%的历史峰值，从2015年开始比值大幅下降，至2020年比值降至22.5%的历史低点。基本可以判定2015年以来天津消费人口存在持续性的外流，这对天津宏观经济运行产生了基础性的影响。重庆比值从2000年的37.4%持续上升至2020年的74.0%，但2016年以来的上升较为缓慢。2020年重庆以3196万人常住人口仅达到上海同期 2484 万人消费总量的 74%，人均消费水平与上海相比存在较大差距。

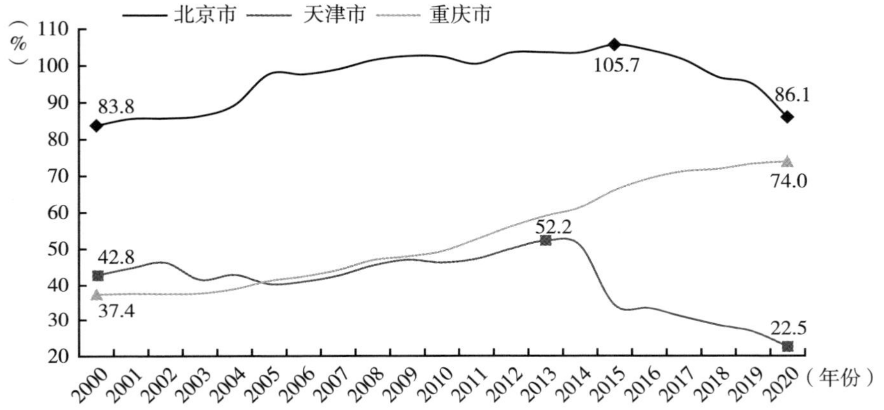

图 4　2000 ~ 2020 年京津渝社会消费品零售总额与上海比值变化比较

（五）雄安新区宏观发展分析

考察雄安新区发展的最关键的问题是数据，一是如何获取数据，二是如何解读数据。从目前的状况看，雄安新区的宏观发展规模与京津是不匹配的，而且雄安新区在未来一段时间将会出现跨越式发展。因此，这里需要找到一个媒介来代替雄安新区进行分析，这个媒介就是保定市。首先，雄安新区设立之前，其所属的主体部分容城县、安新县和雄县都属于保定市的行政区划；其次，雄安新区快速发展一定会影响到周边区域，而这个周边区域大多与保定市行政区划重叠；最后，从数据可得性上看，在 2017 年以前容城县、安新县和雄县三县数据包括在保定市数据之中，2018 年开始雄安新区的主要数据单独列示，只需将 2018 年雄安新区数据与保定市数据合计即可获得包括雄安新区在内的保定市数据，这里将其称作“宽口径”雄安新区数据。

表 1 列出了 2002 年至 2021 年前三季度保定市及“宽口径”雄安新区主

要宏观数据。表 1 中 2018 年以前数据包含了容城县、安新县和雄县三县数据。需要说明的是，2017 年保定固定资产投资增速为 -1.5%，这是由于 2017 年雄安新区设立之初，暂时冻结了新区内各类建设项目，等待雄安新区整体规划的制定。2019 年雄安新区固定资产投资增速高达 3.8 倍，预计未来几年雄安新区投资将保持超高速增长。

表 1　2002 年至 2021 年前三季度保定市（宽口径雄安新区）主要宏观数据

年份	常住人口（万人）	GDP（亿元）	GDP 增速（%）	社零额（亿元）	社零额增速（%）	城镇投资（亿元）	城镇投资增速（%）
2002	1070.0	690.7	11.2	150.6	0.0	138.0	0.0
2003	1077.0	778.7	12.7	316.2	110.0	359.1	160.3
2004	1088.3	923.0	14.5	367.9	16.3	341.3	-5.0
2005	1073.0	1072.1	13.3	385.1	4.7	412.7	20.9
2006	1080.0	1200.0	10.2	441.1	14.5	464.4	12.5
2007	1085.0	1336.7	11.7	509.3	15.5	528.7	13.8
2008	1092.4	1525.8	11.7	619.7	21.7	708.3	34.0
2009	1101.7	1730.0	11.0	730.3	17.8	1000.9	41.3
2010	1120.8	2050.3	14.0	864.2	18.3	1320.7	32.0
2011	1127.2	2449.9	12.0	1018.5	17.9	1558.1	18.0
2012	1135.1	2720.9	10.5	1174.3	15.3	1888.4	21.2
2013	1022.9	2650.6	9.0	1336.1	13.8	2000.1	5.9
2014	1029.5	2757.8	7.0	1371.6	2.7	2172.0	8.6
2015	1034.9	3000.3	7.0	1509.3	10.0	—	11.6
2016	1042.5	3117.5	7.1	1669.3	10.6	—	8.1
2017	1046.9	3132.4	6.0	1849.1	10.8	—	-1.5
2018	935.9	3256*	6.6*	1791.1	9.1	—	5.6
2019	1064.6*	3439.2*	0.5*	1382.4	8.4	—	7.2
2020	1044.8*	3353.3	3.9	1361.7	-1.5	—	3.8
2021 年前三季度	—	2555.9	8.8	1075.0	14.8	—	8.7

注：“*”为保定加上雄安新区数据。

资料来源：历年河北经济年鉴、保定经济统计年鉴、保定 2020 年国民经济和社会发展统计公报、保定 2021 年前三季度保定市经济形势新闻发布稿。

三　京津雄城市群宏观发展指标建模预测分析

预测的价值在于认清趋势和评价优劣，本部分将建模预测京津沪渝和宽口径雄安新区“十四五”末的人口、GDP、投资和消费指标，用沪渝两市作为参照对象，评价京津雄城市群的未来趋势。

（一）2025年末常住人口模型预测

采用时间序列 ARIMA 模型，对京津沪渝和雄安新区（宽口径数据，包括雄安新区和保定市，下同）人口数量进行预测，预测结果如表 2 所示。模型预测结果显示，“十四五”期间京津雄城市群人口与上海和重庆的人口比值是基本稳定的，至 2025 年末京津雄常住人口约为上海的 1.89 倍、重庆的 1.44 倍。

表 2　“十四五”期间京津沪渝和雄安新区常住人口预测结果及比较

单位：万人，倍

年份	北京	天津	雄安新区	京津雄	上海	重庆	京津雄/上海	京津雄/重庆
2020	2189.0	1387.0	1044.8	4620.8	2488.0	3209.0	1.86	1.44
2021	2191.6	1389.9	1058.7	4640.2	2496.3	3223.8	1.86	1.44
2022	2171.7	1400.8	1072.7	4645.2	2499.8	3246.4	1.86	1.43
2023	2161.6	1422.8	1081.8	4666.2	2501.3	3258.5	1.87	1.43
2024	2142.4	1458.3	1091.5	4692.2	2503.2	3275.8	1.87	1.43
2025	2135.9	1491.9	1101.7	4729.5	2504.6	3288.7	1.89	1.44

（二）2025年 GDP 模型预测

GDP 可比速度指标通常反映一国或地区宏观经济增长，并用以观察短期宏观经济总体运行状态。但在研究中期宏观经济发展时，不仅要看发展增速，也要看发展结果，即用现价 GDP 能更好地反映宏观综合实力。历年现价 GDP 序列中不仅包含总量和增速信息，同时也包含了价格变化信息。表3为“十四五”期间京津沪渝和雄安新区现价 GDP 模型预测结果及比较数据。预测结果显示，“十四五”末京津雄城市群 GDP 将超过 8 万亿元，将分别是上海和重庆的 1.51 倍和 2.03 倍。

表3　“十四五”期间京津沪渝和雄安新区现价 GDP 预测结果及比较

单位：亿元，倍

年份	北京	天津	雄安新区	京津雄	上海	重庆	京津雄/上海	京津雄/重庆
2020	36102.6	14083.7	3736.1	53922.4	38700.6	25002.8	1.39	2.16
2021	40795.9	15766.8	4037.8	60600.5	42570.6	27685.4	1.42	2.19
2022	44245.2	17344.1	4283.3	65872.6	45273.8	30903.1	1.45	2.13
2023	47481.0	18835.5	4533.2	70849.7	47123.4	33832.0	1.50	2.09
2024	50887.6	20275.7	4787.1	75950.4	50592.2	36930.2	1.50	2.06
2025	54469.0	22023.1	5044.3	81536.4	53840.7	40197.9	1.51	2.03

（三）2025年固定资产投资模型预测

根据“十四五”期间京津沪渝和雄安新区固定资产投资（不含农户）数据编制表 4。由于近年地方统计局一般不公布固定资产投资规模数额，表4仅给出增速的模型预测结果。预测结果显示，“十四五”期间京津雄城市群年均投资增速为 6.5%，略低于重庆和上海；从投资规模比较看，2025 年京津雄城市群总投资将分别达上海和重庆的 2.15 倍和 0.95 倍。

表4　“十四五”期间京津沪渝和雄安新区固定资产投资增速预测及比较

单位：%，倍

年份	北京	天津	雄安新区	京津雄	上海	重庆	京津雄/上海	京津雄/重庆
2021	6.5	4.0	8.7	5.8	7.0	6.0	2.22	0.97
2022	6.4	5.8	9.8	6.6	10.0	6.9	2.16	0.97
2023	6.9	6.9	10.5	7.5	7.7	7.1	2.15	0.97
2024	2.5	7.7	10.9	6.0	5.1	7.7	2.17	0.95
2025	3.2	8.3	11.1	6.7	7.8	7.2	2.15	0.95
“十四五”期间年均	5.1	6.5	10.2	6.5	7.5	7.0	—	—

（四）2025年社会消费品零售总额模型预测

表5给出了“十四五”期间京津沪渝和雄安新区社会消费品零售总额预测及比较情况。从社会消费品零售总额预测结果看，至2025年京津雄城市群和沪渝两市将分别达到2.25万亿元、2.02万亿元和2.14万亿元；京津雄城市群社零总额将分别达到沪渝的1.12倍和1.05倍。

表5 “十四五”期间京津沪渝和雄安新区社零总额预测及比较

单位：亿元，倍

地区	北京	天津	雄安新区	京津雄	上海	重庆	京津雄/上海	京津雄/重庆
2021	15362.4	3797.9	1402.6	20562.9	18402.0	14144.6	1.12	1.45
2022	16145.0	3897.5	1480.8	21523.3	19931.8	15753.5	1.08	1.37
2023	16295.5	4025.5	1584.6	21905.6	20622.1	17498.8	1.06	1.25
2024	16016.5	4232.2	1708.0	21956.7	20639.7	19386.5	1.06	1.13
2025	16250.1	4443.9	1848.4	22542.4	20156.4	21422.6	1.12	1.05

（五）京津雄“十四五”期间宏观发展分析与建议

在获得京津雄城市群的“十四五”期间主要宏观指标预测结果后，这里进行综合预判分析。第一，京津雄城市群宏观经济规模将明显提升。GDP将达到8万亿元，“十四五”期间GDP名义年均增速达8.6%，按年均平减指数102.5计算，年均GDP可比增速约为6%。第二，京津雄城市群经济增长方式转变提速，经济发展质量将显著提高。根据预测，京津雄城市群固定资产投资年均增速低于上海和重庆，而同期GDP与上海比值将从“十三五”末的1.39倍提升到“十四五”末的1.51倍，GDP与重庆的比值虽有小幅下降，但总体来看，京津雄城市群投资产出效能会有明显提升，即依靠大规模、高强度投资拉动经济增长的方式将逐渐成为历史。第三，京津雄城市群社会最终消费水平稳步提升。2025年京津雄城市群社会消费品零售总额将达到2.25万亿元，与上海比值同2021年相比持平，与重庆比值同2021年相比有明显下降。消费规模与重庆比值下降应该与重庆经济社会发展阶段有关，京津沪是“先发”地区，城市化水平较早达到“饱和”状态（参见前文数据），从重庆2020年城镇化率为69.5%来看，“十四五”期间重庆的城镇化水平会持续提升，这将有力推动重庆的社会消费增长。

最后提出几点建议。第一，京津雄城市群应坚持创新驱动和提质增效的高质量发展之路。大力推动数字经济发展，以内部要素配置优化和激发新市民活力来应对区域人口外流和人口结构老化问题。第二，加强京津雄区域内物理联通、信息联通和制度联通。加大交通基础设施建设力度，打通堵点、断点。在硬联通基础上，加快数字化新型基础设施建设速度，同时还要在规划、制度和管理体制、机制等层面不断改革创新，使区域内部经济循环更加畅通。第三，高度重视和发挥雄安新区的引领带动作用。雄安新区地理空间虽小但战略价值巨大，雄安新区规划建设不应采取“抓住一点不及其余”的策略，相反，应将高水平建设雄安新区当作优化、活化京津雄城市群和京津冀区域甚至整个北方的“点睛之笔”和活力之源。

参考文献

李国平、宋昌耀：《建设京津冀世界级城市群视野下的雄安新区发展方向》，《河北学刊》2021年第6期。

景建国：《关于推动雄安新区高质量发展的思考》，《第一财经日报》2021年11月10日。

B.4
京津冀高技术产业集聚对区域竞争力的影响分析*

赵培红　陈 思　李庆雯**

摘　要： 高技术产业作为高附加值、高效益的优势产业，是推动经济高质量发展的主要动力。本报告基于京津冀三省市 2011～2019 年数据，构建了高技术产业集聚与区域竞争力的面板数据模型，对两者关系进行分析，结果显示高技术产业集聚程度与区域竞争力存在倒“U”形非线性关系，高技术产业集聚通过知识溢出效应、规模经济效应和多样合作机制提高区域竞争力。

关键词： 高技术产业　产业集聚　区域竞争力　高质量发展

一　引言

党的十八大以来，我国经济发展逐步进入了增长速度、结构和动力均发生变化的新常态，认识、适应和引领新常态成为经济发展的大逻辑。伴随着经济从追求速度、规模转向追求质量和效益的高质量发展的重大转变，增长

* 本报告为河北省创新能力提升计划软科学研究专项（项目编号：215576120D）、河北省高等教育学会高等教育科学研究“十三五”规划重点课题（课题编号：GJXHZ2019－21）、2020年河北经贸大学“新财经”科研专项研究项目（项目编号：2020XCJ03）、河北省研究生课程思政示范课程《城市经济学》（项目编号：YKSCZ2021124）的阶段性成果。

** 赵培红，博士，河北经贸大学京津冀一体化发展协同创新中心研究员，硕士生导师，研究方向为区域与城市发展；陈思，河北经贸大学区域经济学专业硕士研究生，研究方向为区域经济；李庆雯，河北经贸大学区域经济学专业硕士研究生，研究方向为区域创新。

方式上也必须实现由传统要素驱动到创新驱动的转换。以高新技术产业引领产业转型升级，构建现代产业体系，实现经济高质量发展，这也是新发展阶段下创新在现代化建设全局中的核心地位的必要要求，加上在“双碳”等目标约束下的资源环境条件，以高新技术产业为代表的创新型产业成为各地提升竞争力的必然选择。高技术产业作为高附加值、低耗能的典型产业，兼具节能减排和增质提效多方面优势，其有效集聚是推动产业结构优化升级、提高区域竞争力的重要方式。2019 年全国高技术产业利润总额为 10504 亿元，相比 2011 年增长 100.27%。京津冀地区 2019 年高技术产业利润总额为 876 亿元，与 2011 年相比增长 83.4%，京津冀高技术产业发展潜力较大。在京津冀协同发展向纵深推进的背景下，研究高技术产业聚集与区域竞争力的关系，分析高技术产业聚集对区域竞争力的影响机制，对提升京津冀世界级城市群经济实力、推动京津冀高质量协同发展具有重要意义。

在高质量发展成为主题的背景下，区域竞争力的提升对区域产业分工以及知识技术应用的要求进一步提高，区域经济发展对技术、高端人才及资源要素的需求越来越大，高技术产业的发展成为推动区域竞争力提升的必然选择。① 通过梳理相关文献发现，关于产业集聚与区域竞争力的研究主要集中在以下方面：首先，产业集聚对区域竞争力的影响因城市规模差别而存在差异，大城市产业集聚对经济的影响作用要大于中小城市。② 其次，产业集聚对区域竞争力产生影响的作用机制可从内部和外部来分析。从内部路径来看，产业集聚通过提升创新能力，降低生产成本，提高劳动生产率，推动区域竞争力提升，③ 同时，使得集群内企业向精、良、专、深发展，企业间产品差异化发展有利于逐步增强企业的竞争优势。④ 从外部机制来看，人才、

① 孙久文、张皓：《京津冀区域经济合作的优化与拓展》，《前线》2021 年第 6 期。

② 陈子真、雷振丹：《产业协同集聚对区域经济的影响研究》，《区域经济评论》2018 年第 3 期。

③ 魏后凯：《对产业集群与竞争力关系的考察》，《经济管理》2003 年第 6 期。

④ 李爱真：《产业集聚区对区域竞争力影响研究》，《商业时代》2013 年第 22 期。

资本及信息的流动为企业提供活力，政府相关政策不断促进产业集聚进而扩大规模，提升区域竞争力。[①] 同时产业集聚也包含了多样化的集聚，产业结构多样化也促进了跨行业的优势互补，有利于发挥各行业的比较优势。[②] 具体到高技术产业，高技术产业的集聚可以产生明显的规模经济效应，吸引更多产业聚集，推动区域经济增长。[③] 其集聚对所在城市和邻近城市呈现出相反的效果，对于城市的创新产出具有较为明显的促进作用，而对于邻近城市的空间溢出效应则呈现负向作用。相关文献表明，高技术产业集聚与区域竞争力存在较强的相关关系，两者之间的作用机制和影响路径尚未明晰，有待进一步挖掘。高技术产业集聚作为技术含量较高的产业集聚形态，具有较高的创新效率，是提升区域竞争力的主要支撑和中坚力量。本报告基于京津冀高技术产业数据，从机制上剖析产业集聚对区域竞争力的影响，实证分析并验证产业集聚与区域竞争力的作用机制，并以作用机制和结论作为实践决策依据，针对京津冀高技术产业集聚提出针对性建议。

二　产业集聚对区域竞争力的影响机制

高水平的产业集聚对于区域竞争力提高而言具有推动作用，集聚区内企业通过竞争与合作机制强化集聚外部性和知识溢出效应，进一步刺激科技创新，同时伴随着产业集聚产生的规模经济效应，能够降低企业生产过程中的要素投入成本，而要素需求的增加促进了市场流通速度加快，提升了区域经济活力，而在疫情常态化的新形势下，专业化和多样化的产业集聚有利于提高区域经济韧性，增强经济发展的稳定性，从而营造区域发展的新优势。

---

① 石斌等：《江苏省产业集聚与区域经济竞争力的互动关系研究》，《科技与经济》2011 年第 1 期。

② 孙浦阳、韩帅、张诚：《产业集聚结构与城市经济增长的非线性关系》，《财经科学》2012 年第 8 期。

③ 徐丹、于渤：《长三角城市群高技术产业集聚空间溢出效应研究》，《科技进步与对策》2021 年第 6 期。

（一）产业集聚通过知识溢出效应加速创新网络形成

产业集聚能够促进技术的交流传播，为技术专业人员提供便捷、高效的沟通渠道，加速知识溢出，推动企业进行技术创新和创新网络的形成。一方面，在知识经济时代背景下，产业集聚区内的企业相互关联，高度专业化的产业有规律地聚集在一起，形成特色的产业集群。集群内企业通过正式或非正式的交流和沟通，不断进行技术借鉴和信息交换，推进企业进一步升级。由于知识溢出效应的存在，知识体系碰撞容易产生新思路、新工艺和新技术，进而培养出掌握不同技术技能的科技型人才，为产业集聚区技术创新奠定坚实的基础。另一方面，产业集群内企业、高校、科研机构等通过交互合作与协同创新形成了稳定的复合网络集聚体，各创新主体之间形成了畅通的信息共享和技术交流渠道，推动区域内产业集群向较为高级的且包含人流、物流、信息流和资金流等流动空间载体的形态发展。伴随着数字经济和智慧城市的发展，这种网络集聚体逐渐演变为区域创新网络。这样，产业集聚能够持续扩大知识和技术溢出范围，实现区域竞争力持续提高。

（二）产业集聚通过规模经济效应提高市场流通效率

产业集聚前期，由于技术或经验的不足，要素成本投入大于产出收益，但随着企业规模逐步扩大，专业化水平和劳动生产率的提高推动了产品生产规模扩大，进而带来了平均成本下降，实现产出收益大于要素成本，并对资金、运输、物质要素、劳动力等产生更广泛的需求，产生激发产业集聚的规模效应。同时产业集聚产生的“马太效应”更容易吸引区域外企业进入，大量增加了市场机会，伴随着集聚过程中产业分工不断深化，企业对中间产品的需求量迅速增加，进一步扩大了中间产品和最终产品的市场需求。由此，产业链表现出的前后向联系促进集群内企业进入“循环因果”过程，不断吸引新厂商进入、积累更多资本、增强高素质劳动力的流动，进而发挥要素集聚的规模经济效应和增强中间投入品的集聚外部性，不断提高市场活力、要素和资本的流通效率、劳动力的生产效率等，推动区域竞争潜力提高。同时，产业集聚区内部创新成本下降，吸引创意和研发机构的进入与布局，区域创新部门不断壮大，区域创新技术水平和生产率不断提高，增强了区域市场产品价格和质量的竞争力，进而加快市场中产品、资金和人才的流动速度，提升区域竞争活力。

（三）产业集聚通过多样合作机制增强区域经济韧性

产业集聚对于提升企业经济增长的稳定性具有一定的支撑作用。一方面，区域内专业化的产业集聚使得在特定空间内企业的交易对象相对稳定，从而降低经营环境的不确定性，同时产业集聚区内相同或相似产业彼此间的商业联系根植于地方社会网络，其建立起的产业集聚机制降低了信息不对称带来的风险，进而降低了交易费用，提升了区域经济韧性。另一方面，区域内多样化的产业集聚增加了企业种类和数量，互补产业之间所建立的垂直或水平的联系扩大了产业集群内部的生产范围，有助于厂商在受到外部冲击时，向周边地区拓展业务，增加盈利机会从而提高区域经济韧性。同时，由于集群内产业的生命周期不同，未受冲击干扰的产业可以吸纳因受到产业冲击而失业的劳动力，从而降低区域失业率，实现经济稳定增长。另外，不确定性因素的刺激会倒逼企业进行技术创新或体制机制的调整，解决企业中存在的不确定性问题，产业多样化集聚进一步加强区域韧性，增强区域竞争力。

三　高技术产业集聚对区域竞争力的影响分析

本部分首先对京津冀高技术产业集聚程度进行测算，分析当前高技术产业集聚程度；其次，构建面板数据模型估计高技术产业集聚与区域竞争的关系；最后，对前述影响机制进行检验，厘清高技术产业集聚对区域竞争力的影响路径。

（一）高技术产业集聚程度测度与分析

采用区位熵对产业集中度进行衡量，根据《国民经济行业分类》（GB/T4754 —2017），利用医药制造业，航空、航天器及设备制造业，电子及通信设备制造业，计算机及办公设备制造业，医疗仪器设备及仪器仪表制造业，信息化学品制造业六大高技术产业所属行业进行集聚程度的衡量，具体计算公式为：

$$\text{Hia} = (e_{ij}/\sum_i e_{ij})/(\sum_j e_{ij}/\sum_i \sum_j e_{ij}) \tag{1}$$

其中，Hia 表示产业集聚程度，使用区位熵表征，e_{ij}表示 i 地区 j 产业的从业人数。

2011～2019 年京津冀高技术产业集聚程度的测算结果如图 1 所示，京津冀三地高技术产业的集聚程度差异较大，北京高技术产业集聚程度呈现小幅下降趋势，由 2011 年的 0.50 下降到 2019 年的 0.43，主要是因为伴随着京津冀协同发展进程的推进，非首都功能的疏解、劳动力成本上升、减量发展、产业结构升级等使得高技术产业向外扩散。天津高技术产业集聚程度远高于北京和河北，呈现波动下降的趋势，2011 年产业集聚程度为 1.18，2019 年为 0.88，其间下降中有波动，2012 年最高达到 1.46，2018 年区位熵下降到 1 以下，出现这种变化主要的原因可能在于天津高技术产业主要集中在滨海新区，“十一五”以来制造业结构调整相对频繁，导致新兴产业发展基础较弱，优势制造业占比下降，同时产业链处于中低端环节，园区主导产业不突出，集约化水平不高，对高技术产业的集聚程度产生了较大影响。河北 2011 年高技术产业集聚程度为 0.43，到 2019 年产业集聚程度为 0.43，高技术产业集聚水平相对平稳。在京津冀协同发展进程中，河北以承接北京非首都功能为核心任务，肩负全国产业转型升级试验区建设重任，凭借劳动力、制造业和土地资源优势，为承接高技术产业转移奠定了基础，但由于河北省高技术产业基础仍较为薄弱，在发展过程中资金、人才等生产要素配套均受到一定的影响，因此发展速度较为缓慢。

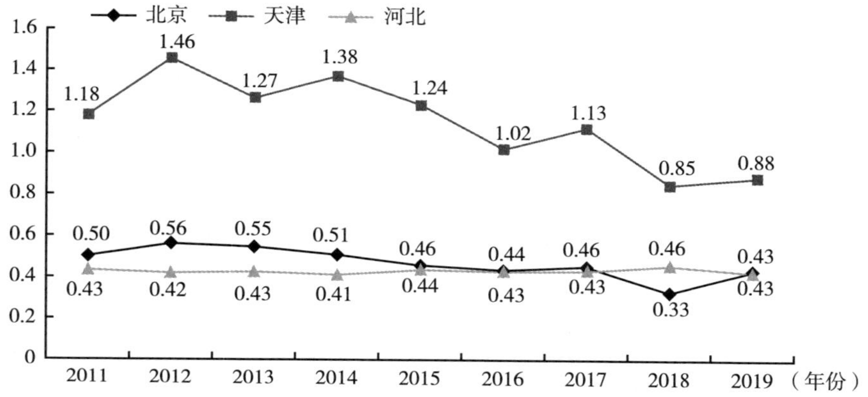

图1　2011～2019年京津冀高技术产业集聚度变动趋势

（二）高技术产业集聚与区域竞争力的实证分析

1. 模型设定

相关文献表明产业集聚与区域竞争力两者可能存在非线性关系，[①] 因此，构建了高技术产业集聚与区域竞争力非线性模型，以进一步验证两者的关系：

$$\mathrm{Ic}_{it} = a + \beta_1 Hia_{it} + \beta_2 Hia^2 + \gamma X_{it} + \mu_{it} \tag{2}$$

其中，Ic_{it}表示区域竞争力，Hia_{it}表示高技术产业集聚程度，α 和β 为待估系数，μ_{it} 为随机扰动项。

2. 变量的选取和说明

在变量选择上，本报告借鉴相关研究使用高技术产业利润总额的对数值作为被解释变量表征区域竞争力水平，使用高技术产业集聚水平或区位熵作为解释变量。控制变量选择相对环境规制强度（Eri）、资本投入（$\ln K$）、劳动力水平（$\ln L$）和主营业务收入（$\ln Re$）四个指标（见表1）。其中，环

① 罗良文、赵凡：《高技术产业集聚能够提高地区产业竞争力吗?》，《财经问题研究》2021年第1期。

境规制强度（*Eri*）是指政府为了达到环境保护和资源节约的目的，对企业在资源利用方面进行间接或直接的控制及干预行为，随着绿色发展的理念深入人心，环境在区域发展中的分量越来越重，成为影响区域竞争力的重要因素，因此用各省份环保支出占全国环保支出的比重计算得到相对环境规制强度。资本投入（ln*K*）和劳动力水平（ln*L*）是区域竞争力的关键，较高的资本效率和劳动生产效率能够有效提高区域竞争力，促进产业集群内整体竞争优势的提升，分别采用固定资产投资的对数值和 14～64 岁劳动力数量的对数值来反映。主营业务收入（ln*Re*）体现了企业在产业集群中的规模收益情况，能够衡量区域中企业发展水平，因此使用主营业务收入的对数值衡量。根据产业集聚对区域竞争力的影响机制，分别选择规模以上工业企业新产品销售收入（ln*inno*）、市场化程度（*ma*）和研发投入（ln*r&d*）来反映产业集聚的知识溢出效应、规模经济效应和多样合作机制，进一步检验影响机制是否成立。

在数据来源上，本研究以京津冀地区为例，借鉴 2012～2020 年《中国统计年鉴》、《中国科技年鉴》、《中国高技术产业统计年鉴》和各省区市统计年鉴及统计公报，由于《中国高技术产业统计年鉴 2018》未公开发布，2017 年部分数据由历年数据拟合估算得到（可能存在误差）。

表 1　各变量描述性统计

变量	样本量	平均值	标准差	最小值	最大值
Ic	27	5. 283	0. 488	4. 378	6. 258
Hia	27	1. 096	0. 652	0. 230	2. 030
ln*K*	27	5. 881	0. 665	4. 662	6. 936
Eri	27	0. 042	0. 022	0. 011	0. 082
ln*L*	27	9. 687	0. 653	8. 783	10. 735
ln*Re*	27	10. 185	0. 386	9. 665	10. 765
ln*inno*	27	8. 305	0. 272	7. 549	8. 777
ma	27	0. 226	0. 036	0. 165	0. 322
ln*r&d*	27	2. 594	0. 485	2. 004	3. 479

3. 实证结果：两者呈倒“U”形非线性关系

采用 Stata15 统计软件，对京津冀高技术产业集聚与区域竞争力的面板数据模型进行回归，得到表 2 回归结果。其中，(1) 列和 (2) 列分别显示在有无控制变量下高技术产业集聚程度对区域竞争力影响的结果，均显示高技术产业集聚对区域竞争力存在正向关系，即集聚程度越高，区域产业竞争力将越强，反之亦然。(3) 列在模型中加入产业集聚的二次项，回归结果显示高技术产业集聚的一次项系数为正，二次项系数为负，且均在 1% 的水平下显著，说明高技术产业集聚程度与区域竞争力存在倒“U”形的非线性关系，即随着高技术产业集聚程度的不断提升，区域竞争力表现出先上升后下降的态势。出现这种变化的主要原因是，高技术产业大量集聚的前期，企业技术进步，产生规模经济效益，集约化的发展模式以及创新技术水平的提升，为提升区域竞争力提供了重要动力，因此产业的集聚能够促进区域产业竞争力的提升；在拐点之后，随着京津冀协同发展中非首都功能的疏解，产业面临区域转移，制造业产业集聚受到冲击，集聚效应和规模化程度逐渐减弱，企业生产成本增加，进而抑制了区域竞争力的提升。

从控制变量来看，表 2 中 (3) 列显示相对环境规制强度 (*Eri*)、资本投入 (ln*K*) 和主营业务收入 (ln*Re*) 能够对区域竞争力产生明显的正向影响，环境规制强度的提高为区域产业发展营造了绿色高效的环境，促进了区域内产业结构的升级优化，同时资产投入和主营业务收入提高对区域外的高技术产业具有更强的吸引力，促使高技术产业集群逐步扩大，为区域竞争力的提高提供了强大支撑力。而劳动力水平 (ln*L*) 对区域竞争力没有显著影响，可能是因为在数据选择时仅考虑了 14 ~ 64 岁劳动力人口，未对劳动力学历结构进行区分。一般高素质、拥有专业技能的劳动力能够发挥人力资本优势，进而通过生产效率和创新潜力提高，为增强区域竞争力提供人力支持。

表 2　高技术产业集聚对区域竞争力影响的基准回归结果

变量	(1)	(2)	(3)	(4)	(5)	(6)
Hia	0.560 *** (11.18)	1.275 *** (6.726)	1.466 *** (7.010)	84.78 * (3.713)	-0.523 (-0.189)	221.1 *** (17.00)
Hia^2			-0.471 *** (-5.959)	-23.72 * (-3.733)	0.645 (0.674)	-384.3 *** (-16.29)
ln*K*		0.304 ** (2.017)	0.332 *** (2.723)	1.422 * (4.051)	0.831 (1.315)	0.645 (2.862)
ln*Re*		1.070 *** (10.28)	1.209 *** (13.02)	-1.389 (-0.949)	2.015 ** (4.431)	-3.459 ** (-4.991)
Eri		2.420 *** (3.174)	3.025 * (1.728)	8.337 (0.697)	2.332 (0.216)	-6.778 (-0.707)
ln*L*		-0.200 (-1.463)	-0.0243 (-1.305)	-1.372 (-1.567)	0.419 (1.108)	-0.0330 (-1.465)
Constant	4.669 *** (133.2)	-6.961 *** (-5.223)	-10.82 *** (-15.97)	-50.59 (-1.909)	-23.98 ** (-5.790)	6.810 (1.208)
R - squared	0.121	0.490	0.552	0.908	0.986	0.997
Observations	27	27	27	9	9	9
Number of city	3	3	3	1	1	1

注："***""**""*"分别表示 1%、5% 和 10% 的显著性水平，括号里面为聚类稳健标准误。

京津冀三省市的高技术产业集聚可能存在空间异质性，需要分地区考察高技术产业集聚对区域竞争力的影响。表 2 中（4）～（6）列分别显示了北京、天津和河北高技术产业集聚对区域竞争力的影响结果，显示北京以及河北的高技术产业集聚对区域竞争力的影响结果与京津冀整体一致，高技术产业集聚对区域竞争力存在先促进后抑制的倒"U"形非线性关系，其中，河北高技术产业集聚的估计系数为 221.1，在 1% 的水平下显著为正，表明高技术产业发展是提高河北整体竞争力的最有效手段之一，因此"十四五"期间需要通过改善营商环境、加大扶持力度、增强金融支持、引进创新企业和人才等手段加快高技术产业集聚步伐，进而提高河北整体竞争力。而天津的高技术产业集聚对区域竞争力影响不显著，虽然天津高技术产业发展具有优势，但与其城市综合竞争力相比，高技术产业集聚的引领带动作用不够明显，投入产出效率有待向北京看齐，区域综合优势需要充分发挥，实现高技术产业合理布局。

4. 高技术产业集聚对区域竞争力的影响机制检验

为了进一步分析高技术产业集聚对区域竞争力的作用机制，引入中介效应模型，检验产业集聚的知识溢出效应、规模经济效应和多样合作机制对区域竞争力的影响。中介效应模型涉及两个模型，其中式（3）考察高技术产业集聚对中介变量的影响，式（4）考察中介变量对区域竞争力的影响。

$$\mathrm{MV}_{it} = a_0 + a_1 Hia_{it} + \varphi X_{it} + a_2 Hia_{it}^2 + \mu_{it} \tag{3}$$

其中，MV为中介变量，包括规模以上工业企业新产品销售收入（ln*inno*）、市场化程度（*ma*）和研发投入（ln*r&d*），X_{it}为控制变量，如果显著，则表明高技术产业集聚对中介变量存在显著影响。加入中介变量后再次对产业集聚对区域竞争力的影响进行估计，检验方程如（4）所示：

$$\mathrm{Ic}_{it} = a + \beta_0 MV_{it} + \beta_1 Hia_{it} + \beta_2 Hia^2 + \gamma X_{it} + \mu_{it} \tag{4}$$

如果在β_0、β_1和β_2均显著的情况下，β_1的系数变大，这说明中介变量是高技术产业集聚提高区域竞争力的重要传导因素。

（1）高技术产业集聚的溢出效应检验

表3中的（1）列和（2）列显示了以规模以上工业企业新产品销售收入为中介变量的估计结果，其中（1）列为高技术产业集聚对新产品销售收入的影响，结果显示在1%的显著性水平下显著，说明高技术产业集聚确实对新产品的研发生产存在知识溢出效应，同时（2）列的结果为新产品销售收入和产业集聚对区域竞争力的回归结果，在5%的水平下显著为正，新产品销售收入的增加能够显著提高区域竞争力。在加入中介变量后，产业集聚对区域竞争力的影响系数相较于基准估计结果变大，并且产业集聚二次项估计系数相应变大，说明知识溢出效应是高技术产业集聚影响区域竞争力的重要传导机制之一。

（2）高技术产业集聚的规模经济效应

表3中的（3）列和（4）列报告了以市场化程度为中介变量的估计结果，（3）列考察了高技术产业集聚对市场化程度的影响，结果表明在1%的水平下显著为正，说明产业集聚水平提高会带来市场化程度的提升，（4）列表示加入中介变量后对区域竞争力的影响，结果显示高技术产业集聚和市

场化程度提升都会对区域竞争力产生正向影响，同时产业集聚的估计系数相较于基准结果变大，说明规模经济效应是高技术产业集聚对区域竞争力影响的重要传导路径之一。

（3）高技术产业集聚的多样合作机制

表3中（5）列和第（6）列汇报了以研发投入作为中介变量的估计结果，（5）列显示高技术产业集聚在1%的水平下显著提高区域研发投入水平，并与区域研发投入存在倒"U"形非线性关系，产业集聚度超过临界点反而会加剧企业竞争，降低产业集群内企业平均研发投入，（6）列中将研发投入加入模型后，结果显示研发投入代表的多样合作机制促进经济韧性提高，进一步促进产业分工深化和全球价值链地位的提升，从而强化区域的竞争优势，产业集聚估计系数变大说明多样合作机制是高技术产业集聚影响区域竞争力的重要传导路径之一。

表3　中介效应检验结果

变量	知识溢出效应		规模经济效应		多样合作机制		区域竞争力
	（1）	（2）	（3）	（4）	（5）	（6）	（7）
Hia	1.901***	1.508**	0.249***	1.752***	4.771***	2.370***	1.778*
	(4.227)	(1.980)	(6.703)	(4.880)	(3.443)	(75.68)	(1.797)
ln*inno*		0.204**					0.262**
		(1.417)					(2.046)
ma				1.869***			1.824***
				(3.992)			(3.090)
ln*r&d*						0.0224**	0.0311***
						(3.474)	(3.781)
Hia^2	-0.553***	-0.192*	-0.0887***	-0.216**	-1.476***	-0.438***	-0.281*
	(-3.588)	(-1.896)	(-27.87)	(-2.142)	(-5.303)	(-29.23)	(-4.912)
Constant	-0.804	-10.42***	-0.478	-9.450***	-178.7	-10.42***	-14.11***
	(-0.250)	(-4.452)	(-0.810)	(-3.677)	(-1.530)	(-12.27)	(-4.032)
控制变量	YES	YES	YES	YES	YES	YES	YES
R-squared	0.542	0.557	0.340	0.512	0.407	0.439	0.657
Observations	27	27	27	27	27	27	27
样本量	3	3	3	3	3	3	3

注："***""**""*"分别表示1%、5%和10%的显著性水平，括号里面为聚类稳健标准误。

表3中（7）列显示的是总体中介效应的估计结果，结合基准回归结果和高技术产业集聚对中介变量的影响效应，可以分解出上述三个影响机制渠道占总效应的相对贡献大小。由（7）列结果可知，加入三个中介变量后，相比基准回归结果，高技术产业集聚的系数从1.466上升到1.778，且各中介变量均显著，通过计算可以发现产业集聚通过知识溢出效应、规模经济效应和多样合作机制影响区域竞争力的相对贡献分别为26.47%、30.97%和10.10%，同时产业集聚在32.46%的程度上能够直接影响区域竞争力。

四　主要结论及对策建议

（一）主要结论

通过对高技术产业与区域竞争力两者关系和作用机制的分析，得出关于高技术产业集聚与区域竞争关系和影响机制的两点结论：第一，京津冀高技术产业集聚与区域竞争力呈倒“U”形的非线性关系，具体而言，在拐点前高技术产业集聚对区域竞争力具有显著的促进作用，这是因为各地为了实现制造业高质量发展，加快高新技术产业园建设，通过采用规模化、集约化的经营模式，不断激发知识和技术创新，产生规模经济效应，使得高新技术产业发展专业化更加深入，其高收益特点也愈加明显，进而迸发出促进区域竞争力提高的强大力量；在拐点后，高技术产业专业化集聚特征更加明显，对于产业集群内部而言专业化集聚有利于技术突破，推进高技术产业向纵深发展，但对于区域而言，产业专业化集聚提高意味着行业垄断现象加剧，提高了中小企业进入门槛，抑制了区域产业多样化发展，进而对区域竞争力提高产生限制。第二，京津冀高技术产业集聚对区域竞争力的影响仍处于倒“U”形拐点前的正向促进阶段。产业集聚通过知识溢出效应促进创新网络形成、通过规模经济效应提高市场流通速度和通过多样合作机制提高区域经济韧性三个作用机制对区域竞争力产生影响。采用中介效应模型对影响机制进行验证，证明产业集聚的知识溢出效应、规模经济效应和多样合作机制是提高区域竞争力的重要传导路径。这两点结论对于京津冀高技术产业协同发展具有重要意义：一方面，倒“U”形非线性关系要求河北和天津高度重视高新技术产业的多样化集聚和专业化发展，利用区位和资源优势，发展特色高技术产业，同时注重营商环境、资金人才和金融支持等配套设施的改善，而北京应加快应用型技术产业向津冀转移，实现研发创造在北京、制造生产在天津和河北的合作模式；另一方面，三个传导路径要求京津冀高技术产业深入贯彻“互利共赢、协同创新”的发展理念，有效组织地区间分工合作和资源配置，以实现京津冀区域利益最大化为原则，加快实现高技术产业“1 +1 +1 >3”的协同效应。

（二）对策建议

1. 建立产业协同发展体系，促进产业链有序分布

京津冀三地联合建立高科技园区和示范基地，进一步打造高技术产业联盟，打通技术沟通渠道，不断完善区域科技创新合作机制和信息共享机制，提高高技术园区发展质量。在空间布局上，发挥各地比较优势，制定错位发展的合作战略，按照“点—线—面—网”对产业链进行布局。北京充分发挥当地产业基础以及技术的优势，建立高技术产业的总部，将重心转移到对技术要求更高的产业，加大对应用型产业向津冀转移力度，促进天津制造业高质量发展，促进河北基础性产业快速发展，形成京津冀区域间产业梯度发展格局，推动京津冀高技术产业协同发展。

2. 重视京津冀产业资源配置，提升产业治理能力

京津冀三地高技术产业发展水平存在差异，因此要根据现有产业基础和竞争优势，增强产业间的协同治理能力。首先，要围绕京津冀高质量协同发展的重大现实需求，发挥北京在计算机及办公设备制造业和医疗仪器设备及仪器仪表制造业、天津在航空航天器及设备制造业和电子及通信设备制造业、河北在医药制造业方面的产业优势的基础上，加强京津冀三地产业间协作，特别是在河北与京津差距较大的高技术行业领域，形成区域互补发展的新格局，提升高技术产业整体治理水平。其次，以市场为主体，促使京津冀市场资源高效配置，加快完善高技术产业技术成果转化平台，推动高技术成果转化为商业化应用，尤其是加强高技术成果在河北的商业化应用，缩小区域产业发展差距。最后，以政府政策为保障，对高技术产业进行积极引导，完善规模适度、灵活多变的产业扶持政策，有效运用政府贴息、免税降费和贷款优惠等政策促进高技术产业快速发展。

3. 加强科技创新平台建设，推进要素跨区域流动

创新平台作为高技术产业研发、创造和转化的载体和桥梁，对企业间创新要素流动和成果信息共享具有支撑作用。高素质人才队伍建设是高技术产业科技创新平台有效运行的核心驱动力，更是提高区域综合竞争力的根本要素，应建设科技产品研发基地，打造三地创新平台，促进人才、技术等要素的流动，一方面，发挥地方高校、科研院所、企业等主体的优势，通过与企业合作来进一步对接市场的需求，实现高技术产业的供需平衡，为创新平台的建设助力；另一方面，通过国家级创新平台的建设，优化资源配置，加强合作与交流，加强对中小型企业的资源整合，实现创新资源的规模化发展，促进企业间的互动合作，力争让更多的科研成果为京津冀高技术产业的发展发挥促进作用，最终提升区域竞争能力。

参考文献

孙久文、张皓：《京津冀区域经济合作的优化与拓展》，《前线》2021 年第 6 期。

陈子真、雷振丹：《产业协同集聚对区域经济的影响研究》，《区域经济评论》2018 年第 3 期。

徐丹、于渤：《长三角城市群高技术产业集聚空间溢出效应研究》，《科技进步与对策》2021 年第 6 期。

魏后凯：《对产业集群与竞争力关系的考察》，《经济管理》2003 年第 6 期。

林秀丽、赵佳：《产业集聚与城市经济增长——基于广东 21 个地级市面板数据的分析》，《产业经济评论》2016 年第 2 期。

李爱真：《产业集聚区对区域竞争力影响研究》，《商业时代》2013 年第 22 期。

石斌、刘思峰、党耀国：《江苏省产业集聚与区域经济竞争力的互动关系研究》，

《科技与经济》2011 年第 1 期。

孙浦阳、韩帅、张诚：《产业集聚结构与城市经济增长的非线性关系》，《财经科学》2012 年第 8 期。

郭卫军、黄繁华：《高技术产业集聚对经济增长质量的影响——基于中国省级面板数据的实证研究》，《经济问题探索》2021 年第 3 期。

罗良文、赵凡：《高技术产业集聚能够提高地区产业竞争力吗?》，《财经问题研究》2021 年第 1 期。

长三角地区

Yangtze River Delta Region

B.5

长三角地区碳排放特征及减排策略研究*

高 珊　曹明霞**

摘　要： 本报告核算发现，2005～2019年长三角地区碳排放总量较大，能耗强度和碳排放强度低于全国平均水平，经济增长与碳排放之间呈现弱脱钩态势。其中，区域差异明显，上海市低碳领跑，苏浙皖三省减排压力较大。为解决地区经济和能源结构偏重、资源环境紧张等难题，提出化石能源清洁替代、重点产业低碳转型、建立绿色金融市场及行政管理协同等策略。

关键词： 长三角　碳排放　核算　减排策略

* 本报告系江苏省社科基金一般项目“农业农村现代化评价研究”（项目编号：20EYB007）的阶段性研究成果。

** 高珊，博士，江苏省社会科学院农村发展研究所研究员，研究方向为农村经济与资源利用；曹明霞，江苏省社会科学院农村发展研究所副研究员，研究方向为农业农村现代化发展。

习近平总书记在2020年9月第75届联合国大会上做出了“中国力争2030年前二氧化碳排放达到峰值，2060年前实现碳中和”的庄严承诺。长三角地区是中国经济发展的重要增长极，2020年长三角地区生产总值实现24.47万亿元，以占全国4%左右的面积和16%左右的人口，汇聚了25%的经济总量；与此同时，高产出所带来的碳减排压力较大。该地区率先探索经济社会发展与生态文明建设相得益彰的发展路径，提早实现碳达峰目标和碳中和愿景，打造美丽中国建设的先行示范区意义重大。摸清长三角地区碳排放家底，科学判断未来发展机遇和挑战，深入探索区域碳减排方向及策略，有助于系统描绘长三角地区碳达峰与碳中和的路径图谱。

一　长三角地区碳排放核算及主要特征

科学合理测算长三角地区碳排放量是制定减排政策的前提。按照国家发布的《省级温室气体清单编制指南》要求，分类分区计算长三角地区温室气体排放的现实状况。国家及省级衡量气候变化的主要指标多以2005年为基期对照年，测算2005～2019年温室气体排放总量及其与经济发展之间的关系。温室气体排放当量与碳排放当量含义相同。

（一）长三角地区碳排放核算

对于温室气体排放的测算主要涉及二氧化碳、氧化亚氮和甲烷三种气体，按照国际标准最终折合成二氧化碳排放当量。以2006～2020年的《中国能源统计年鉴》、《中国农村统计年鉴》、《中国环境统计年鉴》、《中国工业统计年鉴》、《上海统计年鉴》、《浙江统计年鉴》、《江苏统计年鉴》和《安徽统计年鉴》等数据为基础，主要参考《省级温室气体清单编制指南》等相关排放因子取值，测算2005～2019年长三角地区碳排放基本情况。

参照温室气体清单编制说明，温室气体的排放主要包括：一是全社会生产中各类化石能源消费所排放的二氧化碳、甲烷和氧化亚氮等温室气体，能源消费主要包括煤炭、石油、天然气等28个类别；二是主要地区性工业产品生产过程中排放的温室气体，主要包括钢材、水泥、合成氨和平板玻璃 4 类产品；三是废弃物处理过程中所排放的温室气体，主要包括城市生活垃圾焚烧产生的二氧化碳排放、城市生活垃圾填埋和废水处理产生的甲烷排放；四是农业生产过程中排放的温室气体，主要包括水稻生产、动物肠道发酵和粪便处理产生的甲烷排放。

上述四大类温室气体排放最终统一被折算成二氧化碳排放当量，加总作为全社会总的碳排放量，计算公式为：

$$C = \sum (EF_i \times P_i)$$

其中，C 为全社会碳排放总量；EF_i为第 i 类活动水平数据，P_i表示第 i 类排放因子，最后通过逐层累加计算得到全社会碳排放总量。

（二）长三角地区碳排放特征

总体来看，长三角地区碳排放总量较大，排放结构基本稳定，单位 GDP 能耗强度与碳排放强度均低于全国平均水平。区域内三省一市整体发展形势向好，碳排放与经济增长之间均呈现弱脱钩状态，但非均衡发展现象较为显著，具体表现为以下特征。

1. 碳排放总量较大，排放增长速度逐渐放缓

随着长三角地区经济总量的迅速攀升，碳排放总量从前期的较快增长过渡到平稳增长（见图 1）。2005～2019 年，长三角地区碳排放总量由 11.249 亿吨增长到 21.673 亿吨，增长了 92.67%。2013 年之前，部分年份碳排放环比增长速度高达 10% 以上；2013 年以后，碳排放增长速度明显放缓，表明各级各类低碳发展政策逐渐显现成效。

分区域看，江苏省的碳排放总量明显高于其他三省市，这与江苏的经济规模总量及经济结构密切相关。上海市碳排放总量于 2017 年达到峰值 2.617 亿吨之后呈下降趋势，江苏、浙江和安徽三省的碳排放总量增速均明显回落，碳排放总量基本稳定。这些都充分说明了长三角地区的经济增长方式正在逐步摆脱粗放型资源能源消耗模式。

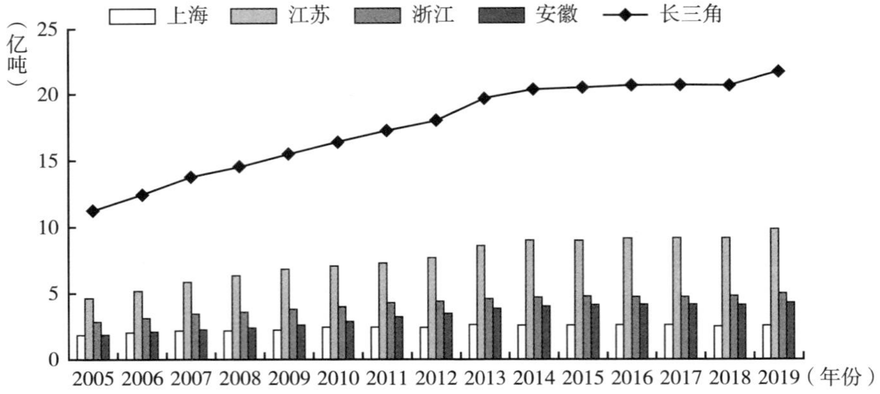

图 1　2005～2019 年长三角地区碳排放量变化

资料来源：笔者计算。

2. 碳排放结构基本稳定，零碳发展压力依然较大

长三角地区碳排放总量持续增加，但碳排放结构比较稳定（见图 2）。2005～2019 年，长三角地区能源消费碳排放占比一直较高，稳定在 70% 左右。工业生产过程碳排放占比呈现先增长后减少的趋势，近年稳定在 24% 左右。废弃物处理和农业生产碳排放均占比较小，且呈逐年下降趋势。

分区域看，长三角地区部分省市产业结构和经济结构还是相对偏重，能源消费总量持续增加，同时能源消费中对煤炭依赖性较强，对外依赖度也较高。碳达峰的实现进程会呈现多元化特征。上海将是实现碳达峰的领跑城市，而其他三省碳达峰时间先后不一，在经济总量持续增加的背景下，长三角地区零碳发展的压力依然相对比较大。

3. 碳排放占比较高，排放强度低于全国平均水平

长三角地区碳排放占全国碳排放总量的比重基本稳定，但碳排放强度低于全国平均水平。2019 年，长三角地区二氧化碳排放当量占全国二氧化碳排放总当量的 22.09% 左右，而 2019 年长三角地区生产总值为 23.72 万亿元，约占全国总量的 23.94%，也就意味着长三角地区以 22.09% 的碳排放，贡献了全国经济总量的 23.94%，碳排放强度明显低

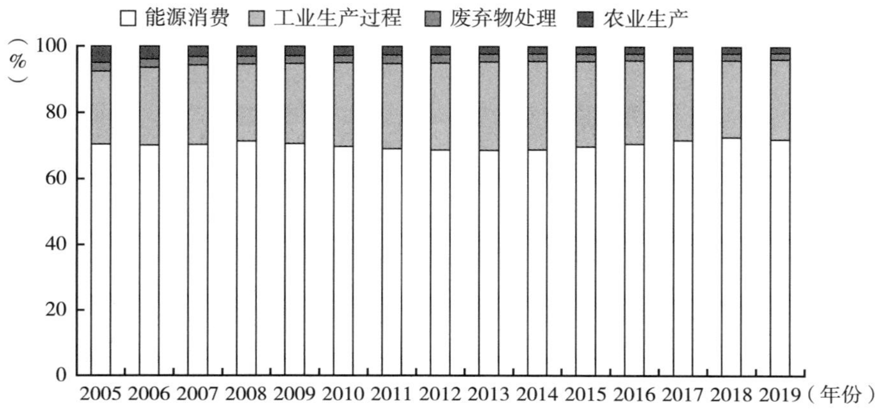

图 2　2005～2019 年长三角地区碳排放结构

资料来源：笔者计算。

于全国平均水平。2005～2019 年，长三角地区碳排放强度从 2.43 吨/万元下降到 2019 年的 1.28 吨/万元，下降率达 47.33%，提前完成减排承诺的目标任务。

分区域看（见图 3），安徽省的碳排放强度远高于长三角地区的碳排放强度平均水平，2005 年，安徽省碳排放强度高达 3.52 吨/万元，之后逐渐降低，与长三角其他省市的差距逐年缩小，2019 年为 1.88 吨/万元；江苏省碳排放强度基本接近于长三角地区的平均水平；上海和浙江的碳排放强度较为相似，均低于长三角地区碳排放强度的平均水平。因此，今后长三角地区在发展可再生能源、低碳或完全脱碳能源方面还有空间，进一步降低单位生产总值碳排放量，可为实现全球气候变化行动目标做出地区贡献。

4. 能耗强度相对较低，区域内部发展不均衡

长三角地区单位生产总值能源消耗明显低于全国平均水平。2005 年，长三角地区和全国的能耗强度分别为 0.949 吨标准煤和 1.339 吨标准煤，长三角地区能耗强度为全国能耗强度平均水平的 70.9%；2019 年，长三角地区和全国的能耗强度分别降低为 0.476 吨标准煤和 0.736 吨标准煤，长三角地区能耗强度是全国的 64.67%。2005～2019 年，长三角地区的能耗强度下

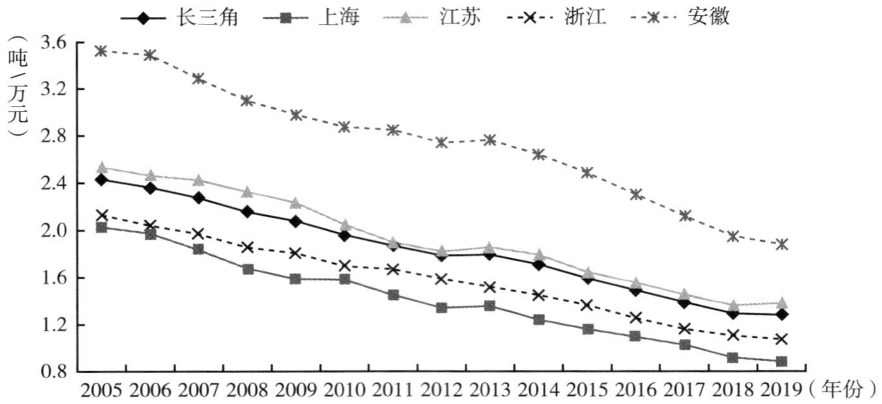

图3　2005～2019年长三角地区碳排放强度变化

资料来源：笔者计算。

降了49.91%，年均下降率为4.82%。

分区域看，长三角地区三省一市的能耗强度均低于全国的平均水平，安徽省的能耗强度相对较高，上海、浙江和江苏三省市的能耗强度均接近于长三角地区的平均水平。2005年，安徽省的能耗强度为1.210吨标准煤，高于长三角平均能耗水平0.261吨标准煤，2019年安徽省的能耗强度下降为0.609吨标准煤，低于全国平均水平0.127吨标准煤。

5.碳排放与经济增长之间呈弱脱钩状态，区域整体趋势向好

长三角地区碳排放与经济增长之间基本呈现弱脱钩状态，长期向好向优发展（见表1）。2005～2019年的三个时段，碳排放GDP弹性系数越来越小，从0.567减小到0.225，总体上不断下降。

分区域看，长三角三省一市碳排放与经济增长之间均呈现不同程度的弱脱钩状态。2016～2019年，上海市碳排放GDP弹性系数小于零，率先呈现出强脱钩状态；其他三省碳排放都趋向负增长，江苏、浙江和安徽的碳排放增幅分别减小到0.076、0.058和0.030，即将从弱脱钩向强脱钩状态转变。长三角地区整体经济增长速度明显快于碳排放增长速度，表明能源等利用效率有较大程度的提升，碳减排工作成效显著。

表 1　2005～2019 年长三角地区碳排放与经济增长脱钩分析

地区	时段	碳排放增幅	GDP 增幅	碳排放 GDP 弹性系数	脱钩状态
上海	2005～2010 年	0.327	0.701	0.466	弱脱钩
	2011～2015 年	0.062	0.324	0.192	弱脱钩
	2016～2019 年	−0.022	0.210	−0.103	强脱钩
江苏	2005～2010 年	0.524	0.885	0.592	弱脱钩
	2011～2015 年	0.235	0.426	0.551	弱脱钩
	2016～2019 年	0.076	0.211	0.361	弱脱钩
浙江	2005～2010 年	0.394	0.753	0.523	弱脱钩
	2011～2015 年	0.114	0.362	0.315	弱脱钩
	2016～2019 年	0.058	0.233	0.250	弱脱钩
安徽	2005～2010 年	0.524	0.870	0.602	弱脱钩
	2011～2015 年	0.272	0.456	0.596	弱脱钩
	2016～2019 年	0.030	0.261	0.113	弱脱钩
长三角	2005～2010 年	0.458	0.808	0.567	弱脱钩
	2011～2015 年	0.187	0.393	0.477	弱脱钩
	2016～2019 年	0.050	0.223	0.225	弱脱钩

资料来源：笔者计算。

二　长三角地区“双碳”目标的战略机遇与挑战

长三角地区三省一市地缘相近、人文相亲，一体化进程起步早，大力探索“双碳”发展路径，不仅顺应了新的时代要求，主动把握多重叠加的战略机遇契机，更有利于寻找新的发展动力，积极处理难以回避的挑战难题。

（一）重大机遇

建设社会主义现代化强国蕴含了实现人与自然和谐共生的现代化。长三角地区肩负着率先实现生态环境治理现代化的重要使命，紧抓国内外发展机遇，为全国提供“双碳”方案的东部样本。

呼应国际多边合作。合作共赢的气候治理新局面为全球多边合作带来新机遇。共同推进气候多边合作进程，将成为各国气候治理的新常态。在全球多数国家为实现温室气体净零排放而努力的过程中，中国必须且有能力展现负责任大国的使命担当，充分发挥在应对气候变化中的全球领导作用。这是建立在持续向好的国家生态文明成果之上，也是我国基于自身实际、自加压力的行动导向。唯有如此，才能在世界绿色能源工业革命中抢占先机，在后疫情时代全面推动经济绿色复苏。长三角地区是区域聚合建设试验区，立足新能源产能领先、环保机制互联互通等独特优势，突破“聚力上海”的单边格局，以加强多边合作、促进国内国外双循环的方式开展“双碳”工作不无裨益。

建成国家示范标杆。区域先行先试将会是实现中国新的碳达峰目标与碳中和愿景的重要推手。长三角地区历来是国家各种先导政策集中落地的地区，也是各种先行示范的典型区域。时至今日，在完善的制度基础和成熟的运作机制下，从最初成立时的经济合作逐渐拓展至涵盖生态、科技等方面的全方位合作。“十四五”时期，长三角地区将建成全面深化应对气候变化、推动经济高质量发展、加强生态环境高水平保护工作“三位一体”与统筹融合的新型示范区。通过全面加快能源、工业、农业等领域绿色低碳转型，推动地方、部门、行业自主创新开展低碳行动，尤其是加速形成三省一市区域联合、真正打破时空和区划等行政屏障，成为打造生态文明先行区的实践标杆。

推动区域积极作为。长三角地区三省一市已经率先制定了符合各地实际的行动方案。作为区域龙头的上海市，2021 年 1 月在“十四五”规划纲要中明确在 2025 年实现碳达峰，提前全国 5 年时间；同时承担了全国碳排放交易市场的交易中心和结算中心功能。作为区域南翼的浙江省，着力从科技创新领域入手，2021 年 8 月率先出台了国内首个省级“碳达峰、碳中和”行动方案。作为区域北翼的江苏省，2021 年 5 月省生态环境厅首创了国内省级生态环境系统关于“碳达峰、碳中和”的年度工作计划。安徽省也在 2021 年 11 月第十一次党代会上，确立争创“国家能源综合改革创新试点省”的目标，加强“低碳、零碳、负碳”重大科技攻关和成果推广应用。

（二）障碍挑战

长三角地区二氧化碳排放集聚效应较为明显。从领跑城市到紧迫城市各有代表，长三角地区多数城市工业化和城市化进程尚未完成，碳排放规模较大和能源高碳化程度较高、环境整治压力较大。

1. 经济结构总体偏重

长三角地区工业经济向服务业经济转型的大势形成，但是第二产业内部重化工业比重依然偏高，偏重的经济模式还未根本改变。2020 年长三角地区三次产业结构调整为 4. 08 : 39. 47 : 56. 44。第二、第三产业比重均高出全国平均水平 2 个百分点左右。多数地区以高耗能、高排放“两高”行业为主的产业结构没有改变，以资源能源扩张为主的发展模式没有改变。除上海外，其他三省都存在工业结构高碳化特征。江苏是制造业大省，其中石油化工、钢铁建材、电力等行业在全国名列前茅，它们既是支柱产业和基础产业，也是高耗能行业。安徽省产业结构总体层级偏低，高技术产业力量较为薄弱。浙江省包括石油加工、建材、造纸、化工、化纤、钢铁、纺织等在内的七大“高碳行业”突出。

2. 能源结构仍需优化

长三角地区多数城市经济规模大而能源资源少。“十四五”时期，为保持经济社会稳定发展，能源消费的刚性保供压力依然存在，煤炭比例较高，新能源发电能力还远远不足。长三角地区历年能源消费量约占全国的 18%。到 2019 年，长三角地区煤炭消费量达到 5. 95 亿吨，占全国煤炭消费总量的 21. 17%，超过能源消费占比 3 个百分点。2005 ~ 2019 年，除上海市煤炭消费量实现绝对值和相对值双下降外，苏浙两地煤炭消费绝对值有所增长，占比略有下降，特别是安徽省煤炭消费绝对值和相对值均有所增长，省内煤炭消费占长三角地区的比例由 20. 57% 上升到 28. 06%。2019 年长三角地区火力发电量占总发电量的 84. 03%，核能、风能、太阳能合计发电量占比约为 13. 24%，清洁化、多元化的低碳能源替代导向仍需加强。

3. 资源环境约束趋紧

长三角地区生态环境中结构性、根源性等问题尚未解决。温室气体排放与污染物排放具有同源性，各类污染源相互交织，污染物成分更加复杂。环境空气质量及重要流域水质仍需改善，工业交通复合型污染的源头治理还需要相当长的过程。各地之间生态环境市场的资金和资源缺乏流动、市场功能机制还不健全。多数地区人地矛盾尤为突出、资源环境的空间承载力有限。2020 年长三角地区人均耕地面积为 0.047 公顷，是全国平均水平的一半左右，略低于联合国提出的人均耕地面积 0.053 公顷的国际警戒线。多个地市的土地开发强度已经超出国际宜居水平标准。居住、厂矿等建设用地扩张同样可能挤占生态用地空间，在一定程度压缩了生态碳汇空间，降低了生态系统质量。

4. 地区发展落差明显

长三角地区三省一市的经济社会发展落差较大，难以在短期内形成以"双碳"目标为导向的有机协同关系。2020 年长三角地区人均生产总值为 10.40 万元，上海市和江苏省分别超过平均水平的 49.83% 和 16.61%；浙江省和安徽省分别低于平均水平的 3.22% 和 38.99%。同期，长三角地区城镇化水平为 70.85%，沪、苏、浙三地城镇化水平超出平均水平 18.45 个、2.59 个和 1.32 个百分点，安徽省低于平均水平 12.52 个百分点。能耗水平差异也十分明显。据国家统计局公布，与上年相比，2019 年沪、苏、浙、皖四地单位生产总值能耗水平分别下降 3.61%、3.05%、3.22%、2.91%，沪、苏、浙三地单位生产总值电耗分别下降 5.50%、3.61%、2.74%，安徽省则上升了 0.28%，同时安徽省能源总量增速也最高，达到 4.5%。

三 "十四五"时期长三角地区减排策略

"十四五"时期，长三角地区以先进技术集成高地、特殊政策汇聚高地、试点示范先行高地的发展理念为引导，在能源变革、产业转型、金融市场、治理协同等方面形成减排政策集成体系，高标准高起点推动"双碳"目标的一体化进程。

（一）开展能源革命

减少化石能源依赖性。切实降低化石能源比重，转变传统利用方式。提高化石能源利用效率，从全生命周期、全产业链开展清洁利用工作。促使江苏省、安徽省等地煤炭能源消费明显降低，由主体电源尽快转变为调节电源。继续降低火电机组煤耗，实施煤电超低排放和节能改造。抑制油气等能源消费过快增长，加强各层级油气设施互联互通。建成上海市、浙江省等地油气储备海陆联运基地和供应管道。推动电能消费的终端替代，加快形成以“清洁电力 + 特高压 + 智能电网”为中心的能源消费体系。

大力开发可再生能源。长三角地区对新能源利用起步较早，在核能、风能、太阳能、生物质能等领域都具有优越的资源禀赋和发展基础，在氢能、储能等方面的碳中和技术领先全国。优先开发分散式和分布式可再生能源资源。推进分布式可再生电力、热力、燃气就近利用，统筹可再生能源的区域内消纳及跨区域输送。提升电网数字化和负荷水平，实现可再生能源电力供给和需求的实时匹配。布局对接新型能源基础设施。建设平价上网示范基地，多元化推动可再生能源的非电利用，创新生物天然气等发展模式。

（二）调整产业结构

培育绿色高新产业共同体。长三角绿色供应链联盟于 2019 年 8 月成立，近年来形成了政府、企业、社会群体共同推动可持续发展的良好协作氛围。充分发挥长三角地区绿色供应链联盟的作用，推动各行业企业成为响应绿色低碳行动的主体。以完善的技术体系、评价体系和制度体系，加速城乡产业绿色集约化发展。建设世界级低碳产业群，鼓励企业研发低碳专项，强化能源、产业系统与信息技术、新兴技术的结合，实现数字化、智能化转型。加强难点攻坚、技术落地和推广应用，促进节能减排技术规模化推广与商业化应用。

引导重要产业低碳转型。在工业上，推动氢能炼钢替代焦炭炼钢、优化新型建材、生物化工等行业工艺流程。提高煤制品、石油化工产品的质量标准，生产以二氧化碳为原料的合成品。在农林碳汇上，处理好耕地保护与国土绿化的关系。大力发展低碳农业，改良水稻种植方式，减少稻田甲烷排放，注重禽畜规模养殖及粪便再利用。开展植树造林、水土保持生态治理行动。参考苗培熙等人的研究①，用森林蓄积量扩展法简单估算长三角地区森林碳汇的变化情况。根据《中国统计年鉴》中的三省一市基础数据，计算得出，2019 年长三角地区森林碳汇达到 7.86 亿吨，比 2005 年增长了 2.2 倍。增强碳汇功能是通向碳中和的必由之路。

（三）建立金融市场

建设碳排放权交易市场。把握全国碳交易系统落户上海的契机，在长三角一体化碳市场框架下，率先构建区域碳中和与碳排放权交易体系，制定统一的交易规则和标准，实现与碳普惠体系的紧密联动。以电力行业碳市场运行稳定为前提，制定高碳产业行业名录，核定重点行业领域交易配额，将钢铁、建材等主要耗能行业纳入碳排放交易试点。在立法、信息披露、平台互通等方面推动碳排放权、排污权、用能权等制度衔接与整合协同。提高绿色市场活跃度，鼓励企业自发调整投资生产方向及运营履约成本。

发展绿色金融市场。积极探索长三角区域气候投融资体制机制，引导社会资本流向绿色低碳产业。按照 2021 年 10 月签署的“金融助力备忘录”内容，以碳金融推动建立长三角地区自愿减排市场，鼓励三省一市之间及本省市内部各区县之间碳排放权的二次分配和流动。建立健全包括期货、期权、债券、保险、质押贷款等在内的碳金融交易品种。推动金融机构开设绿色低碳信贷和绿色项目管理评价等专项业务，发行绿色理财产品，带动中小型创新企业和公众的参与。对低碳绿色技术研发应用、国际交流等项目给予重点扶持。

（四）强化行政管理

加强政策工具引导。以长三角地区生态环境联保共治经验为参照，完善

---

① 苗培熙等：《林业碳汇对江苏省林业产业结构的影响分析》，《中国林业经济》2020 年第 5 期。

区域一体化的绿色低碳发展激励与约束机制。推动区域有条件的城市及重点行业分阶段实现高质量碳达峰。在政府采购、商务办公、公共服务等方面制订“零排放计划”，以补贴方式引导公众优先采购低碳产品。对企业生产低碳产品在税收、价格等方面给予优惠奖励。探索碳税与环境保护税关联方案，将碳排放指标纳入资源环境承载力评价体系。关注苏、浙、皖等地的重化工业进一步削减过剩产能，加强内部绿色技术升级及人员分流安排。

落实政府主体责任。编制长三角地区碳达峰及碳中和的总体规划及实施方案，统筹落实各部门职责并建立跨部门、跨区域协调机制。将应对气候变化管理融入行政规制、经济调节、环保教育等各个环节，扎实推进三省一市应对气候变化领域的交流合作。把二氧化碳排放作为约束性指标纳入年度工作计划及中长期规划。制定出台标准化碳排放核算体系，建立起较为完善的碳排放及污染数据信息平台。加强区域一体化的监督和执法能力，通过常态化生态环境监管，协同考核碳减排和污染防控指标。

参考文献

胡鞍钢：《中国实现 2030 年前碳达峰目标及主要途径》，《北京工业大学学报》（社会科学版）2021 年第 3 期。

陈菡、陈文颖、何建坤：《实现碳排放达峰和空气质量达标的协同治理路径》，《中国人口·资源与环境》2020 年第 10 期。

郭蕾、肖有智：《碳排放权交易试点的创新激励效应研究》，《宏观经济研究》2020 年第 11 期。

王金南、严刚：《加快实现碳排放达峰，推动经济高质量发展》，《经济日报》2021 年 1 月 4 日。

B.6
长三角城市创新能力时空格局演化研究

王武林　林 珍*

摘　要： 本报告采用熵值法、全局自然断点法、冷热点分析等方法，研究了长三角城市创新能力时空格局演化及其阶段特征，研究发现：长三角城市创新能力整体上表现为增长态势，基本维度对创新能力的影响程度为创新基础环境 > 技术创新 > 创新人才 > 产业集群 > 市场开放度。长三角城市创新能力排名变化可分为三种类型，即上海等 6 个排名靠前的城市、合肥等 12 个排名居中的城市以及盐城等 9 个排名靠后的城市。全局创新能力划分为 4 个等级，即高水平城市、较高水平城市、较低水平城市和低水平城市。2000 ~ 2019 年长三角城市创新能力可划分为 2000 ~ 2006 年的快速增长阶段、2007 ~ 2010 年的稳步增长阶段和 2011 ~ 2019 年的缓慢增长阶段。

关键词： 创新能力　时空格局　演化阶段　长三角城市

长江三角洲（以下简称“长三角”）自古以来便是国家富庶之地、鱼米之乡。改革开放以来，东部沿海地带和长江经济带共同组成“T”形国土空间格局，长三角作为交汇点，区域战略地位显著。2008 年国务院提出，要想将长三角打造为世界重要的先进制造业基地和国际城市群，必须首先促使其一体化发展。2010 年国家发改委印发《长江三角洲地区区域规划》，提出长三角具

* 王武林，博士，福州大学环境与安全工程学院副教授、硕士生导师，研究方向为区域经济可持续发展等；林珍，福州大学环境与安全工程学院。

有优越的自然和区位条件，一体化发展基础较好，是我国综合实力最强的地区。长三角内部各城市间存在共性，为区域一体化奠定了基础。2018 年习近平总书记宣布支持将长三角一体化发展纳入国家战略。区域一体化是指某空间范围内各区域间通过分工合作、互利互惠，使整体效益超过各区域独立发展效益总和，达到效益更大化的发展共同体的状态。长三角区域一体化不仅重视城市间的经济联系和社会联动，而且重视区域的高质量发展。

长三角城市群的创新能力发展不仅对自身城市群有影响，而且会对周边城市产生一定影响，从而推动长三角城市群区域一体化发展。城市创新能力是指城市对知识进行二次加工并产生新作用的能力，一般由制度、服务、技能等子维度构成。概括而言，城市或区域创新能力的相关研究主要集中在以下三个方面：第一，创新能力的评价指标分析。大量实证检验了研究与开发投入和信息与通信技术投资对意大利制造业创新能力的影响，结果显示研究与开发投入对企业创新能力的促进作用更为明显，是中小企业创新能力的驱动因素。通过对城市 GDP、人均 GDP、进出口贸易总额、科学支出占比、基础设施等评价指标进行实证研究发现，经济规模、科学支出占比、基础设施对创新能力影响显著。第二，创新能力的评价分析。创新能力的评价体系主要为客观评价，基于各种评价指标构建针对性评价体系，例如基于国家创新结构构建的创新效率评价结构方程模型；将与基础设施生命周期相关的所有企业包含在内构建的宏观建筑企业创新评价模型，该模型可推广应用在其他国家；包含人才培养和科技创新的两阶段数据包络分析模型，涵盖了 11 项与创新能力紧密相关的评价指标，对创新能力进行较全面的评价；针对资源型城市建立了包含投入、产出、环境等二级评价指标的特色创新评价体系。第三，创新能力的空间差异性分析。对比不同区域创新能力差异，可采用修正的聚类方法进行分析并分类，核密度分析、全局和局部莫兰检验等方法常用于城市创新能力的空间格局分析。区域创新能力的差异不仅仅体现在空间差异上，时间上也会有明显的差异，通过对长江经济带城市群创新效率进行时间和空间分析，可以得出各城市的差异性。

综上所述，长三角的发展在我国经济社会发展过程中具有举足轻重的示范和引领作用，提高长三角在全国乃至世界的地位和创新能力，有助于做到真正意义上的“3+1>4”（三省一市），实现整体区域高质量发展。本报告利用熵值法从创新基础环境、创新人才、产业集群、市场开放度、技术创新基本维度构建了2000~2019年长三角城市创新能力评价模型，通过自然断点法、系统聚类法等，深入分析长三角城市创新能力时空格局演化和发展阶段特征。研究结果对于科学评价城市创新能力、高效提升城市创新能力等具有重要意义。

一 研究区域与数据方法

（一）研究区域与数据来源

研究区域为2019年12月1日中共中央、国务院印发的《长江三角洲区域一体化发展规划纲要》中确定的27个长三角城市，包括上海、南京、常州、苏州、池州、南通、无锡、扬州、合肥、镇江、芜湖、马鞍山、盐城、泰州、杭州、宁波、温州、宣城、湖州、嘉兴、绍兴、金华、舟山、台州、铜陵、安庆、滁州。由上述27个城市组成的长三角中心区，面积约为22.5万平方公里。截至2021年上半年，长三角经济总量约占全国的1/4，年研发经费支出约占全国的1/3，进出口总额约占全国的37%，外商直接投资约占全国的1/4，是我国经济、开放程度、创新能力等最具代表性的区域之一。本研究时段为2000~2019年，数据来源于2001~2020年的《中国统计年鉴》和上述27个城市的统计年鉴。

（二）研究方法

1. 创新能力评价方法

（1）指标体系构建

创新基础环境是创新能力的基础，是制约和影响城市创新能力的重要因素；创新人才是指在知识创新的基础上考虑教育创新，综合考虑知识和教育相结合所取得的创新成果；产业集群是指在长三角区域内，具有竞争合作的关联性企业组成的群体；市场开放度是指区域在一定时期内进口额与 GDP 的比值，代表生产要素流动所受到的限制；技术创新是指以创造新技术为目的或者以新技术为基础创造新产品的创新活动。参考有关文献，本研究构建了长三角城市创新能力评价指标体系，包含 5 个维度 18 个评价指标（见表 1）。

表 1　长三角城市创新能力评价指标体系

评价项目	基本维度	评价指标	单位
长三角城市创新能力	创新基础环境	人均 GDP	元
		固定电话用户数	万户
		邮政局数	处
		年末实有公共汽电车营运车辆数	辆
		卫生机构数	个
	创新人才	人均公共财政教育支出	元
		公共图书馆藏书量	万册
		普通高等学校数	所
		普通高等学校在校学生数	人
	产业集群	第二产业增加值/GDP	%
		第二产业增加值/全国第二产业增加值	%
	市场开放度	进出口总额/GDP	%
		外商直接投资额	万美元
	技术创新	R&D 全时人员	人
		R&D 经费支出	亿元
		地方财政科技经费支出/地方财政支出	%
		专利授权量	项
		发明专利申请受理量	项

资料来源：笔者整理。

（2）评价模型构建

熵值法依据客观数据进行分析，能有效避免主观因素的干扰，计算步骤如下。

①原始数据无量纲化

正向指标无量纲化公式：

$$y_{ij} = \frac{x_{ij} - \min\{x_{ij}\}}{\max\{x_{ij}\} - \min\{x_{ij}\}} \quad (1)$$

逆向指标无量纲化公式：

$$y_{ij} = \frac{\max\{x_{ij}\} - x_{ij}}{\max\{x_{ij}\} - \min\{x_{ij}\}} \quad (2)$$

其中，x_{ij}表示第 i 个城市第 j 项评价指标的原始数据，y_{ij}为原始数据标准化后的指标值（$i=1, 2, \cdots, n$；$j=1, 2, \cdots, m$）。

②第 j 项指标的信息熵e_j

$$e_j = -\frac{1}{\ln n}\sum_{i=1}^{n}\frac{y_{ij}}{\sum_{i=1}^{n}y_{ij}}\ln\frac{y_{ij}}{\sum_{i=1}^{n}y_{ij}} \quad (3)$$

其中，n 表示城市数量。

③熵值法确定各指标权重

$$w_j = \frac{1 - e_j}{\sum_{j=1}^{m}(1 - e_j)} \quad (4)$$

其中，m 表示评价指标数量。

④各城市创新能力综合得分

$$\mathrm{TCI} = \sum_{j=1}^{m} w_j x_{ij} \quad (5)$$

其中，TCI 表示各城市历年创新能力综合得分。

⑤长三角城市整体创新能力得分

$$\mathrm{YTCI}_k = \sum_{i=1}^{n} TCI_i \quad (6)$$

其中，YTCI_k 表示第 k 年 27 个城市创新能力汇总得分（$k=2000, 2001, \cdots, 2019$）。

⑥长三角城市创新能力基本维度得分

将创新基础环境、创新人才、产业集群、市场开放度、技术创新分别记为 PTCI_h（$h=1, 2, 3, 4, 5$），则：

$$PTCI_h = \sum_{j=1}^{hl} \frac{\sum_{j=1}^{n} w_j}{n} \quad (7)$$

其中，h_l 表示第 h 个基本维度中第 l 个指标。

2. 全局自然断点空间分级法

数字之间存在固有的、自然的转折点，可以将性质相近的研究样本归为一类，自然断点法根据这一原理，运用聚类思想，使将相似性的样本归为一类。但与聚类不同的是，自然断点法兼顾了组间要素的范围和个数，使它们尽量相近，是分级的良好界限，被视为少量数据集划分等级的最佳方法之一。

3. 聚类分析法

采用聚类方法进行阶段划分。首先构建由创新基础环境、创新人才、产业集群、市场开放度和技术创新等城市创新能力的指标体系，用主成分分析法将公因子的得分进行提取，然后根据得分以年份为个例进行标记，以此客观科学地划分长三角城市创新能力的发展阶段。

二　长三角城市整体创新能力及其基本维度得分演化

采用熵值法计算2000~2019年长三角27个城市整体的创新能力得分，长三角城市创新能力整体上呈现出逐年增长态势，创新能力从2000年的4.10增长到2019年的5.51（见图1），年均增长1.57%，其中2018年长三角城市整体创新能力达到6.10的最大值。

创新能力由创新基础环境、创新人才、产业集群、市场开放度和技术创新5个基本维度构成，2000~2019年长三角城市创新能力的5个基本维度变化如图2所示，各基本维度对长三角城市创新能力的影响程度从高到低为：创新基础环境 > 技术创新 > 创新人才 > 产业集群 > 市场开放度。创新基础环境的得分从2000年的1.16增长到2018年的1.42，2019年下降至1.11；技术创新的得分从2000年的0.86增长到2019年的1.19；创新人才的得分从2000年的0.57增长到2019年的0.88；产业集群的得分从2000年

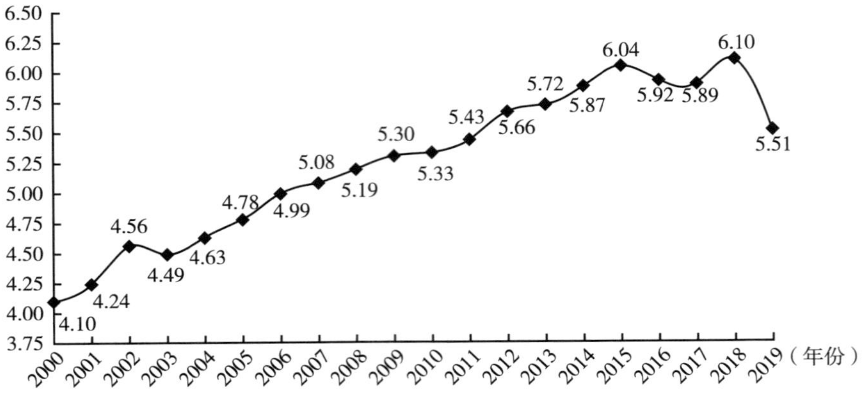

图1　2000～2019年长三角27个城市创新能力变化

资料来源：笔者计算。

的0.79下降至2001年的0.53，2019年增长至0.93；市场开放度的得分从2000年的0.38增长到2015年的0.40，2019年下降至0.31。

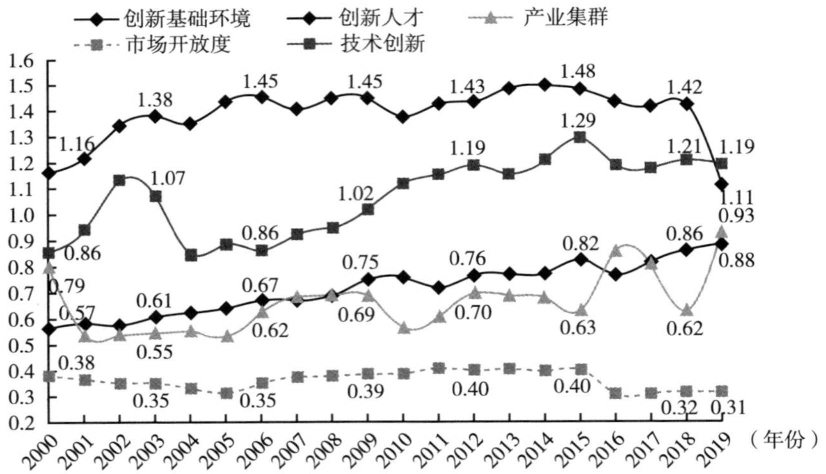

图2　2000～2019年长三角27个城市创新能力基本维度得分

资料来源：笔者计算。

三　长三角城市创新能力演化对比

2000～2019 年长三角 27 个城市创新能力排名如图 3 所示，总体来看，长三角各城市创新能力排名变化大致可分为三种类型：一是上海、苏州、杭州、南京、宁波、无锡等 6 个城市，排名稳定在长三角城市的前 6 位，其中上海的创新能力稳居长三角第一，苏州、杭州和南京的创新能力长期居长三角前 4 位；二是排名居中且变化幅度相对较大的 12 个城市，包括合肥、南通、绍兴、金华、常州、温州、嘉兴、台州、镇江、芜湖、扬州、泰州，其中合肥的创新能力从 2000 年的第 9 位上升至 2018 年的第 6 位、2019 年的第 3 位；三是排名较为靠后且相对稳定的 9 个城市，包括盐城、湖州、舟山、马鞍山、铜陵、安庆、滁州、池州、宣城，其中宣城、池州、滁州和安庆等城市的创新能力排名长期靠后。

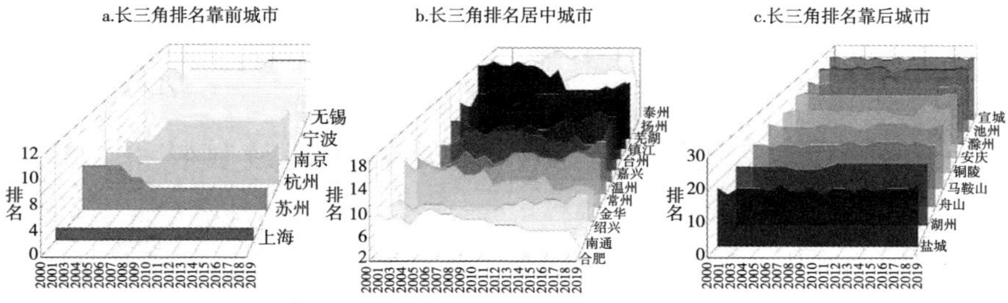

图 3　2000～2019 年长三角 27 个城市创新能力排名变化

采用自然断点法将长三角城市全局创新能力得分划分为 4 个等级，即高水平城市、较高水平城市、较低水平城市和低水平城市。从 2000 年到 2019 年长三角全局空间分级可以看出，2000 年高水平城市为上海和南京 2 个城市，较高水平城市有苏州等 4 个城市，常州等 16 个城市为较低水平城市，低水平城市为马鞍山、安庆、滁州、池州和宣城等 5 个城市；2006 年高水平城市为上海、杭州、苏州和南京等 4 个城市，较高水平城市为宁波、无锡、合肥等 8 个城市，较低水平城市为温州、台州、镇江等 11 个城市，低水平城市为安庆、滁州、池州和宣城等 4 个城市；2010 年高水平城市为上海、苏州、杭州和南京等 4 个城市，较高水平城市为宁波、无锡、合肥等 9 个城市，较低水平城市为扬州、镇江、盐城等 11 个城市，低水平城市为池州、宣城和滁州等 3 个城市；2019 年高水平城市为上海、苏州、合肥、杭州和南京等 5 个城市，较高水平城市为宁波、无锡和绍兴等 10 个城市，较低水平城市为芜湖、扬州和镇江等 11 个城市，低水平城市为宣城。

利用冷热点分析将长三角城市区分为热点城市、次热点城市、冷点城市和随机分布城市（非显著城市），2000 年，上海是长三角城市中唯一热点城市，紧靠上海的南通、苏州、嘉兴是次热点城市，其余 23 个城市均为随机分布城市；2000 ~2006 年，南通从次热点城市升级为热点城市，与上海形成东部热点城市群，苏州与嘉兴维持次热点城市地位不变，随机分布城市保持不变；2007 ~2010 年，长三角城市冷热点分布格局与 2006 年保持一致，长三角城市冷热点分布保持动态平衡；2011 ~2019 年，嘉兴从次热点城市升级为热点城市，热点城市数量增加到 3 个，分别是上海、南通、嘉兴，次热点城市仅有苏州 1 个，冷点城市有 2 个，分别是安庆和池州，剩余 22 个城市为随机分布城市。

四　长三角城市创新能力发展阶段及其特征

利用聚类分析对 2000 ~2019 年长三角城市创新能力进行阶段划分，得到系统聚类树形图（见图 4），可划分为 3 个阶段，分别是 2000 ~2006 年、2007 ~2010 年、2011 ~2019 年，结合每个阶段长三角城市整体创新能力及基本维度得分的变化，总结其发展阶段特征。

（一）快速增长阶段

2000 ~2006 年，长三角城市整体创新能力得分从 2000 年的 4. 10 增长到 2006 年的 4. 99，年均增长 3. 33%；其中创新基础环境和创新人才两个基本维度获得了较快的发展，技术创新基本维度发展较慢，产业集群和市场开放度两个基本维度表现为略微的负增长。

（二）稳步增长阶段

2007～2010 年，长三角城市整体创新能力得分从 2007 年的 5.08 增长到 2010 年的 5.33，年均增长 1.61%；其中技术创新、创新人才和市场开放度 3 个基本维度获得了较快的增长，而产业集群和创新基础环境两个基本维度表现为负增长。

（三）缓慢增长阶段

2011～2019 年，长三角城市整体创新能力得分从 2011 年的 5.43 增长到 2019 年的 5.51，年均增长 0.18%；其中产业集群、创新人才和技术创新 3 个基本维度获得了较快的增长，而创新基础环境和市场开放度两个基本维度表现为负增长。

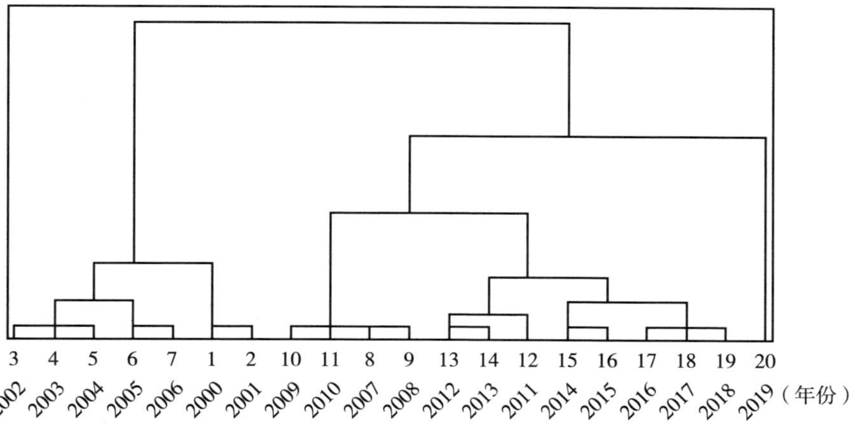

图 4　2000～2019 年长三角城市创新能力发展阶段划分

五　结论与建议

（一）结论

本研究评价了 2000～2019 年长三角城市整体创新能力及其基本维度演

化，对比分析其创新能力差异，总结其发展阶段特征，主要结论如下。

长三角城市创新能力整体上表现为逐年增长的态势，创新能力从2000年的4.10增长到2019年的5.51，年均增长1.57%。基本维度对长三角城市创新能力的影响程度表现为创新基础环境 > 技术创新 > 创新人才 > 产业集群 > 市场开放度。

长三角城市创新能力排名变化可分为三种类型：①上海、苏州、杭州、南京、宁波、无锡等6个长三角城市，排名前6位；②合肥、南通、绍兴、金华、常州、温州、嘉兴、台州、镇江、芜湖、扬州、泰州等12个长三角城市，排名居中且变化幅度相对较大；③盐城、湖州、舟山、马鞍山、铜陵、安庆、滁州、池州、宣城等9个长三角城市，排名相对靠后。将长三角城市全局创新能力得分划分为4个等级，即高水平城市、较高水平城市、较低水平城市和低水平城市。创新能力冷热点分布空间差异明显，热点城市数量不断增多。

可将2000～2019年长三角城市创新能力划分为2000～2006年年均增长率为3.33%的快速增长阶段、2007～2010年年均增长率为1.61%的稳步增长阶段和2011～2019年年均增长率为0.18%的缓慢增长阶段。

（二）建议

长三角作为我国经济、技术、创新能力等最优的区域之一，在我国经济发展中发挥着非常重要的作用，长三角依靠着“一体化”和“高质量”这重要的两个举措，带动全国经济、拉动产能增长，不仅为区域创新发展奠定了坚实的基础，也为全国创新发展打下了牢固的地基。因此，必须增加长三角创新投入，加快区域创新能力速度，用局部带动整体，起到事半功倍的作用。结合前文研究结论，提出以下几点建议。

1. 构建开放融合的创新生态环境

完善利益分享机制，依托上海、杭州、南京、合肥等城市加快建设长三角科技资源共享平台，完善线上线下交流共享平台机制，组建绿色开放型、合作共享型、高效互惠型、多方共赢型、创新一体化型的交流研发基地，共同推进开放创新。加强长三角城市创新规划项目对接，逐步形成长三角科技协同创新规划体系，强化各类创新主体的协调与联动，发挥长三角资本市场优势，强化产业创新链的协同创新。

2. 正视长三角城市内部创新能力差异巨大的现实

应坚持创新共建、联合提升原始创新能力，要联合科学技术和产业发展，将两者进行融合发展，同时构建区域创新相关资源，搭建资源、人才、资本共享平台，推动区域内部整体发展，缩小内部创新能力差异。注重提高创新能力强的地区的带头示范作用，强者拉动弱者，强化江、浙、沪、皖创新能力，创建区域创新合作共同体，健全创新能力的技术链条，打破创新环境壁垒，共同构建分工明确、联系互动、合作共进的创新体系。

3. 发挥各自优势加强产业分工协作

努力形成以上海为中心、以长三角南北为两翼的创新发展带，着重推动计算机高科技制造业、海洋技术创新、传统制造业等领域的科学技术开发，为高精密仪器制造、能源与新能源开发利用、化工污染、海陆物流等产业奠定基础。加快人工智能、集成电路、生物医药、高端装备、新能源、新材料、新能源汽车等领域的产业协同创新中心等创新基地建设，打造世界一流产业集群，让中国制造走向中国创造，让中国创造变成世界先进创造，让中国创造成为中国骄傲。

参考文献

陆大道：《论区域的最佳结构与最佳发展——提出“点—轴系统”和“T”型结构以来的回顾与再分析》，《地理学报》2001 年第 2 期。

陈雯等：《长三角区域一体化与高质量发展》，《经济地理》2021 年第 10 期。

千慧雄：《长三角区域经济一体化测度》，《财贸研究》2010 年第 5 期。

陈雯、王珏：《长江三角洲空间一体化发展格局的初步测度》，《地理科学》2013 年第 8 期。

包海波、林纯静：《长三角城市群创新能力的空间特征及影响因素分析》，《治理研究》2019 年第 5 期。

曹勇等：《我国四大直辖城市创新能力及其影响因素的比较研究》，《中国软科学》2013 年第 6 期。

何舜辉等：《中国地级以上城市创新能力的时空格局演变及影响因素分析》，《地理科学》2017 年第 7 期。

杜娟、霍佳震：《基于数据包络分析的中国城市创新能力评价》，《中国管理科学》2014 年第 6 期。

谢远涛等：《我国资源型城市创新指数研究——以 116 个地级城市为例》，《北京大学学报》（哲学社会科学版）2017 年第 5 期。

王德青等：《中国创新能力区域差异的静态与动态分析——基于拓展聚类模型层级划分的角度》，《数理统计与管理》2014 年第 5 期。

顾伟男、申玉铭：《我国中心城市科技创新能力的演变及提升路径》，《经济地理》2018 年第 2 期。

马静等：《中国城市创新产出空间格局及影响因素——来自 285 个城市面板数据的检验》，《科学学与科学技术管理》2017 年第 10 期。

易明等：《长江中游城市群创新能力的时空动态演化规律研究》，《统计与决策》2017 年第 5 期。

范柏乃等：《城市创新能力的成长动力、成长曲线与驱动机制研究——基于 213 个城市面板数据的实证》，《自然辩证法通讯》2021 年第 1 期。

李斌等：《城市创新能力评价及时空格局演化研究》，《数理统计与管理》2020 年第 1 期。

B.7

数字普惠金融对区域趋同的影响机理及空间溢出效应研究

——以长江流域三大城市群为例

蒋媛媛　张秋航*

摘　要： 本报告综合信息经济学、区域经济学和空间经济学相关理论，剖析数字普惠金融发展对区域趋同的影响机理，进而测度2011～2018年长江流域三大城市群数字普惠金融的空间溢出效应，并建立空间杜宾面板数据模型，实证分析其促进区域趋同的影响路径和空间作用特征，同时结合实证结果提出提升长江流域城市群数字普惠金融发展质量、优化数字普惠金融发展格局的政策建议。

关键词： 数字普惠金融　城市群　经济趋同　空间溢出

一　引言

普惠金融概念体现着公平普惠的思想，最早由联合国于2005年提出，是指以可负担的成本有效满足小微企业、城乡低收入群体等社会阶层和群体的金融需求。党的十八届三中全会明确提出发展普惠金融，帮助广大中小企

* 蒋媛媛，经济学博士，上海社会科学院应用经济所副研究员，硕士生导师，研究方向为产业经济、区域经济、数字经济；张秋航，经济学硕士，上海瑞金医院对外合作与发展部，研究方向为数字经济与区域发展。

业降低融资成本，改善中小企业征信体系，带动落后地区经济发展。以新一代信息技术革新引领的新产业革命席卷全球，数字技术与普惠金融相结合，数字普惠金融迅速发展成为普惠金融主流模式。在推动区域发展层面，数字普惠金融发挥了巨大作用，尤其是在城市群成为我国区域发展的主要形态的情况下，探讨数字普惠金融发展对促进城市群经济趋同的作用机理和路径，将为我国城市群一体化发展提供新思路。

在国内外学界，对普惠金融与区域发展的关系早已有相关研究探讨，Schumpeter 关注到金融发展对于经济增长的正向作用。[①] McKinnon 实证考察了金融发展在带动区域经济增长、减少贫困方面的作用。[②] 进入 21 世纪，各国学者开始关注普惠金融对于地区经济增长的作用。Townsend 研究发现，普惠金融显著推动了泰国经济增长，有效促进了本地全要素生产率提高。[③] Anand 等利用多国样本实证分析发现，普惠金融发展有利于缩小贫富差距，减贫效果明显。[④] 近年来，国内外学者重点研究数字普惠金融促进区域经济增长作用机制。学者们研究发现，数字普惠金融有利于促进贫困地区收入水平增长[⑤]和提振消费[⑥]，有利于缩小贫富差距，促进区域经济增长[⑦]；数字普惠金融主要通过提升城市和中小企业创新创业水平[⑧]、促进资本积累

---

① Schumpeter, J. , "Theory of Economic Development: An Inquiry into Profits," *Capital, Credit, Interest, and the Business Cycle*, New York: Harvard University Press, 1934, p. 107.

② McKinnon, R. , *Money and Capital in Economic Development*, Washington, D. C. : The Brookings Institution, 1973, p. 184.

③ Townsend, Robert M. , "The Thai Economy: Growth, Inequality, Poverty, and the Evaluation of Financial Systems," *Manuscript*, 2007.

④ Anand, S. K. , Chhikara, K. S. , "A Theoretical and Quantitative Analysis of Financial Inclusion and Economic Growth," *Management and Labour Studies*, 2012 (2) .

⑤ 周天芸、陈铭翔：《数字渗透、金融普惠与家庭财富增长》，《财经研究》2021 年第 7 期。

⑥ 张勋等：《数字金融发展与居民消费增长：理论与中国实践》，《管理世界》2020 年第 11 期；张彤进、蔡宽宁：《数字普惠金融缩小城乡居民消费差距了吗？——基于中国省级面板数据的经验检验》，《经济问题》2021 年第 9 期。

⑦ 张勋等：《数字经济、普惠金融与包容性增长》，《经济研究》2019 年第 8 期。

⑧ 钱海章等：《中国数字金融发展与经济增长的理论与实证》，《数量经济技术经济研究》2020 年第 6 期。

（Development Research Group of the World Bank）、提高中小企业融资效率①来推动经济快速增长。还有研究关注数字普惠金融促进经济增长的作用机理，相关研究结果表明，一旦数字普惠金融发展水平达到门槛临界值，其经济增长效应将明显减弱。②

以上研究为本报告提供了坚实的分析基础和支撑，然而大部分探讨集中在省级层面单一区域发展，尚未涉及跨区域的空间维度。由于数字普惠金融的普惠性具有跨区域溢出的特征，本报告结合数字普惠金融的特征，综合运用空间经济学、发展经济学和区域经济学相关理论，重点考察了数字普惠金融促进区域趋同的影响机理，进而利用长江流域三大城市群 2011～2018 年的数据和北大课题组的数字普惠金融指数进行实证研究，通过空间自相关全面测度数字普惠金融空间溢出效应，进而建立包含数字普惠金融的拓展的 β 条件趋同模型，对数字普惠金融促进城市群趋同的影响路径进行实证检验。根据实证研究结论，针对性地提出优化数字普惠金融发展格局、促进城市群一体化发展的政策建议。

二　数字普惠金融促进区域趋同的影响机理

（一）数字普惠金融特征分析

区别于传统金融，数字普惠金融在使用深度、覆盖广度、数字化程度等方面优势明显，呈现以下特征：第一，数字普惠金融通过深度应用数字技术，实现金融领域数字化赋能，依托互联网平台，打通金融大数据，金融服务的提供更加便利。第二，在移动互联网普及的背景下，数字信用发展迅速，大大减少了以往资信调查中的信息不对称问题，使得数字普惠金融覆盖面更广，提高了中小微企业和特殊群体的金融服务可及性。第三，数字普惠

① 吴庆田、王倩：《普惠金融发展质量与中小企业融资效率》，《金融与经济》2020 年第 9 期。

② 贺健、张红梅：《数字普惠金融对经济高质量发展的地区差异影响研究——基于系统 GMM 及门槛效应的检验》，《金融理论与实践》2020 年第 7 期。

金融依托大数据平台，规避传统金融服务的固定成本，算法的运用提高了营运效率，优化了风险控制，提供了低成本、高效率的金融服务供给新模式。

（二）数字普惠金融促进区域趋同机理分析

由以上分析结合区域经济增长理论，可以进一步推演出数字普惠金融影响区域经济增长，进而促进区域趋同的空间溢出三条作用路径：在供给侧、需求侧同时发力，还兼有普惠性，不仅激活中小企业创新发展和大众创业活力，还为后发城市及地区带来发展机遇。

在供给侧，数字普惠金融主要通过提高金融供给效率，促进金融系统创新和小微企业创新，推动区域发展所需的资本要素配置，优化金融发展环境，增加区域发展供给要素，推进区域经济增长。一是降低金融机构运营成本。数字普惠金融依托大数据平台、云计算技术、云征信系统，促进供需在平台上精准匹配，无须增设实体网点就可以实现金融服务的大面积推广。二是提高金融服务供给效率。借助大数据和云平台，金融机构可以根据客户画像，有针对性地开展营销活动；基于互联网的客户征信体系还可以简化资信审核流程，降低坏账比率，极大地提高融资效率。三是增强激励作用。数字普惠金融显著降低了小微企业、初创企业和大众的融资门槛，众筹、P2P 网贷、小额信贷等产品创新与创新创业活动的资金需求高度匹配。通过这种低门槛、多样化的数字普惠金融产品，中小企业、初创企业和创业者可以更加方便快捷地以较低的金融成本完成筹资，开展创新创业活动，有利于后发地区科技发展和技术水平的提升。同时，数字普惠金融也为大众提高职业技能和实现自我发展，开辟了绿色通道，有利于后发地区民众低成本融资，获取培训基金，实现人力资本积累。

在需求侧，数字普惠金融通过促进消费推动区域经济增长。在传统金融背景下，中西部落后地区金融服务的可及性较低，一度束缚了其家庭资金的流动性。随着数字技术的发展和普及，后发区域的空间溢出效应显著，根据 2019 年中国人民银行发布的《中国金融稳定报告（2020）》，2018 年末，我国居民杠杆率为 60.4%，其中，东部一些城市与相对落后城市相差将近50个百分点，可见后发地区消费增长还有巨大潜力，也为数字普惠金融发挥消费拉动作用提供了广阔空间。根据银保监会数据，2018年末，银行业涉农贷款为33.3亿元，相比2015年数字普惠金融发展起步时增长了32.59%。

数字普惠金融对区域趋同的影响，在宏观上集中表现为阶段性城乡收入动态调节作用。具体来说，在发展初期，受技术条件影响，数字普惠金融首先在城镇范围内进行扩散，城镇居民率先受益，一定程度上造成城乡居民收入分化。当数字技术应用逐渐普及，数字普惠金融发展比较充分，在先发地区和城镇地区集聚的金融资源就会对周边后发区域和农村地区产生溢出效应，此时发达地区和后发地区之间、城乡居民之间收入差异将趋于缩小，促进区域经济趋同。对此，赵丙奇认为，在城乡这两个“俱乐部”中，数字普惠金融存在阈值效应的异质性，在经济发达地区，阈值效应并不显著，数字普惠金融的发展有效地缩小了城乡居民的收入差异；在经济不发达地区，阈值效应较为明显，拐点出现在2013年。他进一步证实，在现阶段，数字普惠金融缩小城乡收入差异的作用已不存在地域差异。①

三　长江流域城市群数字普惠金融空间溢出效应测度

（一）数字普惠金融的空间溢出效应

得益于互联网技术发展，数字普惠金融存在地区的渗透性和辐射性，先发城市在优先享受先发红利的同时也逐步惠及欠发达地区以及农村地区。一方面，大数据和互联网平台架构趋于优化，数字普惠金融在空间上不断渗透，向城市群全域提供无差异的数字金融服务，有利于实现区域趋同。同时，在区域竞争的作用下，先发的核心城市数字普惠金融发展会对外围地区

① 赵丙奇：《中国数字普惠金融与城乡收入差距——基于面板门限模型的实证研究》，《社会科学辑刊》2020年第1期。

产生资源要素虹吸效应，短期内可能会使城市群总体的经济增长趋同速度有所放缓。因此，数字普惠金融空间溢出效应的走向取决于辐射效应的正向作用以及竞争效应的负向作用之间的相互作用，进而在不同发展阶段对区域趋同产生动态影响。

（二）样本选取与数据来源

长江流域三大城市群所在的“沿长江通道”，历来是我国经济发展和空间开发的一级轴线，在全国占有重要地位。2014 年，长江经济带发展战略上升为国家战略，2015～2016 年，国务院陆续批复长江流域三大城市群的发展规划。因此，我们研究数字普惠金融空间溢出对长江流域城市群趋同的影响，考察数字普惠金融促进城市群之间、城市群内部的分工协作，优化空间格局，实现集约高效、绿色低碳发展的重要作用，极具代表性和现实意义。

表 1　长江流域三大城市群构成

长江流域城市群	数量(个)	地级市
长三角城市群	26	上海市[1]、南京市[2]、无锡市[3]、常州市[4]、苏州市[5]、南通市[6]、盐城市[7]、扬州市[8]、镇江市[9]、泰州市[10]、杭州市[11]、宁波市[12]、嘉兴市[13]、湖州市[14]、绍兴市[15]、金华市[16]、舟山市[17]、台州市[18]、合肥市[19]、芜湖市[20]、马鞍山市[21]、铜陵市[22]、安庆市[23]、滁州市[24]、池州市[25]、宣城市[26]
长江中游城市群	28	武汉市[27]、黄石市[28]、宜昌市[29]、襄樊市[30]、鄂州市[31]、荆门市[32]、孝感市[33]、荆州市[34]、黄冈市[35]、咸宁市[36]、长沙市[37]、株洲市[38]、湘潭市[39]、衡阳市[40]、岳阳市[41]、常德市[42]、益阳市[43]、娄底市[44]、南昌市[45]、景德镇市[46]、萍乡市[47]、九江市[48]、新余市[49]、鹰潭市[50]、吉安市[51]、宜春市[52]、抚州市[53]、上饶市[54]
成渝城市群	16	重庆市[55]、成都市[56]、自贡市[57]、泸州市[58]、德阳市[59]、绵阳市[60]、遂宁市[61]、内江市[62]、乐山市[63]、南充市[64]、眉山市[65]、宜宾市[66]、广安市[67]、达州市[68]、雅安市[69]、巴中市[70]

注：表中地级市右上标表示长江流域的城市编号。
资料来源：笔者整理。

基于数据可得性，本研究数据来源于北京大学课题组历年发布的中国数字普惠金融指数。该指数涉及省级、市级和县级三个层面，由覆盖广度、使用深度和数字化程度 3 个二级指标和 11 个三级指标构成。其中覆盖广度是指能够得到相应金融服务的电子账户数，用账户覆盖率指标表示；使用深度体现互联网金融服务的使用情况，由支付、货基、信贷、保险、投资和信用6 个三级指数构成；数字化程度反映低门槛、低成本特性对数字普惠金融产品需求的影响，由便利指数、信用指数、实惠指数及移动化指数4 个三级指数构成。北大课题组对二级指标进行标准化处理，形成量化指标，进而通过层次分析法和变异系数法对其权重进行赋值，最后通过无量纲化方法计算得到数字普惠金融指数。该指数作为数字普惠金融发展的衡量指标，在国内学界被广泛使用，具有一定的代表性和可靠性。[①] 本研究选取长江流域三大城市群地级市层面 2011 ~2018 年的数据，开展数字普惠金融空间溢出效应测度。

（三）长江流域城市群数字普惠金融发展情况

从发展水平来看，2011 ~2018 年，长江流域数字普惠金融基本呈现长三角城市群引领、长江中游城市群和成渝城市群紧跟的良好发展态势。“十三五”初期，排名靠前的 7 个城市中，有 6 个都位于长三角（见表 2）；2011 年，长三角城市群数字普惠金融指数均值为 63. 84，领先于长江中游城市群 27. 35% 和成渝城市群 36. 47% ，是京津冀城市群的 1. 21 倍（见表 3）。“十三五”末期，长江流域城市积极发展数字惠普金融，成果喜人，城市间数字普惠金融发展差距逐步缩小。其中，重庆替代成都进入发展前列，金华市数字普惠金融也获得长足发展，表现优异；长三角城市群总体仍保持领先优势，优势幅度有所收窄，高出长江中游城市群 9. 94% 和成渝城市群 14. 15% ，领先京津冀城市群 6. 85% 。“十四五”中期，武汉和常州进入领先行列，长三角城市群领先优势基本与前期持平。

---

① 易行健、周利：《数字普惠金融发展是否显著影响了居民消费——来自中国家庭的微观证据》，《金融研究》2018 年第 11 期；张勋等：《数字金融发展与居民消费增长：理论与中国实践》，《管理世界》2020 年第 11 期。

表 2　长江流域城市代表年份数字普惠金融指数排名 TOP7

排名	2011 年	2015 年	2018 年
1	嘉兴市	上海市	上海市
2	杭州市	杭州市	杭州市
3	宁波市	重庆市	重庆市
4	苏州市	南京市	南京市
5	成都市	宁波市	苏州市
6	上海市	武汉市	武汉市
7	南京市	金华市	常州市

资料来源：蚂蚁金服网站，笔者整理计算。

表 3　长江流域三大城市群数字普惠金融指数变动情况

单位：%

年份	长江流域城市		长三角城市群		长江中游城市群		成渝城市群		京津冀城市群	
	均值	年增速	均值	年增速	均值	年增速	均值	年增速	均值	年增速
2011	56.41	–	63.84	–	50.13	–	46.78		52.96	–
2012	99.23	75.90	107.94	69.10	92.50	84.52	87.20	86.42	95.10	79.57
2013	138.03	39.10	147.69	36.83	131.41	42.07	123.72	41.87	137.44	44.51
2014	153.79	11.42	164.45	11.34	145.94	11.06	138.66	12.07	148.54	8.08
2015	181.52	18.03	191.39	16.38	174.09	19.29	167.67	20.93	179.12	20.59
2016	203.54	12.13	213.36	11.48	196.31	12.76	189.57	13.06	201.31	12.39
2017	231.69	13.83	242.29	13.56	224.09	14.15	216.38	14.14	230.37	14.43
2018	245.00	5.75	258.03	6.50	236.29	5.44	225.48	4.20	243.91	5.88

资料来源：蚂蚁金服网站，笔者整理计算。

从发展速度来看，长江流域城市群数字普惠金融经历了高增长、中高增长到稳步增长的“L”形发展过程。“十三五”初期，受国家政策影响，各地迅速布局数字普惠金融，2012 年，长江流域城市群数字普惠金融指数平均年增速达到 75.90%，次年回落到 39.10%，随着用户普及和新产品开发速度放缓其增长逐步减速，2015 年平均年增速降至 18.03%，2018 年进一步下降至 5.75%，呈现饱和状态。分区域看，在重庆的带动下，成渝城市群数字普惠金融平均年增速在长江流域一直保持在前列，其次是武汉拉动的长江中游城市群，最后是长三角城市群。

（四）空间溢出的度量方法

根据地理学第一定律，所有事物都与其他事物相关联，但较近的事物比较远的事物关联性更紧密。数字普惠金融发展克服了金融机构网点分布的地理空间障碍，在互联网空间极大地拓展了金融活动的广度和服务的深度，显著提高了金融服务的供给质量和供给效率，呈现出丰富的空间溢出效应。对此，我们运用空间计量方法，建立空间权重矩阵，可以确定空间变量的分布特征，进而分别从全局和局部两个维度，开展空间相关性分析，进一步考察长江流域70个城市及城市群空间溢出效应的存在。

1. 空间权重矩阵

确定空间权重矩阵形式是采用空间探索性分析的首要条件，元素值 W_{ij} 是空间单元 i 与空间单位 j 空间关系的数字化表达，空间权重矩阵可以表现为如下形式：

$$W = \begin{pmatrix} W_{11} \cdots W_{1n} \\ \vdots \quad\quad \vdots \\ W_{n1} \cdots W_{nn} \end{pmatrix} \tag{1}$$

当 $i=j$ 时，元素值为0；$W_{ij}=W_{ji}$，即空间权重矩阵为对称矩阵。对于 W_{ij} 的取值，一般有三种定义方法，即0－1矩阵、地理距离矩阵以及经济距离矩阵。由于后续将进一步建模考察数字普惠金融的空间溢出效应对于区域趋同的作用，我们选取更接近现实情况的地理距离矩阵定义空间权重矩阵，即空间权重矩阵的元素 W_{ij} 为长江流域城市 i 与城市 j 之间地理距离的倒数。

2. 全局空间自相关

用全局 Moran 指数测算长江流域城市群的全局空间自相关性，考察地理相邻城市之间的数字普惠金融发展水平的近似程度，计算公式如下：

$$\text{Moran's I} = \frac{\sum_{i=1}^{n}\sum_{j=1}^{n} W_{ij}(Y_i - \bar{Y})(Y_j - \bar{Y})}{S^2 \sum_{i=1}^{n}\sum_{j=1}^{n} W_{ij}} \tag{2}$$

其中，Y_i表示长江流域城市 i 的数字普惠金融指数，$\overline{Y}$ 为长江流域城市的数字普惠金融指数的平均值，S^2表示长江流域所有城市数字普惠金融指数的方差，W_{ij}为地理距离空间权重矩阵。全局 Moran 指数参数估计值的取值范围为 -1 ~ 1，Moran's I > 0，表明所研究城市群内的数字普惠金融发展空间正相关，空间溢出为正；Moran's I < 0，表明所研究城市群的数字普惠金融发展空间负相关，空间溢出为负；Moran's I→0，则表明数字普惠金融发展在城市群中无空间相关性，不存在空间溢出。

3. 局部空间自相关

若全局相关性存在，则接下来可继续验证其局部的空间自相关性，即每个城市数字普惠金融发展水平与周边城市发展是否存在正向或者负向效应。局部莫兰指数计算公式如下：

$$I_i = \frac{Z_i}{S^2} \sum_{j \neq i}^{n} W_{ij} Z_j \tag{3}$$

I_i表示城市 i 的局部莫兰指数，W_{ij}表示空间权重矩阵，n 为城市个数，Z_i表示城市 i 普惠金融指数与全域平均普惠金融指数的差值，S^2表示长江流域城市群数字普惠金融指数的方差。局部空间自相关的回归结果通过莫兰指数散点图来表示。第一象限为“高—高”集聚，表示存在正向空间溢出，第二象限为“高—低”集聚，表示空间溢出为负，第三象限为“低—低”集聚，同样表示空间溢出存在且为正，第四象限表示不存在空间溢出。

（五）测算结果分析

运用 STATA 15.1 软件，开展空间分析，根据测算结果，2011 ~ 2018 年，长江流域城市数字普惠金融指数的全局 Moran's I 指数均为正（见表4），且均通过显著性检验，表明长江流域城市数字普惠金融发展存在明显的正向空间溢出效应。同时，这也为后面建立空间面板数据模型开展实证分析提供了依据。

表 4 长江流域城市数字普惠金融指数的全局 Moran's I 指数

年份	估计值
2011	0.278***
2012	0.249***
2013	0.218***
2014	0.233***
2015	0.207***
2017	0.209***
2018	0.216***

注："***"表明在1%水平上显著。

进而，根据局部空间自相关计算结果分别绘制了2011年与2018年长江流域城市数字普惠金融指数的局部莫兰指数散点图（见图1和图2），每一个数字编号代表着一个地级市。2011年，长江流域有56个城市的数字普惠金融发展存在正向空间溢出，截至2018年，增至62个。其中，"高—高"集聚主要发生在长三角城市群，"低—低"集聚主要发生在成渝城市群以及长三角地区一些非中心城市，且随着时间推移，空间局部自相关程度趋于减弱。

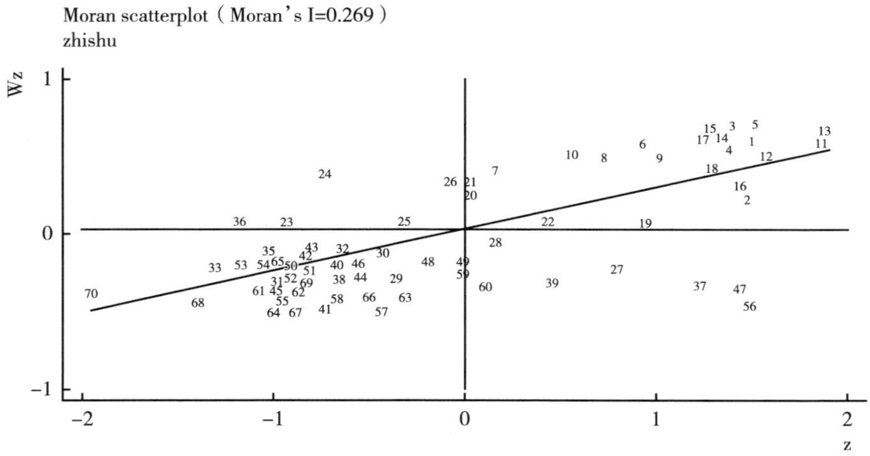

图1 长江流域城市数字普惠金融指数局部莫兰指数散点图（2011年）

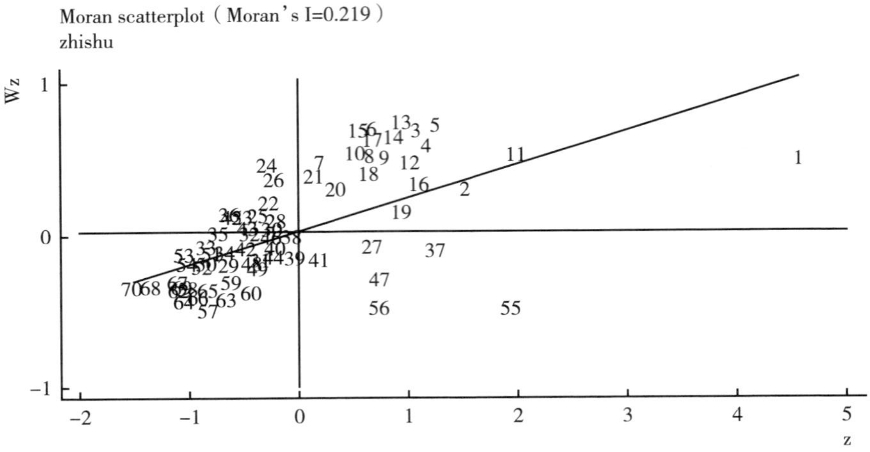

图 2　长江流域城市数字普惠金融指数局部莫兰散点图（2018 年）

四　一个拓展区域趋同空间面板数据模型：长江流域城市群数字普惠金融的空间溢出效应实证检验

（一）空间杜宾面板数据模型构建

我们在 Barro 和 Sala－i－Martin 于 1995 年提出的 β 条件趋同经典模型的基础上，考察数字普惠金融发展对长江流域城市群区域趋同的影响路径及其空间溢出效应。考虑到空间溢出的存在和城市群样本的面板数据结构，在 β 条件趋同经典模型中引入空间矩阵，采用空间杜宾模型（SDM）开展实证研究。条件趋同模型基本形式如下：

$$g_{\gamma} = c - (1 - e^{-\beta T})\ln y_0 + X\delta + \varepsilon \tag{4}$$

其中，g 表示区域经济年增长率，y 表示人均地区生产总值，X 表示影响区域经济增长过程和稳态条件的要素。

空间杜宾模型（SDM）基本形式如下：

$$Y = \rho WY + \delta X + \theta WX + u + \gamma + \varepsilon \tag{5}$$

其中，W 表示空间权重向量矩阵；X 表示解释变量向量；WY 表示被解释变量的空间自回归向量；WX 表示解释变量的空间滞后向量；ρ 为空间自回归系数；β 是待估计系数向量，反映解释变量的直接效应；θ 表示解释变量的空间效应，反映周边城市的解释变量对本地被解释变量所产生的影响；u 表示个体效应；γ 代表时间效应；ε 为误差项。

结合式（4）和式（5），引入数字普惠金融发展水平 DFI、数字普惠金融作用路径参数以及影响城市增长的一系列控制变量[①]，我们可以确定城市群空间俱乐部条件趋同实证模型的具体形式为：

$$g_{it} = c - (1 - e^{-\beta T})\ln y_{it-1} + \varphi(W\ln y_{it-1}) + \rho W g_{it} + \delta_1 X + \theta_1 WX + \delta_2 DFI_{it} + \theta_2 WDFI_{it} + \delta_3 F + \theta_3 WF + \delta_4 DFI_{it} \times F + \theta_4 WDFI_{it} \times F + u_{it} + \gamma_{it} + \varepsilon_{it} \quad (6)$$

（二）数据来源和变量说明

本研究对象为长江流域城市群的 70 个地级市城市，研究时间跨度为 2011～2018 年，选用北大课题组计算的数字普惠金融指数来反映城市数字普惠金融发展水平，其他数据均来自历年《中国城市统计年鉴》以及各地级市历年国民经济和社会发展统计公报。

1. 被解释变量

实证模型的被解释变量为城市经济年增长率（g_{it}），用 i 城市第 t 年的人均 GRP 增长率表示，用经过平减处理的第 t 年的人均 GRP 对数值减去第 $t-1$年的人均 GRP 对数值计算得到。

2. 核心解释变量

变量 y_{it}表示 i 城市第 t 年的人均产出，用第 t 年的 GRP 比当年人口数表示；变量 DFI_{it}表示 i 城市第 t 年的数字普惠金融发展水平，用北大课题组测算的数字普惠金融指数表示。

---

① 为表述方便，此处用向量 F 和 X 分别表示数字普惠金融的作用路径参数和控制变量，并在下文对变量进行逐一说明。

3. 控制变量 X

变量 $MCapital_{it}$ 表示 i 城市第 t 年的物质资本，用人均全社会固定资产投资来表示。

变量 $HCapital_{it}$ 表示人力资本，用年末单位从业人员数与年末人口数量的比值表示。

变量 $Structure_{it}$ 表示产业结构，选取第三产业的产值占比来表示地区产业结构的高级化程度。

变量 $Open_{it}$ 表示对外开放程度，代表影响区域增长的制度性要素，用当年实际使用外资金额来测度。

4. 数字普惠金融影响城市增长的作用路径参数 F

考虑到数据的可得性，选取激发创新、增进居民消费、缩小城乡收入差距代表数字普惠金融从供给侧、需求侧和区域层面三个路径影响区域趋同。其中，变量 $Inno_{it}$ 表示区域创新因子，用区域创新投入代表，用人均科学技术支出水平表示；变量 $Consum_{it}$ 表示居民消费因子，用本地居民消费水平代表，用人均居民消费支出表示；变量 Gap_{it} 表示城乡收入差距，用泰尔值系数表示。根据影响路径的特点，我们令数字普惠金融和各个因子的交叉项 $DFI_{it} \cdot Inno_{it}$、$DFI_{it} \cdot Consum_{it}$、$DFI_{it}/Gap_{it}$ 分别代表数字普惠金融对区域经济增长的激发创新、增进居民消费和缩小城乡收入差距三个路径的作用效果，若其回归参数显著为正，则表明存在正效应，反之，若其回归参数显著为负，则表明存在负效应；若其回归参数统计上不显著，则表明效应尚未发挥。

（三）模型检验与回归结果分析

1. 模型检验

为便于解释，我们采取双对数回归的形式。我们首先对核心解释变量长江流域城市经济增长空间相关性进行检验，采用地理距离测算其 2011 ~ 2018 年的莫兰指数，均在统计上显著，表明存在空间相关，可以使用空间回归。进而，进行空间面板模型形式选择，首先，估计空间杜宾面板数据模型。其次，进行瓦尔德检验（Wald tests），得到的 Wald_ spatial_ lag 值和

Wald_ spatial_ erro 值分别在 1% 的显著性水平下显著，表明模型中因变量、自变量和误差项等的空间效应显著，空间面板杜宾模型优于空间面板误差模型和空间面板滞后模型。最后，还要确定面板数据模型形式，进行 Hausman 检验后确定采取固定效应模型。进而，我们分别对长江流域三大城市群开展经济增长空间相关分析，仅发育程度较好的长三角城市群存在空间相关，可以采用固定效应空间杜宾模型形式，而处于发育初期的长江中游城市群和成渝城市群的经济增长空间相关性不显著，进行固定效应面板模型 OLS 回归。

2. 回归结果分析

根据模型检验结果，我们对不同样本进行 OLS 回归和空间杜宾回归，其中模型 1 和模型 2 分别是长江流域 70 个城市 OLS 和空间杜宾的总体回归，模型 3 和模型 4 分别是长三角城市群 OLS 和空间杜宾回归，模型 5 和模型 6 分别是长江中游城市群和成渝城市群 OLS 回归。

由表 5 和表 6 可知，第一，长江流域 70 个城市（总体样本）经济 β 条件趋同十分显著，面板数据模型 OLS 基础回归的拟合优度为 0. 0979，由 $\ln y_{it-1}$ 的回归系数显著为负可知，存在 β 条件趋同，趋同速度为 1. 02%。长三角城市群、长江中游城市群和成渝城市群分别以 0. 77%、1. 29% 和 1. 25% 的速度趋向各自的稳态。此外，总体样本和长三角城市群经济增长的空间自回归关系数 ρ 显著为正，长三角的系数值高于总体，表现出一体化发展引领高质量发展的优越性。

第二，数字普惠金融参数在大部分 OLS 模型中都不显著，仅在成渝城市群中显著为正，并在总体样本和长三角城市群的空间杜宾模型中显著为正，表明数字普惠金融具有空间溢出特性，通过空间相互作用发挥拉动经济增长的正面效应。模型 2 和模型 4 回归结果表明，长江流域城市数字普惠金融发展水平每提高 1 个百分点，可以带动经济增速提高 0. 53 个百分点，而长三角数字普惠金融发展水平带动效果更显著，达到 0. 945%。模型 6 的回归结果显示，数字普惠金融对本地区域经济增长效果为负，反映出其发展背离实体经济发展的风险。

第三，关于数字普惠金融影响城市经济增长的作用路径。在总体样本中，数字普惠金融主要通过缩小区域差距和促进区域创新来推动经济增长，交叉项 ln（DFI_{it}/Gap_{it}）和 ln（$DFI_{it} \cdot Inno_{it}$）的系数分别为 0.0001 和 $2.45e^{-10}$，其正向作用虽部分被促进消费交叉项 ln（$DFI_{it} \cdot Consum_{it}$）影响系数 $-1.71e^{-11}$所抵消，但整体效果仍为正。在长三角城市群，由于资本市场资金充裕，创新环境优越，收入差距较小，数字普惠金融的作用路径效果尚不明显。在长江中游城市群和成渝城市群，数字普惠金融主要通过缩小区域差距、强化普惠功能来促进城市经济增长，数字普惠金融发展水平每提高 1 个百分点，将有效带动长江中游城市群和成渝城市群经济增速分别提高 0.028 个和 0.036 个百分点。

第四，从空间溢出效应作用范围看，总样本和长三角城市群的区域增长趋同皆表现出明显的全局溢出效应；数字普惠金融具有显著的本地溢出正效应和邻近溢出负效应，且负效应偏大，即数字普惠金融发展水平越高，对本地经济增长的带动作用越大，对邻近区域的经济增长则起负作用；在长江流域 70 个城市的总样本空间杜宾模型中，数字普惠金融通过缩小区域差异带动本地经济增长，正向的本地溢出效果显著，同时，人力资本水平提高，也具有明显的正向本地溢出效应和正向的全局溢出效应；在长三角城市群空间杜宾模型中，人力资本水平提高仅对区域经济增长表现为正向的本地溢出效应。

第五，控制变量回归系数显示，进入新发展阶段，长江流域城市经济增长主要依托人力资本投入和供给侧结构升级，物质资本投入的影响下降，且统计上不显著，国际金融危机引起世界经济低迷，受逆全球化浪潮影响，产业链供应链不确定性增加，对外开放对城市经济增长的促进作用减弱，且为负，在统计上不显著。在长三角城市群，产业结构变量在 OLS 模型中显著为正，在空间杜宾模型中不显著，表明供给侧结构升级主导长三角城市本地增长且不存在空间溢出效应，反映了长三角城市群产业竞争白热化的发展态势；人力资本空间溢出效应显著为正，主要是本地溢出效应，不能存在邻近溢出和全局溢出，人才正成为长三角城市竞争力的核心要素，长三角“抢人大战”也进行得如火如荼。在长江中游城市群，由于一体化发展仍处于初级阶段，城市群经济增长主要依靠本地人力资本存量和产业结构升级拉动，空间溢出效应尚未显现。在成渝城市群，本地经济增长表现出人力资本和对外开放双轮驱动特征。重庆和成都的人才政策作用显著，同时，两地积极参与共建“一带一路”，开通渝新欧专列，深度融入全球产业链，区域开放程度迅速提高，其对城市经济增长的带动和促进效果明显优于长江流域其他区域；而受近年来承接劳动密集型产业转移的影响，产业结构高级化进程有所放缓，产业结构因子影响力为负但在统计上不显著。

表5　条件β趋同面板数据模型回归结果（1）

变量	模型1	模型2	模型5	变量	模型2
	OLS	地理距离	OLS		地理距离
$\ln y_{it-1}$	-1.02326*** (-22.48)	-0.9480*** (-11.06)	-1.2893*** (-18.68)	$W \cdot \ln y_{it-1}$	1.933*** (4.45)
$\ln DFI_{it}$	0.1935* (1.68)	0.5314*** (2.32)	-0.0702 (-0.33)	$W \cdot \ln DFI_{it}$	-3.6834** (-2.39)
$\ln Inno_{it}$	-4.78e-8 (-0.53)	-5.65e-8 (-1.24)	-1.56e-7 (-0.37)	$W \cdot \ln Inno_{it}$	1.32e-7 (0.04)
$\ln(DFI_{it} \cdot Inno_{it})$	1.86e-10 (0.67)	2.45e-10* (1.54)	-2.09e-10 (-0.13)	$W \cdot \ln(DFI_{it} \cdot Inno_{it})$	-4.05e-9 (-0.37)
$\ln Consum_{it}$	5.80e-9 (1.25)	5.71e-9*** (2.68)	1.02e-8 (1.03)	$W \cdot \ln Consum_{it}$	-1.73e-7** (-1.85)
$\ln(DFI_{it} \cdot Consum_{it})$	-1.71e-11 (-1.42)	-1.71e-11*** (-2.74)	-3.15e-11 (-1.02)	$W \cdot \ln(DFI_{it} \cdot Consum_{it})$	3.01e-10 (0.89)
$\ln Gap_{it}$	13.9506*** (3.37)	16.4261* (1.62)	12.9814** (1.84)	$W \cdot \ln Gap_{it}$	-95.7123* (-1.55)
$\ln(DFI_{it}/Gap_{it})$	0.00016*** (4.25)	0.0001* (1.53)	0.00028*** (3.80)	$W \cdot \ln(DFI_{it}/Gap_{it})$	-0.0000162 (-0.02)
$\ln MCapital_{it}$	7.85e-10 (1.07)	7.23e-10 (1.16)	4.51e-7* (1.54)	$W \cdot \ln MCapital_{it}$	1.72e-8 (0.89)
$\ln HCapital_{it}$	0.1565** (1.99)	0.1789*** (3.29)	0.7946* (1.84)	$W \cdot \ln HCapital_{it}$	-0.7248 (-0.49)
$\ln Structure_{it}$	0.5128*** (6.32)	0.1295 (0.68)	0.7011*** (5.27)	$W \cdot \ln Structure_{it}$	1.8065 (1.07)
$\ln Open_{it}$	-8.08e-9 (-0.16)	3.51e-9 (0.1)	-6.40e-10 (-0.39)	$W \cdot \ln Open_{it}$	-8.90e-7 (-0.9)

续表

变量	模型1	模型2	模型5	变量	模型2
	OLS	地理距离	OLS		地理距离
c	2.4241*** (4.00)	—	3.9691 (3.77)		
ρ	—	2.6332*** (5.34)	—		
Log-likelihood	—	868.4934	—		
固定效应	YES	YES	YES		
Wald test	NO	YES	NO		
Adjusted-R^2	0.0979	0.1010	0.1687		
N	490	490	196		

注："***""**""*"分别表示回归参数在1%、5%和10%水平上统计显著。

表6　条件β趋同面板数据模型回归结果（2）

变量	模型1	模型2	模型5	变量	模型2
	OLS	地理距离	OLS		地理距离
$\ln y_{it-1}$	-0.7720*** (9.00)	-0.7907*** (-6.71)	-1.2525*** (1.47)	$W \cdot \ln y_{it-1}$	-0.6235 (-0.25)
$\ln DFI_{it}$	0.1186 (0.50)	0.9450** (2.19)	-0.4036** (-2.22)	$W \cdot \ln DFI_{it}$	-13.1512** (-2.17)
$\ln Inno_{it}$	$-3.23e^{-8}$ (-0.22)	$-1.29e^{-8}$ (-0.09)	$6.46e^{-7}$ (0.71)	$W \cdot ln\mathrm{Inno}_{it}$	$-2.78e^{-6}$ (-0.39)
$\ln(DFI_{it} \cdot Inno_{it})$	$1.30e^{-10}$ (0.27)	$8.02e^{-11}$ (0.15)	$-3.01e^{-9}$ (-0.78)	$W \cdot \ln(DFI_{it} \cdot Inno_{it})$	$3.42e^{-9}$ (0.13)
$\ln Consum_{it}$	$3.51e^{-9}$ (0.44)	$1.20e^{-9}$ (0.18)	$2.17e^{-9}$ (0.22)	$W \cdot \ln Consum_{it}$	$-3.41e^{-7}$ (-1.04)
$\ln(DFI_{it} \cdot Consum_{it})$	$-1.11e^{-11}$ (-0.52)	$-4.57e^{-12}$ (-0.21)	$1.64e^{-12}$ (0.04)	$W \cdot \ln(DFI_{it} \cdot Consum_{it})$	$4.45e^{-10}$ (0.43)
$\ln Gap_{it}$	14.7445** (2.09)	14.7579 (1.37)	5.3779 (0.87)	$W \cdot \ln Gap_{it}$	-165.3552 (-1.28)
$\ln(DFI_{it}/Gap_{it})$	0.00013** (1.97)	$-8.31e^{-8}$ (-0.00)	0.00036*** (4.7)	$W \cdot \ln(DFI_{it}/Gap_{it})$	0.0023 (0.99)
$\ln MCapital_{it}$	$1.51e^{-9}$ (1.06)	$7.13e^{-10}$ (0.74)	$4.40e^{-10}$ (0.33)	$W \cdot \ln MCapital_{it}$	$2.34e^{-8}$ (0.65)

续表

变量	模型 1	模型 2	模型 5	变量	模型 2
	OLS	地理距离	OLS		地理距离
$\ln HCapital_{it}$	0.1205 (1.18)	0.1912 *** (3.58)	0.1547 ** (2.02)	W · $\ln HCapital_{it}$	1.9628 (0.57)
$\ln Structure_{it}$	0.3930 ** (2.33)	0.1280 (0.28)	−0.0647 (−0.5)	W · $\ln Structure_{it}$	1.671011 (0.28)
$\ln Open_{it}$	−8.64e−8 (−1.07)	2.31e−8 (0.29)	1.10e−7 * (1.84)	W · $\ln Open_{it}$	−3.63e−6 ** (−2.16)
c	1.5009 * (1.45)	—	5.4334 (5.47)		
ρ	—	2.7823 *** (3.78)	—		
Log − likelihood	—	331.6269	—		
固定效应	YES	YES	YES		
Wald test	NO	YES	NO		
Adjusted − R^2	0.1098	0.0006	0.0633		
N	182	182	112		

表 7　β 条件趋同空间杜宾面板数据模型空间效应分解（模型 2、模型 4）

城市群	长江流域城市			长三角城市群		
空间作用	本地溢出	邻近溢出	全局效应	本地溢出	邻近溢出	全局效应
$\ln y_{it}$	−0.9509 *** (−10.91)	—	−1.2646 *** (−3.86)	−0.8093 *** (−6.45)	—	−1.6993 ** (−2.15)
$\ln DFI_{it}$	0.5036 ** (2.33)	−1.0934 * (−1.62)	—	0.8551 ** (2.11)	−2.8991 ** (−2.04)	—
$\ln(DFI_{it}/Gap_{it})$	0.00012 * (1.68)	—	—	—	—	—
$\ln HCapital_{it}$	0.1761 *** (3.29)	—	1.0608 * (1.59)	0.2024 *** (3.58)	—	—

注：受篇幅限制，此处仅报告回归显著的空间系数。

五　主要结论与政策建议

（一）主要结论

本研究借助信息经济学、区域经济、空间经济学相关理论，推演出数字普惠金融影响区域经济增长，进而促进区域趋同的作用路径和影响机理，即在供给侧促进创新，在需求侧扩大居民消费，其普惠性有利于缩小区域经济发展差距，进而促进区域经济增长趋同。进而，我们运用 2011～2018 年长江流域 70 个城市和三大城市群的数据，在 Barro 和 Sala－i－Martin 于 1995 年提出的 β 条件趋同经典模型的基础上进行拓展，引入数字普惠金融及其三个影响因子，考察数字普惠金融发展对长江流域城市群区域趋同的影响路径及其空间溢出效应。根据不同样本的模型检验结果，分别开展面板数据 OLS 回归和空间杜宾模型回归，实证结果显示：（1）2011～2018 年，长江流域 70 个城市、长三角城市群、长江中游城市群和成渝城市群分别以 1.02%、0.77%、1.29% 和 1.25% 的速度趋向各自的稳态；（2）数字普惠金融对区域经济增长的作用存在空间差异，在长江流域 70 个城市层面和长三角地区，发挥正效应，在长江中游城市群效果不显著，在成渝城市群背离了实体经济发展，效应为负；（3）在当前长江流域发展情况下，数字普惠金融促进城市经济增长的作用路径略显单一，以政策性推动为主，市场化力量参与不足，仅在全样本层面通过缩小区域差距和促进区域创新来推动城市经济增长，在长江中游城市群和成渝城市群，主要通过缩小区域差距推动增长，而没有发挥拉动消费和创新引领作用，长三角数字普惠金融的三大作用都有待进一步激发和显现；（4）数字普惠金融的空间溢出效应没有完全发挥，仅存在于总样本和长三角城市群中，且以正向本地溢出为主，邻近溢出和全局溢出不足；（5）在新发展阶段，长江流域城市经济增长主要依托人力资本投入和供给侧结构升级，物质资本投入的影响在下降，对外开放的效果受外部环境影响趋于减弱。

（二）政策建议

由以上研究结论可知，长江流域城市的数字普惠金融在高速完成面上布局后，发展趋于放缓，发展质量亟待提高，具体表现为：数字普惠金融促进区域增长和趋同的作用尚未完全发挥，作用路径有待理顺，空间溢出不完全。为此，建议从以下几个方面入手进行补课，优化长江流域城市数字普惠金融发展格局，提高发展质量。

第一，发挥长三角示范引领功能，促进对内开放和数字普惠金融领域的区域合作。长三角地区是国内城市数字化转型的先行地区，数字化发展能力和水平都国内领先，数字普惠金融发展优势明显，应发挥其跨区域溢出效应，为长江流域城市提供数字普惠金融发展的解决方案和（或）优化方案，带动长江流域城市金融数字化转型和创新发展，提高长江流域城市数字普惠金融的市场覆盖率和渗透率。

第二，缩小数字鸿沟，提升城市数字化发展能力。在成渝城市群，重庆和成都的城市数字化转型走在全国前列，然而由于其他城市数字化发展滞后，成渝城市群整体的数字普惠金融的普惠效应迟迟难以发挥。因此，应加快长江流域次级中心城市和外围城市的数字化能力建设，优化数字普惠金融发展环境。

第三，支持数字普惠金融产品迭代创新，发挥赋能双创的重要作用。在快速布局期，数字普惠金融产品发展一定受限，不能很好地匹配市场需求。当前阶段，应加大数字普惠金融产品研发力度，使之进一步向小微企业和低收入人群需求下沉，并广泛结合大数据、云计算、人工智能等发展成果，提高风险控制能力，优化和完善数字普惠产品功能，丰富产品种类。

第四，吸引市场力量参与数字普惠金融市场建设，摘掉政策性金融的乌纱帽，提高市场活跃度。吸取 P2P 模式的经验教训，发放数字普惠金融牌照，完善监管方式和数字化监管手段，运用区块链技术和大数据分析，建立健全数字环境监管机制，实现风险可控，促进数字普惠金融健康可持续发展。

参考文献

Schumper, J., "Theory of Economic Development: An Inquiry into Profits," *Capital, Credit, Interest, and the Business Cycle*, New York: Harvard University Press, 1934.

McKinnon, R., *Money and Capital in Economic Development*, Washington, D. C.: The Brookings Institution, 1973.

Townsend, Robert M., "*The Thai Economy: Growth, Inequality, Poverty, and the Evaluation of Financial Systems*," Manuscript, 2007.

Anand, S. K., Chhikara, K. S., "A Theoretical and Quantitative Analysis of Financial Inclusion and Economic Growth," *Management and Labour Studies*, 2012 (2).

周天芸、陈铭翔:《数字渗透、金融普惠与家庭财富增长》,《财经研究》2021 年第 7 期。

张勋等:《数字金融发展与居民消费增长:理论与中国实践》,《管理世界》2020 年第 11 期。

张彤进、蔡宽宁:《数字普惠金融缩小城乡居民消费差距了吗?——基于中国省级面板数据的经验检验》,《经济问题》2021 年第 9 期。

张勋等:《数字经济、普惠金融与包容性增长》,《经济研究》2019 年第 8 期。

钱海章等:《中国数字金融发展与经济增长的理论与实证》,《数量经济技术经济研究》2020 年第 6 期。

吴庆田、王倩:《普惠金融发展质量与中小企业融资效率》,《金融与经济》2020 年第 9 期。

贺健、张红梅:《数字普惠金融对经济高质量发展的地区差异影响研究——基于系统 GMM 及门槛效应的检验》,《金融理论与实践》2020 年第 7 期。

赵丙奇:《中国数字普惠金融与城乡收入差距——基于面板门限模型的实证研究》,《社会科学辑刊》2020 年第 1 期。

易行健、周利:《数字普惠金融发展是否显著影响了居民消费——来自中国家庭的微观证据》,《金融研究》2018 年第 11 期。

张勋等:《数字金融发展与居民消费增长:理论与中国实践》,《管理世界》2020 年第 11 期。

B.8

长三角文旅融合高质量发展的瓶颈与提升策略

李　洁*

摘　要： 长三角地区需要把握好国家推动文旅融合发展的重要机遇，精准把握长三角地区文旅融合发展制约因素，找准发展路径，创新发展思路，推动文旅融合发展成为彰显长三角文化核心竞争力、助力长三角区域融合的重要力量。政策、技术和市场环境推动传统文化和旅游产业转型，需要把握好五大趋势：一是文旅融合围绕文化自信发展目标；二是文旅融合呈现上下游产业链模式；三是以文化内容为支撑，推动平台经济转型发展；四是以文化内容为核心，形成文化旅游多业态融合；五是以文化内容为动力，赋能体验式文旅模式。目前，长三角文旅融合仍存在文化内容挖掘转化不充分、“文化旅游”文化内容主题不突出、部门协作机制不完善等制约因素。为此，建议增强长三角地区文化内容挖掘、阐释、艺术创作能力，完善文旅融合上下游产业链配套，加强文旅融合的平台载体建设，布局体验式旅游基础设施，创新多部门协作机制，推动长三角文旅融合持续健康发展。

关键词： 长三角　文旅融合　协作机制

中共中央、国务院印发《长江三角洲区域一体化发展规划纲要》，明确

---

* 李洁，博士，江苏省社会科学院经济研究所副研究员，研究方向为区域发展。

提出推动文化旅游的合作发展，强调文化产业政策互惠互享，推动文化资源优化配置，全面提升区域文化创造力、竞争力和影响力，通过构建现代文化产业体系，推出一批文化精品工程，培育一批文化龙头企业。长三角城市分属不同的省域，发展速度和阶段不尽相同，文化和旅游产业的发展也各有倚重，但是三省一市在打造文化产业共同体的共识方面，文旅融合的目标是共通的。长三角具有丰富的文旅资源，吴越文化、海派文化、江淮文化、徽派文化等交相辉映，域内分布 30 座国家历史文化名城、9 个世界遗产区域、724 处全国重点文物保护单位、近 40 家国家级博物馆，是名副其实的文旅资源富集区。文化和旅游部公布的《“十四五”文化和旅游发展规划》在第六部分“健全现代文化产业体系”中提出，推动文化和旅游融合发展。长三角地区文旅融合发展的重要性和意义不断凸显，长三角地区需要把握好国家推动文旅融合发展的重要机遇，精准把握长三角地区文旅融合发展制约因素，找准发展路径，创新发展思路，推动文旅融合发展成为彰显长三角文化核心竞争力、助力长三角区域融合的重要力量。

一　外部环境推动长三角文化和旅游产业向文旅融合转型

（一）政策层面倒逼传统旅游产业转型

党的十八大以来，以习近平同志为核心的党中央高度重视文化和旅游工作，对文化和旅游融合发展做出一系列重要部署，十九届五中全会再次提出“推动文化和旅游融合发展”的战略要求。2021 年 6 月，文化和旅游部发布《“十四五”文化和旅游发展规划》，明确提出推进文化和旅游融合发展，坚持以文塑旅、以旅彰文，推动文化和旅游深度融合、创新发展，不断巩固优势叠加、双生共赢的良好局面。长三角三省一市很快推出了各地文旅融合的具体措施和意见。2021 年 6 月《上海市“十四五”时期深化世界著名旅游城市建设规划》提出，上海将重点打造四大文旅融合项目集群。2020 年 12 月，江苏省文化和旅游厅发布《关于促进文化和旅游产业融合发展的指导意见》。指导意见共分9部分23条，着力推动文化和旅游产业高质量融合发展，实现以文塑旅、以旅彰文。浙江省文化和旅游厅2020年12月印发《关于推进文化和旅游深度融合发展的意见》，从“传统文化＋旅游”“革命文化＋旅游”“社会主义先进文化＋旅游”三大主题促进文旅融合，从农业、工业、服务业和数字产业着手改造传统旅游业，形成文旅新业态竞争力。《安徽省“十四五”文化和旅游发展规划》坚持新发展理念，以文旅融合为主线，推动文化和旅游工作各领域、多方位、全链条深度融合，并在2020年出台了《安徽省文化产业和旅游产业融合发展示范区认定与管理暂行办法》。

（二）技术层面催生文旅融合新业态

5G等技术的出现改变了文旅产业的技术边界和业务范围，扩大了文化旅游的市场空间。数字技术以极高的发展速度衍生出人工智能、传感器、拟人化感知等新应用，革新了受众的文旅体验模式。介入式交互型技术使消费者与视频内容互动成为可能；大数据、人工智能、虚拟现实、增强现实等技术的广泛应用使消费者可以在内容多样化的感官体验中实现文化认同。数字平台技术衍生出多种信息渠道，消费者接受文旅内容的媒介千变万化，多媒体、自媒体、微媒体、跨媒体、融媒体、泛媒体、全媒体等媒介作为沟通渠道的同时也可以作为传播渠道，更是可以全面融合。智能数据分析技术通过捕捉前置性场景掌握用户的行为特征，可以捕捉到文化旅游领域最为活跃、最有价值的目标人群，更加精准地推送文旅融合产品，助推文旅融合释放协同效应、聚变效应、乘数效应。

（三）市场层面呼唤文旅融合新产品

新冠肺炎疫情下，旅游产业面临“危”“机”并存的局面，传统旅游遭遇很大冲击，新兴文旅融合需求跃然而起。根据联合国开发署发布的《新冠肺炎疫情对中国企业影响评估报告》，疫情期间数字经济发展迅猛，宅家式的工作和休闲模式很受追捧，我国在线办公增长537%，在线教育增长169%，在线游戏增长124%。宅家文旅需求增加催生数字体验式文旅产品快速发展，电影、农商文创、数字博物馆、沉浸式剧本杀、文化体验园等新业态和新模式市场潜力巨大。与此同时，长三角进入消费升级快速通道，2020 年江苏省人均 GDP 突破 10.78 万美元，达到高等发达国家水平，人均可支配收入达到 45469 元，消费升级效应显著，新型消费模式发挥了重要作用，智能门店、智慧商圈、即时配送等线上线下融合的消费创新模式不断涌现；直播电商、社区快速发展，旅游消费呈现新的发展特点，市区一日游、周边游、短途自驾游成为主流，热门景区仍是游客关注的重点，红色旅游、夜间旅游、生态旅游、乡村休闲旅游等旅游新业态受到消费者青睐。

二　长三角文旅融合发展趋势和前景

（一）文旅融合围绕文化自信发展目标

在新常态背景下，长三角地区应抓住文旅融合的新型市场机遇，讲好讲活长三角文化故事，坚定文化自信，深化文旅融合，扎实推动长三角文化和旅游业高质量、跨越式发展。重视对地方优秀文化内容的保护、挖掘和阐释，注重传承弘扬中华民族优秀传统文化的价值内核并使其与时代元素相结合，焕发出新的生机活力。江苏在文化旅游融合发展上下功夫，着力提升自身文化软实力，构建具有水乡特色的“水韵江苏”文旅新形象，大批文旅支持政策在“十三五”时期陆续出台，同时扶持了一大批文化基础雄厚的骨干文旅企业，也打造出一批具有文化特色的旅游集聚区，吸引了大量游客，2021 年的数据显示江苏文旅复苏在全国名列前茅。江苏大运河文旅凸显文化自信的发展要求，打造的大运河沉浸式体验区和多个互动性展厅，能够让游客在仿真文化场域中获得文化的归属感和自豪感，与文化遗产产生共情、获得认同。江苏重视文旅产品的打造，文化旅游地方特色品牌在国内小有名气，如“南京云锦”“南京金箔”“苏州刺绣”“宜兴紫砂”“无锡泥人”“扬州玉器”“扬州漆器”“南通扎染”“东海水晶”。上海打造以红色文化、“建筑可阅读”为标志的海派文化旅游集群，以水乡古镇为核心的江南文化旅游集群，以魔力时尚为特征的文化旅游集群。浙江省大力推进全域覆盖的重大文旅工程“四条诗路”文化旅游带建设，聚焦“四美浙江”，加强以旅惠民、以旅弘文力度，为诗画浙江画龙点睛。安徽省加快景区文旅融合，举办多姿多彩的文旅活动，建成各地文博园，开展非遗民俗表演，充分发挥安徽各地特色文化元素开发优势，假期游客量同比成倍增长，让游客通过丰富的文旅活动感受中华民族优秀的文化精髓。

（二）文旅融合呈现上下游产业链模式

从文旅融合路径来看，目前文化产业与旅游产业的融合主要是文化作为产业链上游，而旅游作为产业链下游，下游产业围绕上游文化内容开发衍生出多元的文旅融合产品。多样化的文旅新业态新模式突破了传统旅游投资模式，扭转了旅游项目过度投资、资金沉淀于土地和硬件设施的现象，转而提升在产品投入中核心文化 IP 的价值，突出以内容体验为主的经营模式，减少非消费型产品、体验产品之外的其他重资产投入，重视资产投资效益回报率的提升，减少沉淀资本，减轻成本负担，提高现金收入和盈利水平等。例如数字景区和文旅产品生产平台建设、平台型经济打造等软性基础设施的投资和投入显著改变了传统旅游业对建筑、场馆、设施等固定资产的投资重型化特点，转而在产业前端的创意设计、文化元素挖掘和演绎方面投入大量资本，强调文旅产业的专利产品打造和核心竞争力塑造。

（三）文化内容支撑下的文旅融合平台经济发展

我国网民规模超 10 亿，截至 2020 年 12 月，我国网站数量为 443 万个，微信公众号 2800 万个，App1800 万个，形成数量庞大且非常活跃的文化消费平台。综合性文化产品生产、传播、消费平台和专业主题型文化内容平台都取得了较好的业绩。文化平台经济发展是一把双刃剑，目前一些巨头平台成为文旅新业态新模式发展的主阵地，引领着文旅融合，但与此同时，巨头文娱产品平台模式也存在诸多弊端，一是优质文化内容缺失引发网络文化健康发展问题，二是资本主导下的文化平台垄断问题，平台巨头围绕着用户数据、信息资源和实体资源形成独占优势，互联网原本秉承的开放、共享、流通的价值理念受到严重冲击。优质文化内容的引入，一方面通过正确的价值导向解决了文化平台资源同质化现象严重、文化内涵缺失以及价值观念存在偏差等问题，以健康正能量的方式带动文化消费；另一方面引入主题明确的专业文化平台有机会打破现有文化产品完全垄断或者寡头垄断的局面，引导文化产业市场回归正常竞争格局，充分挖掘、阐释、传播某一文化主题的丰富的精神内核，有利于引领构建现代文化产业的健康生态，引导行业形成专题型文化平台与综合型文化平台“分庭抗礼”的产业组织形态。例如江苏主导建设大运河国家文化公园数字云平台，构建文化遗产管理监测、文化研究、展示传播、学习教育、休闲娱乐等一体化服务平台，聚焦数字化可视化保护传承大运河文物和文化资源，生动展示千年运河的历史风貌和文化底蕴，推动文旅融合新优势形成。

（四）以文化内容为核心的文化旅游多业态融合

文化产业和旅游产业作为两个相互交融的产业，在融合和发展中有其特殊的统一性和互补性，文化和旅游业态的融合模式可以分为渗透组合、延伸融合、重组融合与一体融合四种模式。目前长三角地区三省一市一是重视“文化内容 + 旅游”业态发展，例如杭州宋城景区打造文旅主题公园，以《清明上河图》为原型打造文化古城，江苏设计多条展现江苏大运河人文特色的旅游线路，开展漕运研学游、文学艺术品鉴游及运河民俗体验项目等。发展“旅游 + 体育”业态，举办群众性大运河体育赛事活动，每年定期举办健步走、赛龙舟、马拉松等群众性体育赛事；鼓励“旅游 + 中医康养”业态发展，推动运河沿线中华老字号中医药企业主导开发以中医药文化为主题的体验式旅游，开展康养类休闲文旅项目。二是重视多业态横向融合的“旅游 + 产业”业态发展，开发“旅游 + 农业”业态，例如安徽省打造闻名远近的休闲农业园区，涌现了三瓜公社、那年 · 乡下、黟县五里村等一批独具特色的休闲农业园区，上海建成我国唯一的邮轮旅游发展示范区，实现旅游业与多产业的联动融合发展。

（五）文化内容赋能下的体验式文旅模式

体验式文旅是指通过对原创内容的再创作，将单项传播的文化内容升级为双向互动的产品，全面应用目前业界领先的云计算、5G、AI 人工智能、大数据、VR 虚拟现实、动作捕捉技术等技术为消费者设计独特的应用场景，提升使用者在模拟真实场景中的体验。目前，体验产业已延伸至影视、游戏、旅游等领域，将迸发出更大活力，并向更多领域发力。江苏通过数字技术改变传统文旅的游览方式，重视对古典文化的重新塑造，挖掘重要博物馆馆藏重点文物的文化 IP，以数字形式让观众交互、参与、体验古代文化精髓，如凤凰数字科技等企业打造《清明上河图》真迹沉浸展览，仿真历史人物运动轨迹，实现千人同屏千人千面的多元展现，真实还原明《清明上河图》中的盛世繁华景象。上海的实景游戏体验馆呈现一票难求的火爆场面。

三 长三角区域文旅融合发展现状和瓶颈

（一）文旅融合发展引领长三角文旅市场复苏

长三角是我国文旅资源最丰富的地区之一，高品质旅游资源总量占全国的比重超过 20%，长三角充分利用这些优势的聚集性旅游资源，推动文旅融合高质量发展。一是积极打造联动文旅项目，如“长江国际旅游黄金带”“江南水乡古镇旅游圈”“环太湖旅游目的地”“环黄山文化旅游圈”等。二是长三角文旅注重多业态融合，统计数据显示，长三角区域内有全国休闲农业和乡村旅游示范县及现代农业园区 27 个，挂牌国家工业旅游示范基地和示范点 25 个，在全国占比 19. 53%，有中小学研学游教育实践基地 56 个，在全国占比 25. 69%。三是平台经济实力雄厚，上海哔哩哔哩平台是国内最大的年轻人文化社区，积累了超过 80% 的年轻用户；小红书平台估值超过 200 亿美元，近 50% 的“95 后”年轻人成为小红书的活跃平台用户；喜马拉雅近四年的估值超过百亿元规模，成为占有音频市场73%份额的第一音频平台。四是区域文旅合作不断加强，出台一系列指导性文件，如《研发和推广长三角城市群“主题+体验”系列旅游产品三年行动计划》《长三角区域旅游一体化发展杭州方案》《长三角旅游发展合作苏州共识》，注重区域协作平台搭建，举办“长三角区域旅游城市‘15+1’高峰论坛”，并建立《长三角湖区旅游联盟合作备忘录》等区域间合作协调机制。长三角地区生产总值约占全国的23.9%，实现国内旅游收入37710.20亿元，2020年长三角区域文化产业增加值约为3.29万亿元人民币，增速超过10%。经过多年发展，长三角文旅融合成效显著，上海、浙江、江苏、安徽利用地缘和人缘优势，近水楼台先得月，带动周边旅游市场，充分发挥长三角文旅融合的发展潜力，成为区域经济社会加速奔跑的“先行者”和“流量担当”。

（二）长三角文旅融合发展上游文化内容挖掘、转化不充分

文旅融合发展始终遵循文化内容在上游、旅游产品在下游的产业结构。文化内容的阐释创作是文旅新业态新模式的根基，数字文化产品需要在有吸引力的原创文化内容基础上才能显现市场前景，“文化+旅游”和“旅游+产业”等业态形式应清晰围绕文化资源和内涵向产业价值链上下游延伸。目前长三角文旅融合的文化内容挖掘、研究、阐释工作有待深化，文化资源和内容活化利用的形式和途径比较单一，下游旅游新业态新模式中用于产品开发的文化IP不足，一些沉浸式文旅产品如漫画、手游、VR游戏等存在过度依赖技术、追求特效、对体验者包围式感官轰炸等误区，忽视了对历史文化内容的深度挖掘。例如红色旅游展示形式单一、区域文化元素挖掘不够、水乡古镇的文旅项目普遍同质化且商业化氛围过浓。

（三）长三角文旅融合缺乏深度融合的文旅产品，文化内容主题不突出

尽管长三角文旅融合发展取得了一定的成绩，尤其是上海浙江文化旅游

新业态发展势头强劲，但是文旅融合的产品尚未充分实现盈利，上下游产业链配套不成熟，地方和企业的发展和创新动力不足。这一阶段会出现“旅游”被动地捆绑到其他行业变成浅层次的产业结合，旅游产品缺乏清晰定位，“文化旅游”的主体地位缺失。一是景观文化脱节，长三角地区的历史文化资源丰富，文旅融合项目的发展基础好，一定要利用好历史文化遗产资源，讲述生动的文化典故和传说故事。但是目前有些旅游景点表现方式千篇一律，景观建设求大求豪华，与文化景观的精神表达可以说毫不相关，旅游中的文化显示性不强，景点设计随意性和盲目性突出。二是历史遗存分散，统筹协同不够。作为海派文化、吴越文化、徽派文化、江淮文化的聚集地，其得天独厚的历史文化不是按照现在县区的划分呈现，而历史脉络是有机衔接的，目前围绕长三角文旅线路的统一规划不够。

（四）文旅融合发展的部门协作机制不完善

文旅融合涉及多个产业领域和管理部门，需要多部门的协同才能实现高效发展。目前文化和旅游产业仍然保留了原先各自独立、分散的发展形态，技术与资本分离，缺乏对接平台。行业管理依然比较分散，长三角各地文旅部门与农业农村、教育、医疗、体育等管理部门的协同管理机制尚未建立，区域间的文旅融合协调机制尚未完善。各地在文旅发展策略上各自为政，很难做到旅游发展责、权、利的明确和有效对位，容易出现有利益时相互争着管、无利益时大家都不管的现象，一定程度上抑制了长三角地区文旅融合发展进程。虽然长三角地区三省一市之间建立了合作交流机制，但是文化旅游跨行政区的统一市场仍未形成，文化旅游领域的行政管理具有明显的地方特征，文化创新体系不能着眼于区域整体资源的系统规划和整合，这导致彼此间协同的行政区划壁垒仍然存在，由于跨区域的文旅创新要素流动直接影响到地方政府之间的利益关系，长三角没有形成协同一致与分工合作的机制，区域市场开放程度不足，文旅平台缺乏充分的配套措施，在很大程度上导致了文旅融合创新成本的上升和资源的浪费，阻碍了文旅产业要素的自由流动和合理配置，降低了文旅融合的发展效率。

四 大运河文化带（江苏段）文旅融合发展对策

（一）提升对长三角区域文化内容挖掘、阐释、艺术创作能力

立足长三角区域丰厚的历史文化积淀，积极探索文化元素的艺术表达，鼓励区域文化专题艺术创作。由长三角区域内专业研究机构搭建文旅创新合作研究机构，建设长三角区域文化艺术创作元素题材库，搜集整理三省一市历史事件、重要人物、著名故事等艺术创作素材，定期发布资料搜集和研究成果。支持长三角区域内专业学术机构开展长三角历史文化艺术创作专题研究，编撰“长三角文化故事”系列丛书，支持故事内容 IP 基于数字化平台的制作、转化、传播。扩大长三角文旅融合的传播途径和影响力，塑造“传统文化讲述人”网络平台主播形象。围绕长三角文化旅游路线推出文化类综艺节目，推出青少年传统文化体验式文旅活动。依托相关研究机构开展消费者文旅需求研究，发布《长三角区域文旅产业景气指标评价报告》，引导文旅企业掌握市场趋势，高水平开发现代文旅产品。

（二）完善文旅融合上下游产业链配套

鼓励长三角区域原创内容 IP 的生产，引导传媒企业制作内容精品，将珍贵文化元素转化为文化产品。培育文化内容产品第三方评估机构，促进长三角内容产品的合理市场、社会价值评估，鼓励长三角各地文旅管理机构向业绩优秀的内容生产商发放奖励性补贴。推进内容产品生产环节优化升级，减少数字文化产品生产和流通的中间环节。借助人工智能、虚拟现实、云计算和大数据等技术的深度应用，推动平台技术和文化旅游产品的创新和技术迭代。深化长三角文旅产业线上线下资源整合、延伸和产业链重组及行业垄断。支持产业链上下游中小微企业发展，实现新型文化、旅游业态市场主体多元发展。

（三）加强文旅融合发展的平台载体建设

规划建设长三角地区文化资源数字化管理平台，试点建设长三角区域文化产业新型业态集成创新实验室。搭建长三角文旅线上云平台，加快传统文化产业数字化转型升级，创新文化产业垂直供应链，打造有竞争力的数字型企业。开发长三角文旅服务功能和产品，鼓励文化旅游融合服务新方式，构建知识创新平台。鼓励互联网平台企业与文化文物单位、旅游景区度假区合作，探索文化产业和旅游产业运营新模式。创造更多区域间文旅交流的机会，合作举办文化节庆、主题展会等文化活动，推动高效人文交流，在进博会等展会期间举办长三角文化旅游产品专业推介会，利用好长三角文博会、长三角国际旅游交易会、上海艺术节等重大活动平台展现长三角文化旅游发展优势。

（四）广泛布局场景化、体验式旅游基础设施

打造体验型文旅融合景区，将大运河文化内容全面融入“吃、住、行、游、购、娱”各旅游要素，满足游客个性化、亲情化的需求。推动数字文旅技术在大运河沿线旅游景区的普及，支持景区开发数字化体验产品并普及多元化智慧文旅服务，规划建设体验式文旅基础设施。建设长三角智慧旅游样板景区，打造一批全国智慧旅游示范村镇，积极打造数字博物馆，提升旅游体验。提升长三角 5A 级旅游景区、国家级旅游度假区的网络和信息化水平，重视旅游集散地和相关辅助场地的智能化改造。加强物联网及其感知设施的建设，提高景点覆盖率，增强景点实时监控和导流的能力，推动无人化和非接触式旅游景点设施的应用。

（五）创新文旅融合发展的多部门协作机制

明确长三角文旅融合发展以弘扬中华民族昂扬向上的精神为核心，以增强消费者的体验感、获得感和满足感为导向，以重点项目为突破，以数字赋能为动力，推动多方力量协同互动，实现共建共治共享，实现文旅融合的可

持续发展的目标。文旅、财政、科技、教育、农业、水利等多部门需要加强协同，有效发挥各部门的专业优势。进一步发挥长三角一体化发展领导小组办公室宏观统筹作用，搭建多部门行动结构框架，编制文旅融合重大项目跨部门综合监管事项清单，制定工作指引。建立文旅融合发展部门联席会议制度，应对文旅融合项目实施中的矛盾和问题，定期会商，理顺各职能部门间的职责划分和主体分工，设立部门信息联络员，负责项目推进情况的沟通和反馈。建立通畅、高效的部门间沟通渠道，以规避“多龙治水”现象的发生。统筹长三角地区区域合作，共建基础设施，共抓服务配套，增强长三角地区文化利用的协同性。

参考文献

郝挺雷：《产业链视域下数字文化产业高质量发展路径研究》，《理论月刊》2020 年第 4 期。

何一民：《推进长江沿江城市文旅融合与旅游业转型升级的思考》，《中华文化论坛》2016 年第 4 期。

珠三角与南部沿海地区

Pearl River Delta and South Coastal Region

B.9

中心城市视角下粤港澳大湾区协同发展的问题及建议

龙建辉　朱哲桐*

摘　要： 《粤港澳大湾区发展规划纲要》把“内地与港澳深度合作示范区”作为粤港澳大湾区建设的五大战略定位之一，构建开放型区域协同发展共同体是实现这一战略定位的重要举措，而“探索协调协同发展新模式”是实现这一战略定位的关键策略。发挥“一国两制”独特优势，推动有效市场与有为政府共同发力，创新体制机制，将四大中心城市优势充分激发出来，是推进粤港澳大湾区协同发展的方向。

关键词： 中心城市　粤港澳大湾区　协同发展

---

* 龙建辉，博士，广东省社会科学院企业研究所研究员，研究方向为技术创新、公司治理、商业模式等；朱哲桐，广州大学公共管理学院社会学专业。

《中共中央关于制定国民经济和社会发展第十四个五年规划和二〇三五年远景目标的建议》提出，“布局建设综合性国家科学中心和区域性创新高地，支持北京、上海、粤港澳大湾区形成国际科技创新中心”。[①] “一国两制”框架下，人才、资本、信息、技术等要素难以在短时间内实现自由流动，解决这一问题的关键是在粤港澳大湾区构建开放型协同发展共同体。需要通过体制机制改革和创新推动要素便捷流通，释放粤港澳三地核心优势潜能，为粤港澳大湾区协同发展提供有力支撑。

一 粤港澳大湾区中心城市的优势现状

“一国两制”下，协同发展的本质是在要素自由流通的基础上，通过构建协同发展网络，实现要素和资源的高效配置。换句话说，就是通过有效的机制提升要素和资源适配能力，最终实现粤港澳大湾区的协同发展。“广州—深圳—香港—澳门”科技创新走廊连贯着大湾区的四大中心城市，是未来大湾区实现协同发展的主体，要素资源应优先在这四个中心城市实现自由流动和高效配置。为此，厘清以上四个中心城市的核心优势，才能有的放矢地提升粤港澳大湾区的协同发展能力。

（一）广州：老城市丰富协同发展的底色

广州是国务院定位的国家历史文化名城、国际综合交通枢纽和国际商贸中心。《粤港澳大湾区发展规划纲要》（以下简称《规划纲要》）提出要“全面增强国际商贸中心、综合交通枢纽功能，培育提升科技教育文化中心功能，着力建设国际大都市”。[②] 广州属于老城市，教育资源、商业网络、工业基础等是其核心资源。

---

① 《中共中央关于制定国民经济和社会发展第十四个五年规划和二〇三五年远景目标的建议》，中华人民共和国中央人民政府网站，http://www.gov.cn/xinwen/2020-11/03/content_5556991.htm，2020年11月3日。

② 《粤港澳大湾区发展规划纲要》，人民出版社，2019。

第一，教育资源夯实协同发展的人才基础。相比其他湾区内中心城市，广州各种教育资源较为丰富，包括但不限于：华南师大附小、培正小学、朝天小学等著名小学；华南师大附中、广州执信中学、广州大学附中等著名中学；中山大学、华南理工、华南师大等国内知名大学。2019 年，在校研究生 11.24 万人，研究生教育招生 3.95 万人，毕业生 2.67 万人。普通高等教育本专科招生 36.16 万人，在校生 115.30 万人，毕业生 29.00 万人。

第二，商业网络奠定了协同发展的市场基础。广州作为中国最大、历史最悠久的对外通商口岸和海上丝绸之路的起点之一，有“千年商都”之称，呈现行业全、网点多、渠道畅等商业特色。其中有商业网点 10 万多个，包括灯光夜市、大型购物商场、集贸市场等；形成了北京路、江南大道、上下九路、第十甫、东山口、珠江新城等商圈。特别是具有“中国第一展”称号的中国进出口商品交易会（即“广交会”）从 1957 年至 2021 年底，已成功举办 130 届，为国内外采购商和销售商提供了持久而广泛的交流平台。

第三，工业基础提供了协同发展的价值场所。中国 40 个工业行业大类中，广州拥有 34 个，可谓工业门类齐全，而且轻工业和重工业并重，长期的精耕细作逐步沉淀为华南地区的综合性工业制造中心和中国重要的工业基地。2019 年，广州工业增加值 5722.94 亿元，在广州生产总值中的占比为 24.22%，其中电子产品制造业、石油化工制造业和汽车制造业是广州的三大支柱产业，占全市规模以上工业总产值的比重为 51.40%。

（二）深圳：新城市增添协同发展的成色

《规划纲要》提出“发挥作为经济特区、全国性经济中心城市和国家创新型城市的引领作用，加快建成现代化国际化城市，努力成为具有世界影响力的创新创意之都”。[①] 2019 年，深圳 GDP 为 26927.09 亿元，同比增长 6.70%。金融业、文化及相关产业（规模以上）、物流业、高新技术产业成为四大支柱产业，2019 年其增加值合计为 17487.35 亿元，占 GDP 比重为

① 《粤港澳大湾区发展规划纲要》，人民出版社，2019。

64.95%，其中，金融业增加值3667.63亿元，占GDP比重为13.62%；物流业增加值2739.82亿元，占GDP比重为10.18%；文化及相关产业（规模以上）增加值1849.05亿元，占GDP比重为6.87%；高新技术产业增加值9230.85亿元，占GDP比重为34.28%。战略性新兴产业①近年来也成为深圳经济发展的亮点，2019年其增加值合计10155.51亿元，占地区生产总值比重为37.70%，同比增长8.80%。因此，深圳至少包括以下三个核心优势。

其一，持续的创新动能。经过改革开放40多年的发展，深圳经历了从要素驱动到创新驱动的探索过程，在实践中创新也慢慢成为深圳的发展基因。深圳在国家创新发展战略中发挥了先行先试的示范作用，2014年，国务院批复深圳成为中国首个以城市为基本单元的“国家自主创新示范区”，其新一代信息产业、生物科技、新能源等产业处于国内领先地位。深圳是全国创新创业环境最优城市之一，也是全球知名的“创新之都”，紧跟世界科技潮流，有效市场和有为政府既融合联动又边界清晰，孕育出了一批国内外知名的高科技企业，如华为、腾讯、华大基因、比亚迪等。正因为深圳对高科技企业的孵化能力，英国《经济学人》杂志把深圳称为“硅洲”。

其二，逐步激活的创意设计产业。改革开放40多年来，深圳传统优势产业逐步从“前店后厂”模式向价值链高端转型。深圳具有八大传统优势产业，包括珠宝、内衣、眼镜、钟表、皮革、服装、工业设计、家具等，通过“设计驱动创新”，协同推动品牌建设，传统产品逐步恢复活力并赢得市场。深圳传统优势产业在多年的转型思路推动下逐步升级为时尚创意产业，“深圳品牌”“深圳时尚”正在走向国际时尚舞台。产业发展离不开人才的集聚，深圳通过打造优越的创意环境，吸引了大量全球顶尖设计师，在创意

---

① 其中，新一代信息技术产业增加值5086.15亿元，增长6.60%；数字经济产业增加值1696.59亿元，增长18.00%；高端装备制造产业增加值1145.07亿元，增长1.50%；绿色低碳产业增加值1084.61亿元，增长5.30%；海洋经济产业增加值489.09亿元，下降13.90%；新材料产业增加值416.19亿元，增长27.60%；生物医药产业增加值337.81亿元，增长13.30%。

设计推动下深圳形成了很多知名的自有品牌，如维珍妮、曼妮芬、安莉芳、黛丽斯、都市丽人等。

其三，错位发展的资本市场。深圳证券交易所与上海证券交易所、北京证券交易所实现错位发展的思路，为中小企业和创业型企业提供了融资平台，为实现我国经济高质量发展做出了重要贡献。截至2019年底，深圳证券交易所上市公司合计2205家，同比增长3.33%；总发行股本21520.50亿股，增长8.3%；总流通股本17317.40亿股，增长11.4%。

（三）香港：自由城彰显协同发展的本色

香港作为国际大都会，中西文化交融，形成了资本、高端人才等要素和资源的集聚优势，属于全球最自由、最开放的城市之一。在粤港澳大湾区发展战略上升为国家战略之后，香港正在主动融入国家发展大局，香港独特的发展要素和资源，正在彰显自由之城协同发展的本色。

一是高端服务型人才为大湾区协同发展增加核心资源。自改革开放初期，香港开始推动制造业外移（主要转向了珠三角）并实现本地产业向服务业转型，40多年来培育并形成了“四个主要行业（金融、贸易及物流、旅游、专业与工商服务）”和“六项优势产业”。2019年，香港的地区生产总值（GDP）为2.86万亿港元，其中“四个主要行业”和“六项优势产业”增加值合计为1.79万亿港元，占GDP的比重为62.59%；就业人数合计226.27万人，约占香港总就业人数的58.78%。因此，香港以服务型人才为主，而服务型人才主要在“四个主要行业”和“六项优势产业”集聚。在粤港澳大湾区协同发展的过程中，这些处于各行各业的高端服务型人才必将发挥重要支撑作用。

二是香港证券交易所对内地企业的融资功能正在逐步加强。发挥香港证券交易所的平台作用是巩固和提升香港作为国际金融中心地位的重要体现之一。香港证券交易包括主板和创业板，其中，上市公司分为香港本土和外资公司、中资H股、中资红筹股以及中资的民营股四种类型。截至2019年底，香港恒生指数达到28189.75点，上市公司共2449家（新增165家），总市值38.06万亿港元，同比增长28.00%。港交所为内地企业提供了重要的融资功能，截至2019年底，在香港上市的内地企业（中资股）达到1241家，占整个港股市场的比重超过50.68%，总市值占比73.30%。港交所吸引着全球的资本要素，随着“沪港通”和“深港通”逐步放开，港股（含REITs）也吸引了众多内地投资者。

三是世界一流的大学资源为大湾区协同发展培养世界一流人才。根据Quacquarelli Symonds（QS）《2019年世界大学排名榜》的评价结果，香港有4所大学进入世界100强，且在计算机科学、电机及电子工程、机械工程等学科领域排名世界领先（见表1）。这4所大学及其三大优势学科在推动粤港澳大湾区建设中将发挥重要作用。

表1　香港四所世界100强大学及学科排名

学校	综合排名	计算机科学学科排名		电机及电子工程学科排名		机械工程学科排名	
		QS	THE	QS	THE	QS	THE
科大	37	14	28	23	18	24	18
港大	25	26	55	32	30	33	30
中文	49	28	38	38	59	51~100	59
城大	55	50	74	51~100	60	51~100	67

资料来源：香港科创局；Quacquarelli Symonds（QS）《2019年世界大学排名榜》；时报高等教育（THE）《2018年全球年轻大学排名》。

四是全球化的商业网络。香港是自由贸易港，也是国际航运中心和国际贸易中心，全球很多企业均在香港设有总部，很多世界品牌均在香港销售。香港港口航线众多，通达全球，海运的便利化推动形成了连接全球大多数国家和地区的商业网络。在粤港澳大湾区背景下，融合联动发展将成为粤港澳合作的方向，利用香港企业已建立的商业网络，珠三角及内地企业能快速便捷地进入东道国市场，在此基础上推动“中国标准”“走出去”和国际产能合作。

（四）澳门：旅游城激活协同发展的角色

经过400多年（1553~1999年）欧洲文明的洗礼，澳门成为一个风貌独特、以博彩旅游为主的城市，留下了大量的历史文化遗迹。《规划纲要》提出要把澳门建设成为世界旅游休闲中心、中国与葡语国家商贸合作服务平台。[①] 澳门除了中医药产业具备一定创新基础之外，本地的发展要素和资源不强，但是在粤港澳大湾区的背景下，"融入""联动"成为发展的关键词，而协同发展不仅需要广阔的市场，也需要澳门这种旅游休闲平台作为生活性服务业激发多元要素的活力，因此，葡语国家商业网络和旅游文化资源成为澳门融入大湾区协同发展的独特优势。

第一，葡语国家商业网络。葡语国家是一个庞大的市场，全球目前有8个葡语国家，包括葡萄牙、巴西、莫桑比克、安哥拉、佛得角、几内亚比绍、东帝汶、圣多美和普林西比，人口超2亿。依托粤港澳大湾区国家战略，深化与葡语国家在经贸、文化等领域的合作，在葡语国家宗教文化、语言、风俗、法律、经贸规则等方面，澳门将发挥"超级联系人"的作用。1999年回归后，为了进一步加强与葡语系国家的联系，澳门在葡萄牙首都里斯本设立了"中国澳门驻葡萄牙经济贸易代表处"。[②]

第二，旅游文化资源。澳门文化是一种多元融合文化，以中华文化为主，兼容葡萄牙文化，既有着深厚的中华文化传统内涵，又兼具葡萄牙文化特质。历史景观（如大三巴牌坊）、现代建筑（如澳门旅游塔）、娱乐场所（如葡京赌场）、人文场所（如海事博物馆）、教堂等形成了澳门独具魅力的旅游文化特色。

二　粤港澳大湾区协同发展的突出问题

与其他三大"单核"的世界一流湾区相比，粤港澳大湾区是由四个中心城市组成的"多核"湾区，而且每个中心城市具有独特优势和发展经验，其核心优势亦各不相同。当前，粤港澳大湾区协同发展潜能尚未得到有效释放，主要问题如下。

---

① 《粤港澳大湾区发展规划纲要》，人民出版社，2019。

② 该办事处于2007年更名为"澳门驻里斯本经济贸易办事处"。

（一）协同发展要素流动不够通畅，配置不够高效

当前，我国经济发展正处于转型的关键期，创新驱动发展是实现成功转型的关键，而创新的底层逻辑是知识流动和知识交互的结果。[①] 粤港澳大湾区要实现协同发展目标，在理论上应该解决两个核心问题：一是需要形成若干有助于知识流动和交互的“创新空间”或“场”。在这个“场”中，人们有意识、全心全意地致力于一个共同的目标，通过人际互动和环境互动形成新的知识。二是需要在大湾区内形成协同发展网络。如果网络中节点的数量以算术级的速度增长，那么网络的价值就在以指数级的速度增长。在“一国两制”下，粤港澳社会制度不同、法律制度不同，分属于不同的关税区域，市场互联互通水平有待于进一步提升，生产要素高效便捷流动的良好局面尚未形成……部分地区和领域还存在同质化竞争和资源错配现象。[②] 在这种形势下，人才、资本、信息、技术等就缺乏形成知识流动和交互的“场”，要素就难实现有效或高效配置，进一步影响形成有效的“创新节点”，最终影响协同发展网络的形成。

（二）各地区对中心城市的核心优势缺乏深入了解

当前，珠三角的非中心城市及其粤东西北地区，未能深入了解并研究粤港澳大湾区四个中心城市的核心优势及其内生形成机理，缺乏精准对接相关协同发展要素和资源的基础。例如，香港有 4 所世界 100 强大学，具有丰富的创新要素和资源，但是香港高校“唯论文论英雄”的教师考核和职称晋升机制，促使众多教师只注重在世界 TOP 期刊发表文章，而忽视了发明创造和专利申请，更别说专利产业转化了，这种考核机制严重限制了这些要素和资源的创新潜能。再如，很多高级人才，更愿意在中心城市创业或就业，因为在中心城市的医疗、教育、商场、剧院等生活性服务业配套比较完善。

---

① 郭跃文、向晓梅等：《中国经济特区四十年工业化道路》，社会科学文献出版社，2020。

② 《粤港澳大湾区发展规划纲要》，人民出版社，2019。

要实现精准对接，必须在充分了解这些核心优势的基础上，进行精准招商、精准引才，才能达到事半功倍的效果。

（三）高租金高房价对企业和人才的双重“挤出效应”

建设国际科技创新中心，不仅要发挥“广州—深圳—香港—澳门”科技创新走廊的作用，更应该推动四大中心城市在粤港澳大湾区协同发展中发挥引领作用。但当前四大中心城市正处于传统产业转型难、新经济新业态新模式短时间难见效果的阵痛期，例如，广州三大支柱产业（汽车制造业、电子产品制造业和石油化工制造业）、深圳的八大传统产业、香港制造业空心化进而导致服务业空心、澳门产业过度单一等，均是粤港澳大湾区实现高质量发展需要着力解决的问题。高质量发展需要企业和人才作为支撑，但中心城市的高租金高房价对企业和人才造成了一定“挤出效应”，例如，香港科学园和数码港的高租金高地价，让许多创业型人才和成长性中小企业难以进驻。深圳是全球知名的“创新创意”之都，随着城市化发展和人员的集聚，其高房价和高租金居全国首位，这使很多中小企业和人才望而却步。

（四）基础设施“硬联通”和机制“软联通”发展不同步

广东省委、省政府在2019年7月公布的关于贯彻落实《规划纲要》的实施意见中提出，要强化跨境基础设施对接，在粤港澳大湾区内打造1小时交通圈，一方面要推动高水平基础设施互联互通，另一方面更要推动规则相互衔接。① 这充分说明当前粤港澳大湾区建设中，机制“软联通”滞后于基础设施“硬联通”。例如，“世纪工程”港珠澳大桥已于2018年10月24日建成通车，但通车后的交通流量一直偏低，大桥对粤港澳三地“联通效应”尚未显现。广深港高铁也于2018年9月23日建成通车，并实现了“一地两检”的通关模式，但在购票系统、通关时间、退票改签等方面仍然存在很

---

① 《省委、省政府印发关于贯彻落实〈粤港澳大湾区发展规划纲要〉的实施意见》，广东省人民政府网站，http：//www. gd. gov. cn/gdywdt/gdyw/content/post_ 2530491. html，2019年7月5日。

多不便利。随着深中通道、莲花山通道等项目规划和建设，以及启用莲塘/香园围口岸，加快建设横琴口岸（探索澳门莲花口岸搬迁）、粤澳新通道（青茂口岸）等新口岸项目，粤港澳大湾区基础设施的互联互通水平不断提升。但粤港澳三地的机制、规则衔接滞后于基础设施的互联互通，例如，工程、律师、会计、教师等从业资格互认，货物的检验检疫规则联通，人员和货物往来的通关便利化，网络数据的开放和跨境流动规则，资金流的限制和上市规则的不同，等等。

（五）各地区对中心城市的企业和人才吸引力不足

2019 年，粤港澳大湾区的地区生产总值（GDP）为 11.59 万亿元人民币，其中，广州、深圳、香港和澳门四个中心城市的 GDP 合计为 7.95 万亿元人民币，占粤港澳大湾区地区生产总值的 68.59%。其余七个城市地区生产总值仅占 31.41%。因此，大湾区内部的发展也不均衡不充分。改变这种现状的办法就是吸引中心城市的企业和人才去大湾区的非中心城市或粤东西北地区，但是需要满足这些企业和人才的发展预期，涉及投资环境、职业发展、家属就业、小孩入托等。如何提高对企业或人才的吸引力，解决企业和人才的后顾之忧，让企业和人才的发展预期得到满足，是摆在这些城市面前的一道难题。

三　推进粤港澳大湾区协同发展的建议

发挥粤港澳大湾区协同发展的网络效应，最主要的是充分挖掘和了解 9+2 个城市，特别是四大中心城市的核心优势，还应该注重各城市核心优势、要素和资源的互补关系，在此基础上，从合作基础、合作机制、创新环境等视角，妥善处理彼此之间的发展关系。

（一）加快粤港澳大湾区的制度型开放步伐

综合性、立体化的交通网络通过投资能够很快实现，但是香港和珠三角城市之间交通法律和规则存在差异，导致通关效率仍然偏低；全品类、多样化的商品需求通过珠三角庞大的制造网络可以快速得到满足，但是港澳和珠三角城市之间的检验检疫标准和条例存在差异，导致物资难以便捷流动；国际化、高视野的创新人才通过港澳的国际网络可以快速获得，但是港澳和珠三角的社会公共服务体系存在差异，导致港澳人才在就医、社保、子女教育、贷款置业等方面不便捷。因此，粤港澳大湾区建设是粤港澳合作的升级版，要实现由商品和要素的流动型开放向规则、法律的制度型开放的转变，政府需要在互联互通等公共产品供给上有所作为，协同推进设施的“硬联通”和机制的“软联通”，提升交通、网络和通信便利化水平，加强法律、法规、标准等方面的规则衔接与融合，进而提高城市对优质创新型企业和创新要素的吸引力，最终为“构建开放型协同发展共同体”扫清体制机制障碍。

（二）厘清完善粤港澳大湾区协同发展机制

粤港澳合作已经从“前店后厂”模式逐步过渡到“你中有我，我中有你；你就是我，我就是你”的“融入联动”模式。充分尊重并延续粤港澳合作的前期基础，推动粤港澳大湾区协同发展，必须从市场合作、有偿共享和价值变现三方面厘清协同发展机制。首先，对于资本、人才、土地、技术、信息、专利等创新要素，通过“市场合作”机制，推动要素高效流动（土地要素可以通过“飞地”模式得到高效利用）；其次，对于湾区内的世界级高校、医院、实验室（研究中心）、精密设备、大型科学装置等稀缺昂贵资源，可以在大湾区内实现“有偿共享”（或设立分支机构）；最后，对于要素和资源的高效利用，最终要体现出“价值效应”，粤港澳通过“拼船出海”可拓展“一带一路”沿线国家（葡语系国家）市场实现“价值变现”，也可以通过深交所、港交所在资本市场上实现“价值变现”，三地分享粤港澳大湾区的发展红利，增强融合联动与协同发展的可持续性。

（三）协同加快“硬环境”和“软环境”建设

各地区融入粤港澳大湾区建设，抢抓战略机遇，推动协同发展，还应该在生态环境（硬环境）和营商环境（软环境）上下足功夫。良好的生态环境是最公平的公共产品，是最普惠的民生福祉，应协同推进城市“亮化工程”、“绿化工程”和“美化工程”，打造宜居宜业宜游的创新创业高地；而良好的营商环境同样是最公平的公共产品，是最营养的企业福祉，各地区可以尝试“负面清单”制度，同时对中小企业在租金、税收、融资等政策上给予适当倾斜，吸引和聚集来自中心城市的高科技型、高成长型的优质中小企业。此外，还应该完善医疗、教育、住房、商场等生活性服务业配套，加大与香港医疗机构、基础教育、商业综合体的合作力度，做到高精尖人才“引得进、用得好、留得住”。

（四）强化研究并提升政策的科学性和精准度

除中心城市以外的大湾区内的城市及其粤东西北地区，应该在动态跟踪的基础上加强研究，积极应对变化，主动挖掘发展机遇。随着交通基础设施互联互通水平的提高，1 小时交通圈将推动粤港澳大湾区的空间融合，非中心城市特别是惠州、江门、中山、肇庆的空间区位优势更为凸显，这得益于其相较于香港和深圳的房价和租金优势。这些城市只要施策科学、精准，在粤港澳大湾区的战略机遇中将大有可为，比如一些中小型高成长的企业、一些专业型和科技型的年轻人才，应该还是愿意去这些经济压力和竞争压力相对小一些、发展前景看好的非中心城市。

（五）构建大湾区开放型区域协同发展共同体

《规划纲要》把“构建开放型区域协同创新共同体”作为“建设国际科技创新中心”的重要举措，在加强创新基础能力建设、加强科技合作、加强产学研融合等方面指明了发展方向。[①] 但是要实现粤港澳大湾区协同发展的目标，更为重要的是应该坚持“共商共建共享”的原则，充分尊重三地政府、企业和民众的想法，构建“命运共同体”、“利益共同体”和“责任

① 《粤港澳大湾区发展规划纲要》，人民出版社，2019。

共同体”。粤港澳三地的政府、企业和人民都是大湾区建设的参与者、见证者，在推动粤港澳大湾区协同发展的过程中，要充分听取并尊重三地政府、企业和人民的想法，把多元化观点、想法融入创新项目，集思广益，让大湾区成为协同发展的“利益共同体”、“创新共同体”和“命运共同体”。

参考文献

《中共中央关于制定国民经济和社会发展第十四个五年规划和二〇三五年远景目标的建议》，中华人民共和国中央人民政府网站，http：//www. gov. cn/xinwen/2020 – 11/03/content_ 5556991. htm，2020 年 11 月 3 日。

《习近平在中国共产党第十九次全国代表大会上的报告》，人民网，http：//cpc. people. com. cn/n1/2017/1028/c64094 – 29613660. html，2017 年 10 月 28 日。

《广东省委、省政府印发关于贯彻落实〈粤港澳大湾区发展规划纲要〉的实施意见》，广东省人民政府网站，http：//www. gd. gov. cn/gdywdt/gdyw/content/post _ 2530491. html，2019 年 7 月 5 日。

《粤港澳大湾区发展规划纲要》，人民出版社，2019。

〔日〕野中郁次郎、胜见明：《创新的本质》，林忠鹏、鲍永辉、韩金玉译，人民邮电出版社，2020。

郭跃文、向晓梅等：《中国经济特区四十年工业化道路》，社会科学文献出版社，2020。

〔美〕凯文·凯利：《新经济 新规则》，刘仲涛、康欣叶、侯煜译，电子工业出版社，2014。

B.10
粤港澳大湾区“极点”城市区域合作比较研究

陈世栋　蔡仕贤　王明珂*

摘　要： 本研究根据粤港澳大湾区 11 个城市的人口与经济增长的互动关系演化过程，总结了中心城市不同发展阶段的“极化”“涓滴”“网络”三大效应。中心城市在功能外溢阶段就产生了区域合作需求，在网络化阶段，随着合作领域扩大和方式的演化形成了新的模式。本研究构建了基于“空间临近、功能互补、政府与市场作用”三大因素组合演化的解释框架，分析大湾区“极点”城市间的区域合作模式，重点比较了“广佛同城”“深莞惠一体化”两大模式的发展历程及其主要经验，以期为其他城市开展区域合作提供借鉴。

关键词： 粤港澳大湾区　“极点”城市　区域合作

区域经济学理论认为，当区域中心城市经历了极化发展实现规模壮大之后，逐渐产生溢出效应，产生城市区域化现象。同时，由于中心城市和外围城镇之间的联系增强，经济圈、都市圈、城市群等新的空间分布形式出现。受成本距离和功能需求影响，中心城市和外围城镇形成新的合作模式。改革

* 陈世栋，博士，广东省社会科学院经济研究所研究员，研究方向为区域与城乡发展；蔡仕贤，广东省社会科学院区域经济学硕士研究生；王明珂，广东省社会科学院区域经济学硕士研究生。

开放以来，中国大部分城市普遍经历了集聚发展、规模增大的过程，北上广深等城市综合实力不断增强，综合实力排名甚至从国内一线城市上升到国际一线城市。[①] 随着区域产业分工和协作关系的深化，产业转移、城市功能疏解、园区建设等领域产生了突破行政区划束缚的跨区域协调发展的需求。粤港澳大湾区（以下简称“大湾区”）11 个城市，面积 5.6 万平方公里，占全国的比重为 0.6%，2020 年，常住人口 8624.53 万人，[②] 占全国的 6.84%，GDP 占全国比重超过 11.67%，[③] 是全国最重要的开放型经济区。同时，大湾区内城镇密度高，集中了全国两大特别行政区（香港、澳门）、两个经济特区（深圳、珠海）和两个一线城市（广州、深圳），人口超千万的超大型城市已达三个（广州、深圳、东莞），此外还有大批的专业镇，核心区域内城镇间距离近，是中国城镇密集区和经济密度最高的地区之一，要素流动往来频繁，中心城市和外围城镇之间的发展梯度明显，具有区域合作的内在动力。《粤港澳大湾区发展规划纲要》提出要“极点带动、轴带支撑、辐射周边”，其中极点带动主要是发挥香港—深圳、广州—佛山、澳门—珠海强强联合的引领带动作用。[④] 多年来，极点城市间的合作发展形成了可资借鉴的经验。

一　粤港澳大湾区的三大“极点”总体演化特征

（一）极化效应：中心城市能级逐渐跃升

从经济和人口规模来看，2020 年，大湾区有广州、深圳、东莞三个超大城市[⑤]，特大城市则有香港、佛山和惠州，除了澳门外，其余均为大城市

① 详见 GaWC 的相关研究成果。
② 数据为 11 城常住人口汇总数，笔者根据《第七次全国人口普查数据》数据计算所得。
③ 根据《全国统计年鉴 2021》和《广东省统计年鉴 2021》数据计算所得。
④ 详见《粤港澳大湾区发展规划纲要》第 15 页。
⑤ 根据 2014 年中国城市的分类指标，将城区常住人口超过 1000 万的城市称为超大城市，500 万～1000 万的城市称为特大城市，100 万～500 万的城市称为大城市，50 万～100 万的城市称为中等城市，50 万以下的城市称为小城市。

（见图1）。另据全球化与世界城市（GaWC）研究网络的全球城市排名，[①] 2000年，大湾区仅有香港和广州上榜，香港位居全球第三（Alpha+级）；广州位居全球第109（Gamma－级）。2020年，大湾区入列的城市为香港（Alpha+，全球第三），广州和深圳均为Alpha－级，排名分别为第34和第46。广州、深圳两市已经从国内一线城市晋升为世界一线城市，香港、广州和深圳成为大湾区核心发动机。

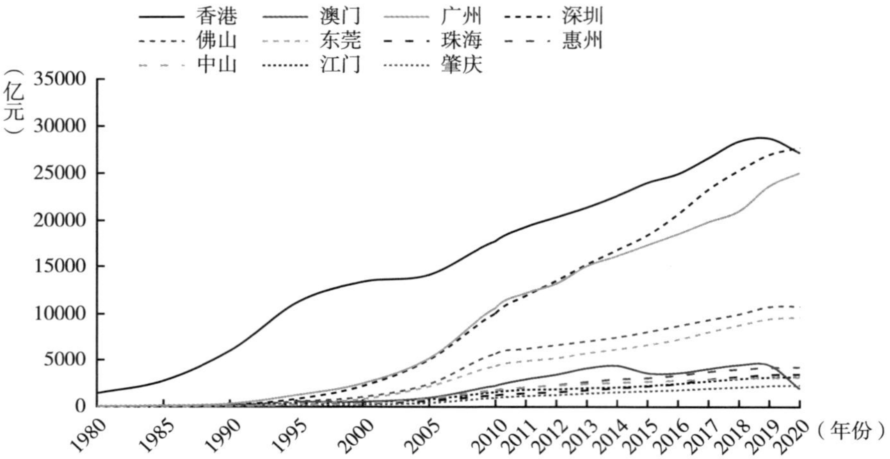

图1　粤港澳大湾区11城市GDP

资料来源：课题组根据相关统计年鉴资料整理绘制。

（二）涓滴效应：极点城市“组合化”逐渐加深

得益于靠近港澳的区位优势、改革开放带来的经济特区建设等契机，大湾区中心城市逐渐由单个城市演化为由三个城市组合所形成的“超级城

① GaWC自2000年起发布《世界城市名册》，将全球361个城市分为四个等级，即Alpha（世界一线城市，分为Alpha、Alpha+、Alpha++、Alpha－）、Beta（世界二线城市，Beta+、Beta、Beta－）、Gamma（世界三线城市，Gamma+、Gamma、Gamma－）、Sufficiency（自给型城市，可理解为世界四线城市）。

市”，基于“国际—国内”“服务—制造”“创新—转化”的功能互补性，组合形成了强大的超级辐射源，出现了“组合化”现象，即“香港—深圳”“澳门—珠海”“广州—佛山”三大组合城市，形成新的区域增长极。随着组合城市间规模增长和功能互补性的进一步增强，对湾区内外直接和间接腹地辐射带动能力逐渐强化。

（三）网络效应：“三极”—“三圈”—“网络”体系成形

三大极点逐渐孵化出了三大都市圈。随着核心城市要素密度不断增长，极点城市的组合不断深化，逐渐从三极演化成三圈，即围绕极点城市形成的港—深都市圈、广—佛都市圈和珠—澳都市圈。以都市圈作为区域极核，形成新的中心—外围圈层结构，分别是以深圳和香港为核心城市，以东莞、惠州为中间圈层，以汕尾、河源为外围的“港深都市圈”；以珠海与澳门为核心城市的“澳珠中江＋阳江都市圈”；以广州、佛山为核心城市，以清远、肇庆为中间圈层，以云浮、韶关为外围圈层的“广佛肇＋清云韶都市圈”。三大都市圈的地理边界已超越大湾区的范围。本研究在分析主要合作模式时，基于数据的可获得性，侧重于对广州都市圈①、深圳都市圈②和珠江口西岸都市圈③的分析。另外，三大都市圈向外延伸逐渐形成新的区域城镇网络。在三大都市圈中，除了港广深等强核心城市外，佛莞作为特大城市，珠海、中山、惠州、江门、肇庆为大城市的三大梯队基本形成，同时，以博罗、鹤山、恩平、台山、开平、怀集、封开、德庆、四会等小城市和多层级专业镇为支撑的城镇等级结构也基本形成，中心城市和腹地之间的联系强度也不断增大，形成了新的区域城镇网络体系。

---

① 广州都市圈包括广州、佛山全域和肇庆、清远、云浮、韶关等四市的都市区部分。

② 深圳都市圈包括深圳、东莞、惠州全域和河源、汕尾等两市的都市区部分。

③ 珠江口西岸都市圈包括珠海、中山、江门、阳江四市。

二 解释框架与极点城市区域合作主要模式

（一）解释框架

本研究认为极点城市与周边城镇合作模式的差异主要基于中心城市的能级（人口、GDP 体量），叠加中心城市与外围城市之间的时空距离（成本）、功能互补性、有为政府与有效市场配合整合能力，这三大因素的不同组合，形成了中心城市不同的辐射带动模式，从而导致了都市圈发展模式的差异。

1. 地理邻近性

邻近性是区域经济要素得以接触的先决条件。邻近性又分为认知邻近性、组织邻近性、制度邻近性、社会邻近性与地理邻近性。城市合作需要借助空间媒介，因此，地理邻近性是要素流动的最重要因素，不管是“中心—边缘”“核心—外围”还是梯度发展模式，均包含了对地理邻近重要性的说明。而按照地理临近性，又可分为接壤的近域临近和不接壤的跨区域临近，不同的地理临近模式下，区域合作的强度和方式均导致合作模式的差异。

2. 功能互补性

不同的基础禀赋、区位优势和政策优势组合，推动城市形成了不同的模式差异，体现为城市经济结构的差异和空间结构的差异。区域城市间分工逐渐深化，产生了相互间的功能需求，如省域内基于行政职能的地级市对省会城市的需求、出口导向型城市对海关口岸的需求、大宗商品运输对于港口的需求、制造业城市对于高端服务业的需求等。功能的需求，是城市合作的前提。因此，中心城市与外围城市之间的合作，主要从功能性进行辨别。

3. 政府与市场作用强度

在邻近性和功能需求的基础上，可能会形成市场自发推动的产业合作，但更高更深层级的合作需要政府的推动，如跨城市间基础设施的修建、公共配套设施等。但不同城市之间具有竞争的关系，特别是在中国地方分权的GDP 锦标赛驱动下，城市之间对于要素的竞争非常激烈，政策管制导致的市场分割多年来是区域差异的主要原因。因此，当顺应市场需求带来的效益大于政府间竞争带来的效益时，政府才有动力推动跨城合作。政府与市场力量的博弈是必须考量的因素，并且两者强度的差异也导致形成不同的模式。

（二）主要合作模式比较

早在大湾区发展战略上升为国家战略之前，香港—深圳、珠海—澳门、广州—佛山之间基于地理相邻，早已开始合作探索，推动了“深港科技创新特别合作区”“前海深港现代服务业合作区”“横琴新区”“广佛高质量发展融合试验区先导区”等载体建设，积累了大量的经验。2017 年之后，为强化极点带动作用，深港、珠澳、广佛合作揭开了新的篇章。在上述框架下，大湾区内极点城市合作模式主要形成了“邻域渗透型”“跨圈层蛙跳式”“跨圈层协同”三个模式以及数个亚类。基于数据的可获得性，本研究重点分析广佛同城、深莞惠一体化两个模式。

1. 广佛同城化：从邻域同城化到全域同城化

（1）综合距离：广佛社会经济时空距离较近

广佛两市地处珠三角核心区，是历史同源的南番顺地区，基础禀赋相似。两市接壤地段长，佛山南海、顺德、蝉城与荔湾、番禺、白云、花都、南沙等广州重要片区在空间上已连绵成片，城市间的边界日渐模糊。从交通通勤来看，两市联系较强，广州核心圈的通勤人口覆盖广州、佛山大部分地区，以及周边的肇庆四会、端州城区、东莞虎门镇等地区；广州 1 小时交通圈覆盖佛山大部分地区、中山部分地区，覆盖半径约 50km。按照大都市圈 50 公里辐射半径、25 公里核心半径计，广州辐射外溢对佛山整体城市格局发展影响巨大。

（2）政府与市场作用：从市场自发推动到政府有效引导

广佛同城化发展共经历了四个阶段，分别为：2000 年以前的民间自发萌芽阶段；2000 ~ 2008 年的功能联系强化阶段；2009 ~ 2014 年的基础设施协同建设阶段，2009 年，两市签署了《广州市佛山市同城化建设合作框架协议》，2010 年广佛地铁开通，两地还在市政、通信、环保等多个领域展开合作；2015 年至今的向深度融合阶段。2015 年以来，两市和部分下属城区签署了多份文件，推进广佛新城、三山—东沙粤港澳高端服务产业合作区、佛山一环创新圈、三龙湾高端要素集聚区等重大区域战略平台建设，广佛同城从初步对接逐步走向全面共融（见表 1）。

表 1　广佛同城化合作内容一览

领域	举措
发展规划	《广佛同城化发展规划（2009—2020 年）》《广佛同城化"十三五"发展规划（2016—2020 年）》《五沙地区同城整合规划》《花都空港地区同城整合规划》《广佛两市轨道交通衔接规划》《广佛肇清云韶经济圈发展规划》并编制广佛同城化建设城市规划和交通基础设施、产业协作、环境保护 3 年工作规划等
基础设施	广佛高速、广明高速、东新高速、平南高速、广佛环线等高快速公路建设及扩建。广佛江珠城际、广佛肇城际、广佛地铁、广州地铁七号线西延、佛山轨道交通二号线引入广州南站等轨道交通衔接建设
产业合作	打造两市百家企业技术中心（国家级、省级）行业创新平台。共建广佛肇（怀集）经济合作区。推进金融服务同城化一体化建设和广佛旅游合作、港航合作、科技创新合作。广佛港口资源整合利用，举办制造业重点专业展会和广佛欢乐购物节等，开展金沙洲综合商业城建设项目
生态环保	联合开展环境应急监测演练、河道日常保洁合作，共同开展大气污染联防联治。共同开展珠江水域保洁及交界处饮用水源保护区监管等
社会民生	开展广佛两市政务同城化工程，实现多个事项在两地窗口跨城通办。实现就业信息共享。共同举办多项体育赛事和活动，实现广佛体育资源共享。推进广佛肇三市社保对接、基本实现医疗保险异地就医即时结算

2. 深莞惠一体化：邻域边缘扩散型

深圳、东莞和惠州的一体化进程肇始于三市的接壤地区。20 世纪 90 年代以来，以产业联动为主，形成了自发的市场联系。2009 年后，政府顺应市场需求，主要推动三市一体化深化发展。

（1）邻域接触性探索，渐进式政府推动

一是接触性探索。2009 年，为落实《珠江三角洲地区改革发展规划纲要（2008—2020年）》中的“优化珠江口东岸地区功能布局”和广东省政府《关于加快推进珠江三角洲区域经济一体化的指导意见》，深莞惠三市召开第一次联席会议，宣布正式实施珠江口东岸地区经济一体化战略。同年，三市联席会议明确基于基础设施、产业发展、城乡规划、环境保护、公共服务等深化三市一体化。

二是渐进式的深化推动。2010年，三市召开的联席会议重点协同解决边界地区属地规划管理与区域整体协调发展之间的矛盾。2011年，第五次联席会议提出在深圳市龙岗区坪地街道、东莞市清溪镇和惠州市惠阳区新圩镇三市接壤处建设坪新清产业合作示范区，深莞惠合作走向纵深。2013年，三市通过了《深莞惠区域协调发展总体规划（2012—2020）》。2014年4月，《深莞惠交通运输一体化规划》出台，提出实现深莞惠中心城区之间、中心城区与主要组团间1小时互通，与周边城市、港澳间2小时互通，运输服务网络全覆盖。10月，深莞惠经济圈扩容，形成“3+2”（深莞惠+汕尾、河源）模式。2016年，深圳宣布实施“东进战略”，惠州相应提出了实施对接深圳的“海绵行动”。2018年，深莞惠（3+2）党政联席会议提议在三市临近地区建设“深莞惠区域协同发展试验区”。

（2）极点城市推动下的区域产业分工

一是极点城市对周边带动能力逐渐加强。2013年以来，深圳市属国企累计在东莞、惠州、河源和汕尾投资超过180亿元，深圳地域狭小而规模扩展较快，产业外溢为三地合作提供了基础。在深莞产业合作方面，2014~2016年，东莞引自深圳的项目604宗；2017年，东莞引进的亿元以上内资项目175宗①，其中来自深圳的内资占最大的份额。在深惠合作方面，惠阳地区近八成企业来自深圳，2016~2019年，惠阳共引进深圳转移项目66宗，其中高新技术企业项目34宗，占51.5%。大亚湾引入深圳企业超过100家，主要为总部（研发）+基地模式，其中部分计划将总部搬至大亚湾。

二是外围城市从被动承接到主动联动。凭借着区位优势、土地和人口成

① 《深圳打造“先行示范区”，东莞面临新的机遇与挑战》，《东莞日报》2019年9月10日。

本优势等，东莞在承接深圳产业溢出的过程中，相比惠州更具有先发优势。在深圳逐渐升级的过程中，发展动力逐渐从外贸和投资驱动转向创新驱动，低端产业转移的趋势愈加明显，莞惠积极建设高端产业平台载体，主动对接深圳（见表2）。东莞从改革开放初期就和深圳形成了密切的产业合作关系，比如临深片区围绕深圳发展外向型经济，建成大量的电子信息、机电、纺织等专业镇。东莞还花大力气打造了松山湖产业园、滨海湾新区、水乡新区、东部产业园、东南临深片区等平台。此外，三市在生态环保合作方面，围绕水污染、大气污染、固体废弃物处理等也进行了一系列合作。

表2　莞惠承接深圳产业转移情况

城市	方式	内容
东莞	市经济和信息化局牵头成立了“东莞市莞深产业合作促进化”	协助莞深共建产业园区开展招商引资工作，并进行产业转移项目的跟踪和服务
	塘厦镇成立招商引资办公室	以承接深圳高端产业转移为首选
	清溪镇与深圳市投资控股有限公司合作签约成立公司	投资500亿元打造生态科技城，承接深圳产业
	黄江镇在深成立经贸合作交流会	2017年黄江镇在深圳召开两次大规模的经贸合作交流会，签约30个优质项目，总投资超70亿元
	凤岗镇“揽月”和“造月”计划	利用凤岗区位优势，引入深圳的高端和优质企业
惠州	区县市设立驻深招商机构	2019年重点面向深圳高新技术企业进行招商

三　区域合作成效比较：广佛同城和深莞惠一体化

为了分析极点城市间区域合作成效，本部分重点选取广佛同城和深莞惠进行比较说明。珠江口西岸地区内各个城市规模体量较小，相互之间的合作力度不强，因此重点比较广—佛和深—莞（莞惠）之间的合作发展绩效。总体来看，广佛同城发展的速度要明显快于深莞惠一体化。

深莞赶超广佛。广佛GDP从2010年的16306.13亿元增长到2020年的35835.58亿元，而同期深莞惠GDP则从16132.46亿元增长到41542.22亿元，其中深莞 GDP 则从 14408.90 亿元增长到 37320.43 亿元，表明自深莞惠一体化和广佛同城战略启动以来，深莞惠一体化呈现赶超发展势头，从深莞和广佛来看，深莞 GDP 自 2016 年超越广佛之后，就一直处于加速发展的过程中（见图 2、图 3）。

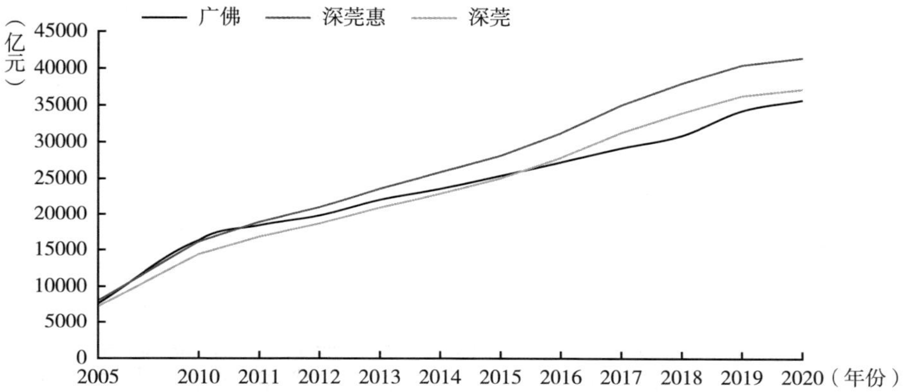

图 2　广佛及深莞惠的经济规模演化

资料来源：课题组根据相关统计年鉴资料整理绘制。

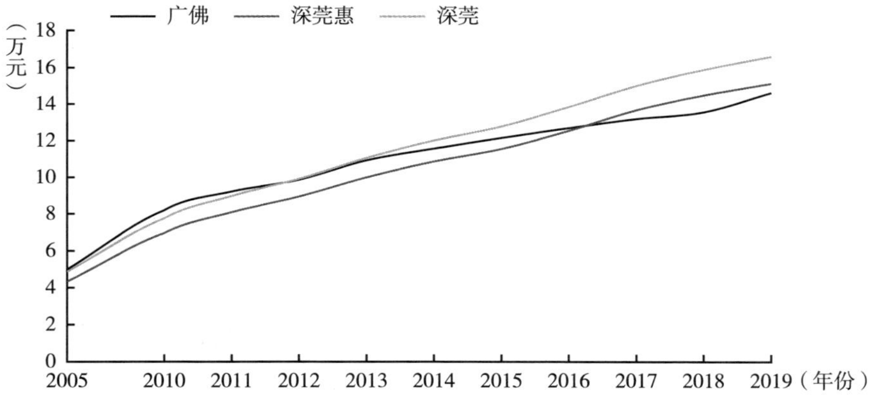

图 3　广佛及深莞惠人均经济规模演化

资料来源：课题组根据相关统计年鉴资料整理绘制。

深莞与广佛的产业结构均趋向高端化，广佛的第三产业成为其经济发展的第一驱动力，深莞的工业对经济发展的贡献依然较大（见图 4）。从第三产业与第二产业比值来看，2020 年，广佛达到了 1.79，而深莞则为 1.38，结合深莞的 GDP 规模和增速均高于广佛的事实来看，说明深莞第三产业作用不断增强，但第二产业依然是其经济发展非常重要的引擎。

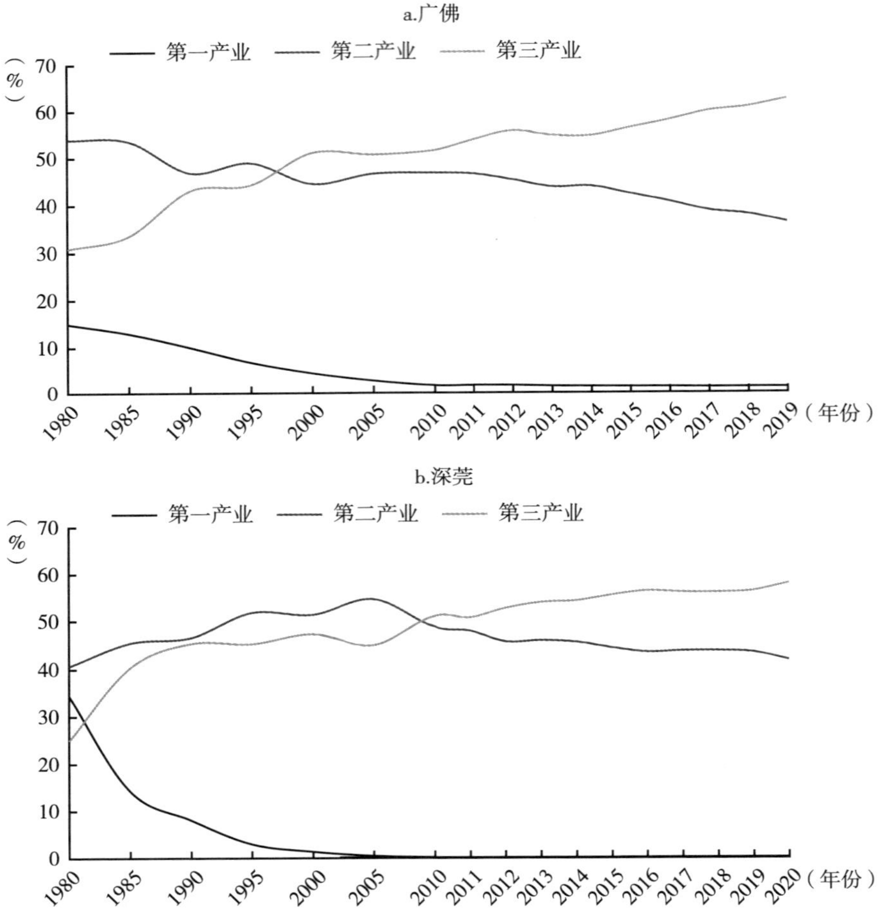

图 4　广佛与深莞三次产业结构演变

资料来源：课题组根据相关统计年鉴资料整理绘制。

投资对广佛的经济拉动作用大于深莞，外贸对深莞的经济拉动作用大于广佛。以投资、消费和外贸作为经济发展的三大传统动力来看，1990 年以前，深莞的固定资产投资占 GDP 的比重远高于广佛，这可能是由于深圳特区初创，基建投资大，推动了经济增长。1990 年之后，深莞的固定资产投资占 GDP 比重一直处于下行状态，2015 年开始，呈逐渐升高的趋势。广佛在 1995 年以前，虽然固定资产投资占 GDP 的比重处于波动状态，但 1995～2011 年，进入下行通道。2011 年后，总体保持稳定但略有增长，且远高于深莞，表明投资对广佛经济的拉动作用大于深莞。从外贸进出口占 GDP 比重来看，深莞则在任何年份均远高于广佛，最高的年份，深莞曾接近于70%，虽然 2010 年后一直呈下行趋势，但 2019 年依然比广佛约高出 11 个百分点（见图 5）。以社会消费品零售总额表征地区的消费水平，广佛和深莞接近，2020 年，广佛略高于深莞。总之，在三大动力中，投资是广佛的第一发展动力，而外贸进出口则是深莞的第一动力，表明了两个区域一体化地区的发展路径有很大的区别。

广佛已经走向全域同城和高质量融合发展的新阶段，深莞惠尚处于一体化的初级阶段。从广佛同城来看，第一阶段的目标已基本实现。广佛生活成本差异与产业互补催生了大量跨城通勤需求。佛山、广州高速公路密度分别位列全国第 2 和第 4，仅次于深圳、东莞。武广、贵广、南广、广茂、广珠和南沙疏港铁路等多条铁路串联广佛两市；广珠城际、广佛肇城际、广莞惠城际、广佛江珠和肇顺南城际等构成都市圈四通八达的城际轨道交通网。广佛两市地铁更是成为跨城市轨道交通互联的典范，未来将实现两市地铁一张网、一张票的构想。根据《广佛两市轨道交通衔接规划》，加上已建成通车的广佛线和即将通车的广佛环线，佛山未来将有 10 条地铁线接驳广州 13 条地铁线。交通一体化顺应了广佛两市与周边地区旺盛的跨城通勤需求。

从深莞惠一体化来看，深莞惠间产业和企业自发的市场联系强度要大于政府间推动力度。深莞惠地区以深圳为龙头，围绕深圳的相关优势产业集群，逐渐形成了东莞的临深片区和惠州的临深片区，大量市场和资源“两头在外”的专业镇崛起，因而，珠江东岸地区的电子信息产业带产业分工非常紧密。深圳、东莞高速公路密度分别居全国第 1 位和第 3 位，惠州列第 33 位，一体化程度较高。除了交通一体化方面外，政府推动力度总体不强。

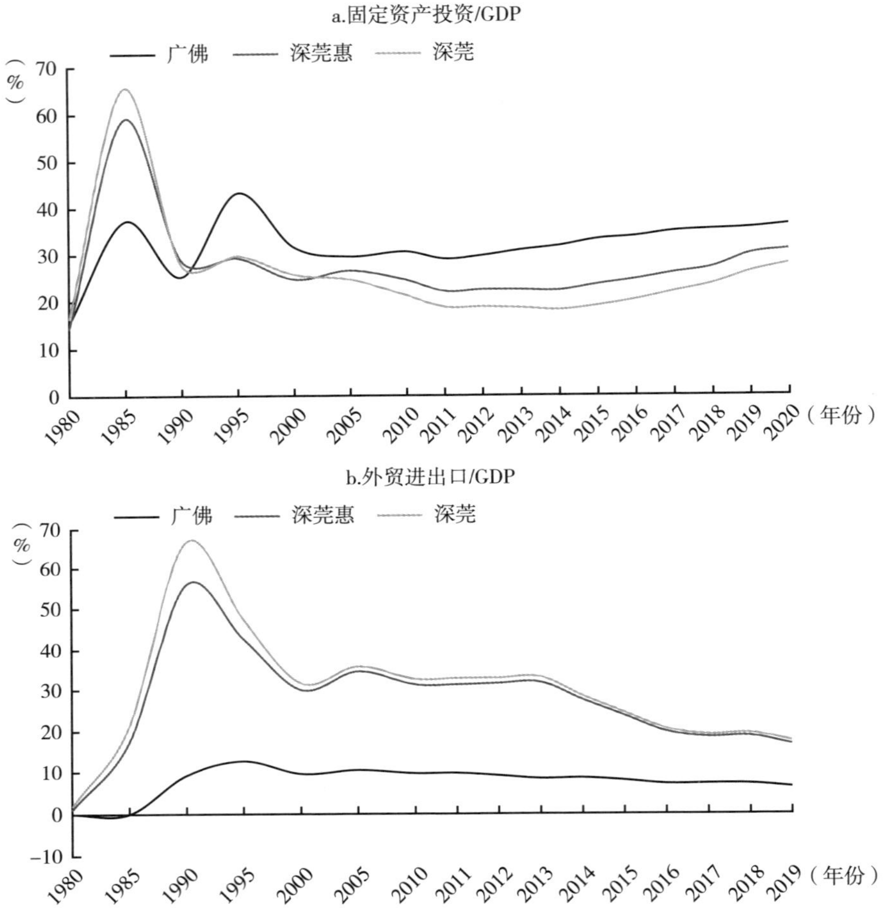

图 5　广佛与深莞的投资和外贸情况比较

资料来源：课题组根据相关统计年鉴资料整理绘制。

四　极点城市深化合作的对策建议

（一）将极点城市建设成为“全球城市”

强化广深高端功能和平台建设，增强全球资源配置能力。发挥广州作为国家中心城市和综合性门户城市作用，提升国际商贸中心地位，增强综合交通枢纽功能，培育科技教育文化中心，建设国际大都市。发挥深圳作为中国特色社会主义先行示范区、经济特区、全国性经济中心城市、国家创新型城市的引领作用，建成现代化国际化城市、具有世界影响力的创新创意之都、社会主义现代化强国的城市范例。推动广深两市聚合高端服务和创新功能，有序向周边疏解一般性产业特别是高消耗产业，以及教育、医疗等部分公共服务功能。进一步缓解大都市人口过度集中、居住条件恶化、房价难以负荷的问题，带动周边地区发展。

（二）将边界地区建设成为新增长空间

一是在广深接壤片区打造“广深联动结合片区”。联合编制都市圈空间规划，并编制不同都市圈之间的协调发展规划，实现都市圈内边界的“柔性化”和都市圈与都市圈之间的基础设施对接。次区域的跨市协调方案应着重制定详细的基础设施、产业和民生对接行动，先期可以从设备、公积金、公交互认等方面实现民生要素便利流动，中期可实现企业扶持政策、税收等政策的协同办理，促进企业要素跨区域配置的协同，减少要素跨界流动成本，远期取消要素跨界流动成本。通过共商共建的方式落实双方需求，解决经济社会发展中出现的矛盾。

二是深化港深合作，重点建设“双城三圈”。[①] 借助港深接壤地区“两湾一河”（深圳湾、大鹏湾、深圳河）空间形态、社会经济交流频繁、香港北部地区土地及生态资源优势，对接港深两地现有发展规划及城市发展战略，加强基础设施对接，共建“双城三圈”（“双城”是香港和深圳，“三圈”即深圳湾优质发展圈、港深紧密互动圈和大鹏湾/印洲塘生态康乐旅游圈）平台载体，促进两地优势互补融合发展，共建国际性大都会。香港重点建设北部都会区，形成以创科为引擎的都会区，借助深圳特区渠道加强与大陆合作，更好地融入国家发展大局。促进两地在经济、基建、创科、民生

① 详见 2021 年 10 月香港特别行政区行政长官林郑月娥的《施政报告》和《北部都会区发展策略》。

和生态环境的紧密合作。

三是全力建设横琴粤澳深度合作区。[①] 推动粤澳合作开发横琴模式创新，优化横琴“分线管理”政策，创新跨境金融监管机制，推动跨境数据流动。发展高新技术、品牌工业、现代金融、商贸消费、文旅会展、海洋经济等产业。加强与澳门在跨境金融、绿色金融、中药材现货交易等领域的深度合作。推进澳珠联通工程，争取国家支持珠海规划建设城际市域（郊）铁路。推动珠海保税区、洪湾片区、鹤洲片区以及航空产业园、高栏港经济区、万山海洋开发试验区与横琴粤澳深度合作区功能协调和产业联动。推动珠海强化与周边城市规划衔接、产业互补和基础设施联通，形成协同发展新优势。适时推进珠海、中山接壤地区的协同发展。

（三）从极点到都市圈：打造共建共治共享共美国际大都会

强化都市圈在极点城市中的集聚与辐射作用，围绕公共服务、环境治理和社会治理，以极点城市合作为重点，推动都市圈共建共治共享共美。

1. 推动优质公共服务共建共享

一是加强都市圈服务设施配置。推进都市圈内高等级创新服务设施建设，依托港深创新及科技园、中新广州知识城、横琴粤澳合作中医药科技产业园等重大创新载体，打造一批全国领先的高品质联合办公和社交空间。二是推进都市圈“十五分钟”社区生活圈建设。以服务常住人口 5 万 ~10 万人为单元，构建功能复合和职住平衡的社区生活圈，在居民生活圈内满足基本日常生活需求。结合智慧社区、未来城市的探索，大力发展智慧交通、智慧能源、智慧市政，为居民提供及时、高效、便捷的社区服务。三是打造具有国际影响力的公共服务设施体系。对标日本、韩国等发达先进地区配置标准，在国家和地方标准的基础上完善公共服务配置标准并予以提升与优化，打造具有全球影响力的现代化健康服务中心，加强跨城市的社会治理，建立共建共治共享的城市治理格局。

---

① 详见 2021 年 9 中共中央、国务院印发的《横琴粤澳深度合作区建设总体方案》。

2. 根据“双碳”要求，推动生态环境共保共治理

构建绿色生态网络，严格保护跨行政区重要生态空间。加强极点城市生态维护，编制都市圈生态环境管控方案，联合实施生态系统保护和修复工程。制定都市圈工业源、移动源和生活源排放污染治理规划。完成存量生活垃圾场治理任务。鼓励既有建筑节能改造，城镇新建建筑100%落实强制性节能标准。将建设用地土壤环境管理要求纳入城市规划和供地管理。探索生态保护性开发，建立生态产品价值实现机制、市场化生态补偿机制。

参考文献

王成港等：《利用夜间灯光数据的城市群格局变化分析》，《测绘科学》2019年第6期。

Beckmann M. J., Mcpherson J. C., “City Size Distribution in a Central Place Hierarchy: An Alternative Approach,” *Journal of Regional Science* 10 (1).

Taylor P. J., Hoyler M., Verbruggen R., “External Urban Relational Process: Introducing Central Flow Theory to Complement Central Place Theory,” Urban Studies 47 (13).

冯长春等：《基于城际轨道交通流的珠三角城市区域功能多中心研究》，《地理科学》2014年第6期。

王乾、冯长春：《城市规模的分布及演进特征——基于18个国家统计数据的实证研究》，《经济地理》2019年第9期。

侯赟慧、刘洪：《基于社会网络的城市群结构定量化分析——以长江三角洲城市群资金往来关系为例》，《复杂系统与复杂性科学》2006年第2期。

刘军：《整体网分析讲义：UCINET软件实用指南》，社会科学文献出版社，2009。

B.11

粤港澳大湾区“两个合作区”创新发展研究：制度型开放视角

陈志明*

摘　要： 前海合作区、横琴合作区是筑联港澳的“桥头堡”，是粤港澳大湾区推动高水平对外开放、建设国际科技创新中心的最前沿阵地。2021年9月，《全面深化前海深港现代服务业合作区改革开放方案》《横琴粤澳深度合作区建设总体方案》推动前海扩区、横琴升格，推进创新领域制度型开放成为“两个合作区”实现高水平改革开放的重点。从制度型开放视角出发，本研究论述“两个合作区”创新发展的经济、平台与环境基础条件，从开放方向、层次、结构、效能等维度探讨两个合作区创新领域制度型开放面临的困境与前进的方向，从坚持体制机制改革创新、坚持点线面结合、坚持创新主体地位提出推进创新领域制度型开放的基本原则，以制度体系建构、制度对接、制度引领、制度效能等为重点提出合作区从要素流动型开放转向制度型开放的若干对策措施。

关键词： 粤港澳大湾区　前海合作区　横琴合作区　创新发展　制度型开放

世界正面临百年未有之大变局，全球产业链价值链呈现明显收缩化、区

---

* 陈志明，博士，广东省社会科学院企业研究所副研究员，研究方向为技术经济、公共管理等。

域化特征，整体开放水平呈震荡缩小势头，[①] 区域间合作在稳定经济产业发展格局、增强地区竞争力、参与全球竞争、实现高水平对外开放中发挥的作用进一步凸显。2021 年 9 月，《全面深化前海深港现代服务业合作区改革开放方案》（以下简称《前海方案》）、《横琴粤澳深度合作区建设总体方案》（以下简称《横琴方案》）出台，赋予前海合作区“一平台一枢纽”战略定位和“扩区、改革开放”重点任务、横琴合作区“四新”战略定位和“四新”重点任务，粤港澳区域间合作迈向新阶段。制度型开放成为“两个合作区”创新发展的重点方向，两个方案合计有 20 处提及“制度”，19 处提及“科技”，20 处提及“人才”，53 处提及“创新”，41 处提及“开放”。要发挥三地区域间合作的规模效应、乘数效应、融合效应，提升创新领域制度型开放边界、层次、结构和能级，发挥制度型开放在促进跨境创新生产、要素集聚、知识融合与价值流动方面的作用，持续降低制度性交易和转换成本，助力形成开放型区域创新体系和粤港澳创新圈。

一　“两个合作区”创新发展的基础条件

经过十余年的开发建设，“两个合作区”基础设施便利化程度明显提高，经济、产业和企业发展活力不断增强，在珠江口东、西两岸发挥直接联系港澳以及促进三地资源融合、优势互补、政策联动的战略平台作用，为进一步推动创新发展以及制度型开放奠定了良好的基础（见表 1）。

表 1　“两个合作区”创新发展的基础条件

指标	前海合作区	横琴合作区
设立时间	2010 年 8 月	2009 年 8 月
面积(km^2)	14.90	106.46
GDP(亿元)	2500	407

① 根据《世界开放报告 2021》，尽管全球约八成经济体扩大开放，但世界整体开放度则呈震荡缩小势头。2008 ~2019 年，全球 129 个主要经济体间开放指数从 0.779 降至 0.748。

续表

指标	前海合作区	横琴合作区
GDP 占全市比重(%)	9.3	11.7
外贸进出口总额(亿元)	1286	246.6(2021 年 1~10 月)
外贸进出口总额占全市比重(%)	4.2	8.8
固定资产投资(亿元)	–	367.7
固定资产投资占全市比重(%)	–	16.5
实际使用外资(亿美元)	46.3	17.7
实际使用外资占全市比重(%)	53.3	69.4
企业数量(万家)	16.89	5.5
高新技术企业数量(家)	422	–
港澳企业数量(万家)	1.2(港资)	0.5(澳资)
港澳籍人才(名)	3652(港籍企业人才)	–
重点产业	金融、现代物流、信息服务、科技服务和专业服务	科技研发和高端制造产业、中医药等澳门品牌工业、文旅会展商贸产业、现代金融产业
发展平台	前海深港青年梦工场、海洋工程总装研发设计国家工程实验室、智能海洋工程制造业创新中心等	澳门科技大学横琴珠海研究院、中药质量研究国家重点实验室、珠海澳大科技研究院、粤澳先进智能计算联合实验室(建)等
发展环境	制度创新成果 645 项,在全国复制推广 65 项	推出逾 620 项改革创新措施,逾 10 项在全国复制推广

资料来源：笔者整理。

（一）增进创新空间的经济产业基础不断夯实

“两个合作区”基础设施逐步完善，便利化程度不断提升，主要经济指标快速增长，为推动制度型开放建立了良好的经济、产业和企业发展基础。

前海合作区扩区前总面积为 14.9 平方公里，实体经济发展较为成熟，经济总量达到千亿能级，每平方公里经济产出高达 172.8 亿元，经济密度、税收密度均位居全国同类新兴区域之首。2020 年实际使用外资 46.3 亿美元，占深圳市的 53.3%、广东省的 19.7%、全国的 3.2%，前海湾保税港区进出口总额在全国 14 个保税港区中位列第 1，以金融、现代物流、信息、科技等高端服务业为主导产业。前海合作区扩区后，土地空间增长 8 倍，“四上”企业数量、固定资产投资分别扩展 8.4 倍和 2.9 倍，实际利用港资占实际利用外资的 92.4%，拥有空港枢纽、海港枢纽、会展商务、现代服务等国际湾区核心发展要素，现代服务业、高端制造、未来经济产业呈集群发展趋势。前海合作区注册企业达到 16.9 万家，年均增长 99.5%，其中高新技术企业 422 家，港资企业 1.2 万家，注册资本 1000 万元以上企业占全市的比重为 32.8%，世界 500 强投资设立企业 335 家，持牌金融机构累计达 252 家，汇丰、恒生、喜用等众多相关知名企业投资前海，诞生了首家民营银行（微众银行），粤海全球供应链成为中国供应链行业首家独角兽企业，深圳百迈技术有限公司自主研发的核心底层检测算法库和零代码的流程编辑平台已成为我国工业智能化发展的关键核心技术。

横琴合作区总面积为 106.46 平方公里，基础设施逐步完善，新横琴口岸旅检通道、岛内主干路网、横琴大桥等对外连接的“大动脉”建成与开通。实体经济呈现快速发展态势，2020 年，横琴合作区 GDP 达到 407 亿元，是 2009 年的 143 倍，占珠海全市 GDP 的 11.7%，固定资产投资总额达到 367.7 亿元，占全市的比重为 16.5%，实际使用外资达到 17.7 亿美元，占全市的比重高达 69.4%，2021 年 1～10 月的外贸进出口总额约占全市的 8.8%。截至 2021 年 8 月底，横琴企业数量超过 5.5 万家，其中澳资企业约 0.5 万家，注册资本超 1300 亿元，314 家澳门企业在横琴跨境办公，成为内地澳资企业聚集最集中的区域。以科技研发和高端制造产业、中医药等澳门品牌工业、文旅会展商贸产业和现代金融产业等为代表的现代产业体系蓬勃发展。

（二）提升科创能级的平台建设取得积极进展

以技术创新、产业创新、服务创新和人才创新创业为导向，“两个合作区”积极打造科研创新载体、创客空间、孵化器等多层次创新平台体系和创新生态，积极推动粤港澳三地优势领域的嫁接。

在前海合作区，落户市级以上部门认定的各类创新载体 27 家，建有深港数字经济先导区、深港数字经济小镇、前海深港青年梦工场、深港设计创意产业园、深港创新中心、海洋工程总装研发设计国家工程实验室、智能海洋工程制造业创新中心等多层次创新平台。其中，前海深港青年梦工场由前海管理局、香港青年协会、深圳市青年联合会三方共同发起成立，占地面积5.8万平方米，重点支持智能硬件、移动互联网、文化创意等三大领域创业，累计孵化香港创业团队245家。

在横琴合作区，澳门大学等澳门高校的4个国家重点实验室均设立分部，成立澳门科技大学横琴珠海研究院、海洋能与氢能金属材料分实验室和氢燃机横琴研发中心等系列基础研究平台，在集成电路设计、人工智能、中医药等领域形成创新优势。澳门大学在大湾区的首个产学研示范基地——珠海澳大科技研究院已落户横琴国际产业园，澳门科技大学产学研基地正在建设，"粤澳先进智能计算联合实验室"算力全球规模最大。拥有横琴科学城、粤澳合作中医药科技产业园、粤澳跨境金融合作（珠海）示范区、横琴·澳门青年创业谷、中葡青年创新创业基地、国家海外人才离岸创新创业基地（珠海横琴新区）等系列创新创业平台。其中，横琴·澳门青年创业谷累计孵化企业（项目）747家、澳门创业企业（项目）335家。

（三）形成创新活力的发展环境持续优化

"两个合作区"高度重视营商环境、创新环境的塑造，出台各类优惠政策，在促进通关便利化、规则衔接，以及人流、物流、资金流、信息流便捷高效流动等制度创新方面亮点纷呈，有效提升了深港、珠澳合作紧密度，为吸引优质产业、人才以及孕育高质量现代服务业、高端制造产业培育了创新土壤。

前海合作区累计推出制度创新成果645项，在全国复制推广65项，在投资便利化、贸易便利化、事中事后监管、金融开放创新、法治创新、体制机制创新等六大领域形成了"前海模式"。比如，体制机制创新方面，设立前海深港合作区咨询委员会以及金融、法治、规划建设、青年事务四个专家咨询委员会，其中港方委员均占1/3以上；发展成为深圳知识产权保护工作示范区，各类知识产权司法行政、仲裁、公证等机构集聚发展，建立国际仲裁跨境管辖和跨境执行的特殊优势。落实“外资准入前国民待遇 + 负面清单”管理机制，推出 100 余项惠港利港政策，CEPA 框架下金融业对港澳开放措施全面落地。在全国率先推出深港通注册易、深澳通注册易服务，实现外资企业注册全国最快、内资企业设立一日办结、货物进口最快通关时间 20 分钟。香港会计师、律师、税务师、社工、房屋经理，以及建筑、结构、屋宇装备、工料测量、建筑测量等 20 多类人才可在前海便利化执业，吸引 3652 名香港籍企业人才执业等。

横琴合作区累计推出逾 620 项改革创新措施，10 项在全国复制推广，整体营商环境列全球第 26 名。比如，推动所有 526 项涉企经营许可事项行政审批改革，开创行政审批服务网上“跨境通办”，在全国率先发放“商事主体电子证照卡”；与国际先进仲裁规则接轨，发布全国首部临时仲裁规则；全国首创跨境人民币全程电子缴税，率先实行“港人港税、澳人澳税”；对港澳人士职业资格实行单向认定，推动港澳导游、建筑工程领域专业企业和专业人士、医师、社工在内地直接执业等，目前已有 975 名港澳职业人士在横琴执业等。

二　“两个合作区”创新领域制度型开放面临的困境与方向

“两个合作区”在推动创新领域制度型开放方面进行了不少探索，形成了一些可复制可推广的经验。但从开放方向、层次、结构、效能来看，粤港澳大湾区创新领域整体开放格局仍处于要素流动型开放状态，推进制度型开放仍存在诸多方向性的“瓶颈”和“短板”，为“两个合作区”发挥优势、促进制度“破冰”提供了前进方向和创新空间。

（一）开放方向：边境内开放措施仍需加强

制度型开放是“边境开放”向“边境内开放”的拓展、延伸和深化。

通过降低关税和非关税壁垒等建立投资、贸易、资金、数据、人才等自由空间，粤港澳大湾区特别是“两个合作区”在创新领域边境开放方面取得了积极进展，但广东在技术标准、知识产权、环境保护等深层次创新领域的边境内开放力度及措施仍需加强，相关规则、规制、管理、标准等与国际通行和先进规则的衔接力度仍需强化。比如，三地在知识产权创造、保护和运用方面的制度体系和监管模式均具有独特性，各环节的规则、规制、管理、标准等差异较大，如何推动三地规则衔接、机制对接、标准互认，在所有权创造、保护、运用等形成对标国际通行和先进规则、兼容三地的统一制度框架，目前在法律法规、体制机制等方面存在许多瓶颈。又如，金融资本是科技创新的生命，广东金融资本的优势在于直接融资，香港以及国际金融资本的优势则在于间接融资，如何引入间接融资以及整合两者优势，进而为科技创新活动提供全方位、多层次、全链条的金融服务，合作区可在此进行大力度的制度开放和创新。

（二）开放层次：制度“引领”水平仍需提升

制度型开放不仅包括“引进”，更重要的是“走出去”，形成制度“引领”能力，在深度参与全球治理体系改革和建设、国际经贸规则调整和完善中发挥积极和重要作用。“两个合作区”在创新领域的制度型开放侧重于制度“引进”，在制度“引领”方面的能力与水平仍有待提升。广东具有市场规模大、产业体系完整、科技成果转化能力强、新经济快速发展等优势，但这种优势未能很好地转化为在国际标准制定、人才评价、产品通关规则制定等方面的竞争力。“两个合作区”处于筑联港澳最前沿，具备参与全球价值链深度治理的天然条件与主体优势，可发挥企业、行业商协会等创新主体、行业组织的作用，积极参与乃至主导建设国际规则的制定与维护，形成在国际通行规则、规制、管理、标准等方面的制度“引领”竞争力。

（三）开放结构：体系建构基础相对薄弱

创新涉及基础研究、应用研究、产业创新、科技成果转化、商业模式创新、服务创新等环节的系统化过程，相应的制度供给需要具有全面性、体系化特征。粤港澳大湾区特殊的“一个国家、两种制度、三种法律制度”不仅给“两个合作区”创新发展带来规模效应、乘数效应，而且因其高度复杂性对制度供给系统性及其创新性提出了更高要求。当前，“两个合作区”制度框架以推动贸易投资自由化便利化、改善营商环境为主，创新领域制度开放措施主要强调制度适配，整体较为碎片化，面向创新全链条开放的制度体系化建构基础仍比较薄弱，全局性、系统性有待提升。这不仅需要在创新领域制定“负面清单”，促进科技人员、资金、设备、数据等跨境双向流通，专业技术人员职业资格互认，生物和医疗设备等新兴领域特殊监管，知识产权交易便利化，知识产权快保护与严保护等领域的局部制度创新，同时也需要在行政体制、立法体制、司法体制等方面形成与局部制度创新相适应的制度集成创新。

（四）开放效能：创新公共品建设有待强化

从开放效能来看，“两个合作区”乃至整个粤港澳大湾区跨境科技创新活动整体上以项目和个体层面分散化合作、发展科技型初创企业、政府间合作或政府主导合作、内地科技人才归国创业等为主，体现为跨境股权投资与合作、形成大企业或隐形冠军企业、港澳籍人才来粤创新创业等市场化、高水平、全方位的跨境创新合作仍较少，有利于三地高级创新生产要素双向流通、创新资源高效配置的创新生态环境①建设仍需深入。大量的公共品供给是促进三地在创新领域“最先一公里”“最后一公里”深度合作的“黏合剂”，是弥合三地创新环境空白地带、提升开放创新效能的重要制度供给形式。目前，创新领域公共品建设仍是“两个合作区”的薄弱环节，特别是

① 与一般性生产要素相比，创新生产要素的跨国流动对创新环境要求相对较高。目前，粤港澳三地创新环境整体而言差异较大，比如香港创新环境具有高校更偏向科研、产学研合作热情不高、香港监管环境偏向“小政府、大市场”等特点，而广东创新环境具有高校相对更注重产学研合作、政府监管能力和作用突出等特点，三地在观念文化、行为方式、价值标准等方面的差异性也较大。

在公共服务平台建设、商协会社会组织作用发挥、创新文化培育、新技术应用等方面有待强化。

三 “两个合作区”创新领域制度型开放原则与对策

（一）基本原则

把握好“前海扩区、横琴升格”的政策机遇，以坚持体制机制改革创新、点线面有机结合、创新主体地位等为重点，以助推构建新发展格局、发展湾区创新网络、支撑高水平自立自强等为方向，不断提升创新领域制度型开放边界、层次、结构和效能，推动粤港澳大湾区三地创新领域的全面对接与深度合作，打造创新领域制度型开放新高地。

1. 坚持体制机制改革创新，构建新发展格局

制度型开放是构建“双循环”新发展格局的必然要求。在粤港澳大湾区的背景下，发挥“两个合作区”在建立自主创新与对外开放新机制、新模式方面的改革探路、开放先锋作用，不断丰富粤港澳三地科技创新合作类型以及实践模式，加快建立科技创新领域“双循环”系统，增强全国构建“双循环”新发展格局中广东战略支点作用。一方面，以制度“对接”激发科技领域自主创新潜力，加快构建与国际先进创新规则全面衔接的体制机制。另一方面，以制度“引领”增强国际竞争优势，建立积极参与全球价值链治理的体制机制，提高在国际创新分工、国际创新领域制度规则和管理标准等方面的话语权和影响力，形成在技术标准、技术规则、知识产权等方面的国际竞争优势。

2. 坚持点线面有机结合，发展湾区创新网络

从粤港澳大湾区视野来看，“两个合作区”是重要平台和关键节点，对“两廊”（广深港澳科技创新走廊、广珠澳科技创新走廊）建设乃至整个大湾区区域创新网络形成发挥制度探索、制度支撑作用。一方面，勇于开展“压力测试”，推动人才开放、基础研究开放、应用基础研究开放、共性技术开放、开发试验研究开放等创新全链条开放，探索全面开放条件下监管新体制、新模式，为粤港澳大湾区乃至全国创新领域制度改革开放提供经验借鉴。另一方面，加强点线面之间的沟通协作，注重合作区创新制度体系和“两廊”以及大湾区其他地市的体制机制、政策、配套措施的协调与衔接，避免“大门开了，小门关了”，避免形成过度同质化竞争和资源错配，在建立湾区协作创新生态中发挥积极作用。

3. 坚持创新主体地位，支撑高水平自立自强

科技自立自强是国家发展的战略支撑。高水平科技自立自强不仅体现为产业链供应链的自主可控、稳定安全，同时也体现为抓住新科技革命的“机会窗口”、提高国家创新体系竞争优势、建立创新先发优势的过程。“两个合作区”制度型开放，要坚持创新主体地位，以支撑科技自立自强为方向，积极把握全球创新机遇与创新主导权。一方面，联通三地优势提升创新主体地位及其能力。发挥制度创新效能，积极打造创新联合体，联通港澳基础研究、人才、制度和服务优势与内地政策、市场、产业等优势，促进创新要素流动畅通、科技设施联通、创新链条融通，大力提升科研机构、研究型大学、企业等创新主体的能力，在实现“四个面向”① 中发挥创新先锋队作用。另一方面，发挥创新主体作用提升全球创新资源配置能力。提高制度供给效率，不断提升全球创新资源配置中的影响力和主导权。

（二）对策建议

以落实《前海方案》《横琴方案》相关要求为根本遵循，坚持前海合作区依托香港、服务内地、面向世界的主线以及“一平台一枢纽”的战略定位，坚持横琴合作区促进澳门经济适度多元发展的主线和“四新”战略定位，坚持开放与改革并行，坚持制度“对接”与“引领”并重，促进三地开放创新资源融合、开放创新优势互补、开放创新举措联动，从要素流动型

---

① 习近平总书记提出科技自立自强“四个面向”的主攻方向：面向世界科技前沿、面向经济主战场、面向国家重大需求、面向人民生命健康。

开放向制度型开放转变，在全省进一步深化改革、扩大开放、促进合作中发挥引领示范作用。

1. 推进制度“建构”，提升科技创新体系化能力

健全三地政府部门创新协作体制机制。在粤港澳三地联席会议等现行合作制度框架下，进一步优化粤港澳三地政府部门间合作与协调机制，促进部门联通、机制融通、政策联动，推动三地建立高层级、常态化、长周期、制度化的合作机制，推动重大科技创新项目和创新政策的高效对接、组织、协调与落地实施。

优化“两个合作区”创新管理体制机制。积极探索前海合作区行政区和经济区适度分离下的创新体制机制，强化收益分享、协调发展以及利益补偿等体制机制创新，强化经济区在创新规划、创新投入、创新产出、风险把控等领域的主导权。健全横琴合作区管理委员会运行机制，增强创新领域规划、决策与实施能力，建立全球专家委员会、新型研究智库等开放型咨政机构。

打造基于创新链的制度型开放体制机制。《前海方案》《横琴方案》强调“两个合作区”创新发展的全面性、系统性。积极落实两个方案的相关要求，在科技研发（粤港澳合作研发）、科技人才（建设高端创新人才基地、建设国家级海外人才离岸创新创业基地）、资金支持（引进创投机构、科技基金）、数据流通（科学研究数据跨境互联互通）、法规监管（探索法规和规则创新）以及产权保护（建设国家产权创新发展基地）等创新链各环节强化制度创新。积极推动创新领域局部制度适配向制度型开放体系建构发展，强化行政体制、立法体制、司法体制与创新制度的有效衔接，探索面向人才开放、基础研究开放、应用基础研究开放、共性技术开放、开发试验研究开放等全过程开放的体制机制。

2. 深化制度“对接”，推动高级生产要素集聚

不断提高创新领域“边境内开放”水平。健全创新领域负面清单制度，提高特别许可类准入措施的透明度，推动高素质人力资本、大学与科研机构、现代化基础设施、产业配套与服务体系、高水平的管理、丰富的数据跨

境等高级生产要素的自由流动与集聚发展。促进法律法规、监管体制、经营资质、质量标准、检验检疫、认证认可等境内外规则相衔接，提高人员出入境、税收优惠、外汇管理、财产权和知识产权保护等政策的精准性、适配性，形成对标国际通行规则、面向创新活动全过程需求与全生命周期的政策体系。探索境外科研资金便利化出入境及结汇政策，建立事中事后监管准则，促进跨境研发资金双向有序流动，实现三地创新资本互联互通。破除科研物资通关制度障碍，落实科研设备进口免税政策，推动科技基础设施三地共建共享共用。争设绿色通道，简化审批程序，快速推进科技基础设施建设。

对标国际最好最优打造市场化、国际化、法治化营商环境。坚持政府抓战略、抓改革、抓规划、抓服务的总定位，充分发挥市场配置资源的决定性作用。充分利用特区立法权，完善市场良性竞争机制，推动经济政策以产业政策为主向、以竞争政策为基础的切实转变，在公平竞争审查、反垄断、信用体系、市场透明、知识产权保护、投资者保护等领域强化法治建设。在设立、运行、发展及评价等方面，推动合作区内经济、科技、标准、人才等组织、机构建立与国际通行规则相衔接的管理制度与管理模式。对标港澳，深化项目评审、立项以及结项制度创新，简化合作区粤港澳联合资助项目的投标和项目申请、实施过程，建立以结果为导向的项目经费管理制度。在重大研发活动监控与评估、技术交易与协作、投资、分配、税收、政府采购、知识产权保护、生态环境和国家安全等领域完善政府监管体制机制，实现开放与安全、高标准规则与务实渐进的动态平衡。

3. 强化制度“引领”，打造流动创新生产空间

积极探索人才培养和基础研究领域制度型开放。积极引进和整合粤港澳大湾区国际基础教育、高等教育、职业教育等机构，探索设立粤港澳大湾区教育合作联盟，建立健全面向基础教育、高等教育、职业教育的全方位跨境教育合作体制机制。提高合作区内跨境本科教育水平和研究生教育水平，建立粤港澳三地互认“双学位”制度。高效建设各类科技基础设施和高水平基础研究平台，积极实施国际大科学计划和大科学工程，探索国际科技交流

与合作新模式新路径。

强化跨境科技成果转化的制度优势。大力发展粤港澳合作的离岸创新创业基地、产学研合作基地、综合孵化器、新型研发机构等创新联合体，建设高端创新人才基地，推动引领产业创新的基础研究成果转化。积极消除跨境科技成果转化中法规不完善、收益比例过低、技术所有者权益保护不足、跨境资金流动难等壁垒，不断增强合作区跨境科技成果转化的动力。整合三地科技金融优势，设立天使投资、产业投资、股权投资、科技成果转化引导基金，形成面向创新全过程的多元化投融资体系。发挥政府采购、首台套等政策作用，建立粤港澳合作产品的优先采用及推广机制。设立面向粤港澳大湾区的共性技术研发平台、技术转移服务平台、生产力促进中心等，加强与湾区其他城市在科技研发、经济信息咨询、招商引资、技术和设备引进、科技产品市场拓展、技术交易和产权交易等方面的体系化对接。

在全球科技治理中发挥更大作用。支持在合作区设立技术标准、技术规则、知识产权等各层次国际科技组织，积极参与全球科技治理事务，支持设立三地共同参与、面向全球的科学研究基金、科技成果转化基金。聚焦人工智慧、健康医疗、金融科技、智慧城市、物联网、能源新材料等港澳优势领域以及广东“双十”产业集群优势领域，积极参与知识产权国际规则和标准制定，在新经济发展、科技成果转化等领域提升国际规则主导建设水平。

4. 提升制度“效能”，建设融合创新生态环境

提高高标准公共服务供给能力。充分利用区块链、新一代信息技术、物联网等数字新技术的赋能作用，建设跨境政务服务平台，在签证、医疗、创业、就业、支付、通信等工作生活各领域提供联通港澳的高效便利政务服务。积极解决由规则不一致带来的各种操作程序问题，协调解决合作区内人才以及普通员工在档案归属、社保缴纳、购房资格、子女入学等方面的共性以及个性问题。建设政府主导、市场化运作的综合性创新服务平台，提供跨境人才供需服务及知识产权检索与分析、科技创新成果与需求、创新咨询等多层次创新服务。在现有保护机制基础上，完善知识产权保护平台功能，提升在知识产权确权、流通、维权保护等全链条中的服务能力。

培育融通三地创新环境的社会文化。借鉴港澳地区在信用文化建设方面的经验，加大对知识产权侵权失信行为的教育、惩戒力度，打造对接港澳的信用文化建设公共平台。培育产品质量文化，推广香港、澳门在产品质量领域的良好做法与经验，发挥市场机制、社会组织在提升产品质量方面的作用。在知识产权、诚实守信、科普宣传、普法教育等领域，积极建设各类科普基地、博物馆等载体，形成人群全覆盖、活动常态化的教育机制。

参考文献

陈甬军：《把握横琴粤澳深度合作区建设的两个重点》，《21 世纪经济报道》2021 年 9 月 9 日。

崔卫杰：《制度型开放的特点及推进策略》，《开放导报》2020 年第 2 期。

戴翔：《制度型开放：中国新一轮高水平开放的理论逻辑与实现路径》，《国际贸易》2019 年第 3 期。

娄胜华：《如何理解横琴粤澳深度合作区的管理体制创新?》，《21 世纪经济报道》2021 年 9 月 20 日。

马捷、锁利铭、陈斌：《从合作区到区域合作网络：结构、路径与演进》，《中国软科学》2014 年第 12 期。

王开良、黄德尊：《关于跨境经济合作区研究：文献综述》，《中国集体经济》2013 年第 13 期。

《习近平：在科学家座谈会上的讲话》，新华社，2020 年 9 月 11 日。

张丹：《自贸试验区对推动制度型开放的主要成效、面临障碍及建议》，《对外经贸实务》2020 年第 3 期。

中国改革报编辑部：《制度型开放是新一轮改革开放关键环节》，《中国改革报》2021 年 11 月 14 日。

中西部地区

Central and Western Region

B.12
西部地区重大发展战略对产业高质量发展的影响效应评估*

叶堂林　李国梁　刘　莹**

摘　要： 本报告使用西部地区 12 个省区市 2000 ~ 2018 年的地级市数据，通过构建 DID 模型对西部地区产业高质量发展的影响因素进行探究，同时进一步研究相关政策的实施是否会导致这些关键因素产生明显变化，进而影响到三次产业的高质量发展。从发展效率来看，西部地区政府主导模式下的固定资产投资在当期对其他资源产生了“挤出效应”，有一些低效投资和重复建设拉低了区域的全要素生产率。从发展阶段来看，西部地区绝大部分城市仍处

* 本研究获得国家社会科学基金重大项目“基于区域治理的京津冀协同发展重大理论与实践问题”（批准号：17ZDA059）的资助。

** 叶堂林，首都经济贸易大学城市经济与公共管理学院，教授，博士生导师，研究方向为区域经济；李国梁，首都经济贸易大学城市经济与公共管理学院，区域经济学博士研究生，研究方向为区域经济；刘莹，首都经济贸易大学城市经济与公共管理学院，区域经济学硕士研究生，研究方向为区域经济。

于工业化中期阶段，这个现实条件决定了新型城镇化战略实施对于产业高质量发展的影响相对有限。从发展区位来看，西部地区“核心”与“外围”城市产业发展对传统要素投入的依赖依然显著。长江经济带发展战略所覆盖主要城市的固定资产投资“挤出效应”相对不明显。从发展动力来看，西部地区的产学研对接仍存在一定阻碍，创新成果对区域产业的高质量发展尚未起到显著的助推作用。

关键词： 西部地区　政策效应　高质量发展　全要素生产率

一　引言

党的十九大报告指出，中国当前主要矛盾已转化为人民日益增长的美好生活需要和不平衡不充分的发展之间的矛盾，从区域平衡发展的角度来看，西部大开发是中国改革开放至今，持续时间最长、涉及空间范围最广的一项国家级区域发展战略，是中国区域平衡发展思路的重要体现。从西部大开发战略启动实施开始，中国一直致力于探索解决区域发展不平衡不充分问题的有效路径。由于各地的发展要素存在差异，并且有些要素很难改变，平衡发展不是各地间的“均贫富”，而是各地在自身条件允许的情况下实现充分发展，在一定意义上，充分发展需要依托发展效率变革和发展质量变革得以实现。在全国“一盘棋”的统筹考虑下，几大经济板块正在以供给侧结构性改革为主线，推动经济发展质量变革、效率变革、动力变革，提高全要素生产率，进而转变经济发展方式。

2020 年 5 月，《中共中央　国务院关于新时代推进西部大开发形成新格局的指导意见》提出，西部地区要更加注重推动高质量发展，推进西部大开发加快形成新格局。产业是支撑区域经济社会发展的关键载体，产业发展质量的高低决定了经济发展质量的高低，经济发展质量的高低又关系着西部地区人民社会生活质量的高低。在新一轮西部大开发战略实施之际，实现高质量发展的前提是探究影响高质量发展的关键因素。本研究将从产业发展的视角出发，探究影响西部地区三次产业全要素生产率的因素。更进一步，相关政策究竟能否通过影响这些因素，从而间接影响各类产业的全要素生产率？

本报告剩余部分安排如下：第二部分基于文献回顾搭建理论分析框架；第三部分基于分析框架中提出的理论假设，构建具体模型；第四部分进行实证研究；第五部分基于实证结果得出主要结论，并提出带有启示意义的思考。

二 理论基础及分析框架

中国有着上下五千年的文明史，新中国成立以来的“三线建设”，以及后来的西部大开发并不是第一次对西部地区的大发展。在浩瀚的历史发展长河中，中国的政治经济发展重心在版图上经历过多次移动，在唐宋以前，中国的政治经济重心也曾位于西部地区①，后来由于多种历史原因，中国的政治经济重心逐渐向东移动②。本部分通过对相关文献进行梳理，对近年来关于西部大开发的政策效应研究进行总结评述，并提出新的研究推进视角。

（一）新中国成立后区域发展关系演变

新中国成立之后，国家的大区域发展经历了一个在平衡发展与非平衡发展之间权衡的过程。在发展初期考虑到国际上周边地区的不稳定因素，刚建立起来的国防工业基础设施需要寻求相对安全的战略纵深地带，决策层提出工业基地向内陆大后方转移的口号，即“三线建设”。尽管“三线建设”的初衷并不是为了平衡沿海及沿边地区与内陆大后方地区之间的发展，但客观上缩小了地区之间的工业发展差距（平衡发展阶段）。到了改革开放初期，在

① 姚艳梅：《美国西进运动与中国西部大开发的对比及启示》，《河北学刊》2011 年第 1 期。
② 柯迪祖：《中国西部开发与美国西部开发的比较研究》，《探索》2001 年第 4 期。

资本及技术等经济发展要素相对匮乏的局面下，工业发展的重心需要向能够“嫁接”外来要素的地方移动，在相关政策的顺势引导下，资本及技术等外来要素向沿海经济特区集聚，国内的劳动力要素等也开始向沿海经济特区流动，出现了“一江春水向东流”和“孔雀东南飞”的发展趋势，这种要素集聚红利造就了东部沿海地区的经济社会率先实现发展（非平衡发展阶段）。由于集聚经济、规模经济和范围经济等微观机制的作用，东部地区的制造业“内循环”特征显著，产业链也由于时空距离邻近性等原因优先布局在东部地区，向西部地区延伸并不显著（要素流通不畅），长此以往，东西部间的经济社会发展差距开始显现。到了20世纪90年代后期，东部地区经济社会发展对西部地区的依赖度开始提升（再平衡发展阶段）。从产业层面来看，这一时期国家的产业结构还是第二产业占据主导地位，工业发展对于上游能源行业的依赖度相对较强，而东部地区自身的能源储备与西部地区相比相对不足，于是国家通过“西气东输”“西电东调”等一批能源工程支持东部地区发展；从社会生活层面来看，由于主要水系源头多分布于西部地区，东部地区往往处于下游地区，上游地区的生态失衡对于下游地区将产生气候变化、旱涝灾害、水源污染等诸多影响；从国家安全稳定的层面来看，西部地区尤其是西部沿边地区的稳定繁荣是国家稳定民族团结的重要基石。

（二）西部大开发政策效应研究

目前学术界对西部大开发政策效应的研究主要分为两派观点：一派学者对西部大开发的政策效应持肯定态度，另一派学者认为西部大开发战略的实施效果在统计意义上并不显著。

1. 西部大开发政策效应显著的相关研究

刘军和邱长溶从税收优惠与经济增长的关系出发，研究发现在西部大开发实施初期税收优惠政策对西部地区的经济增长促进效果显著，但后期这种促进效果逐渐削弱[①]。魏后凯认为西部大开发战略实施初期在资产投资和经

---

① 刘军、邱长溶：《西部大开发税收优惠政策实施效果评估》，《当代经济科学》2006年第4期。

济增长速度方面取得显著成效①。刘生龙等研究了西部大开发促进西部地区的经济增长机制，认为实物资本、基础设施等硬件环境对西部地区经济增长的促进效果强于科技教育等软环境②。朱承亮等发现在西部大开发战略实施前后，西部地区的全要素生产率的增速由负转正，具体由 -0.9%（1992~1999 年）提升到 1.2%（2000~2007 年）③。魏后凯和袁晓勐对税收优惠与产业结构升级的具体效果进行研究，认为西部大开发的税收优惠政策有效带动了西部地区企业的产品结构升级和技术革新，进而优化了西部地区的产业结构④。邓翔等认为，西部大开发推动西部地区经济增长的政策效果呈倒“U”形变化态势，且政策效果存在时空异质性⑤。

2. 西部大开发政策效应尚未显著的相关研究

林毅夫和刘培林⑥、Fleisher 等⑦、Song⑧、Cheong 等⑨研究认为，纵向来看虽然西部大开发使得西部地区的一些分项指标有所好转，但横向来看东西部之间的经济社会发展差距并未得到收敛。蔡昉和都阳认为市场化进度差异、市场扭曲程度、人力资本差异等是东西部地区之间经济增长收敛的现实阻碍⑩。靳春平等研究发现西部大开发对于缩小西部地区城乡之间以及东西

① 魏后凯：《“十一五”时期我国西部大开发的政策取向》，《经济学动态》2006 年第 1 期。

② 刘生龙、王亚华、胡鞍钢：《西部大开发成效与中国区域经济收敛》，《经济研究》2009 年第 9 期。

③ 朱承亮、岳宏志、李婷：《基于 TFP 视角的西部大开发战略实施绩效评价》，《科学学研究》2009 年第 11 期。

④ 魏后凯、袁晓勐：《我国西部大开发税收政策评价及调整方向》，《税务研究》2010 年第 2 期。

⑤ 邓翔、李双强、袁满：《西部大开发二十年政策效果评估——基于面板数据政策效应评估法》，《西南民族大学学报》（人文社科版）2020 年第 1 期。

⑥ 林毅夫、刘培林：《中国的经济发展战略与地区收入差距》，《经济研究》2003 年第 3 期。

⑦ Fleisher B., Li H., Zhao M. Q., “Human Capital, Economic Growth, and Regional Inequality in China,” *Journal of Development Economics*, 2009, 92 (2).

⑧ Yang Song, “Rising Chinese Regional Income Inequality: The Role of Fiscal Decentralization,” *China Economic Review*, 2013 (27).

⑨ Cheong T. S., Wu Y., “The Impacts of Structural Transformation and Industrial Upgrading on Regional Inequality in China,” *China Economic Review*, 2014 (31).

⑩ 蔡昉、都阳：《中国地区经济增长的趋同与差异——对西部开发战略的启示》，《经济研究》2000 年第 10 期。

部地区之间发展差距的效果并不显著[①]。岳利萍和白永秀从区域间经济收敛性的角度对东西部之间的发展差距进行研究，认为西部大开发实施初期，东西部地区之间的差距不但没有收敛（缩小），而是呈发散（扩大）的趋势[②]。淦未宇等研究认为，西部大开发政策成效不显著的原因可能是因为振兴东北老工业基地和中部崛起战略稀释了中央对西部地区的政策资源[③]。刘瑞明和赵仁杰研究发现西部地区在西部大开发之后并未走出"政策陷阱"，资源过度集中于硬件设施建设，忽视了软环境建设，最终并未显著促进 GDP 及人均 GDP 的提升[④]。彭曦和陈仲常研究发现，西部大开发战略的实施并未对 GDP 的增长率起到显著的促进作用，同时各地的综合发展水平并未出现收敛趋势[⑤]。袁航和朱承亮认为，西部大开发促进了西部地区的产业结构升级但未促成西部地区实现产业结构高级化[⑥]。

（三）评价西部大开发成效的研究方法

从学术界对政策效应的内涵界定及评价方法来看，Lasswell 认为政策评价是对政策带来的因果事实进行评价[⑦]。政策评价是基于既定目标对政府行为进行评价[⑧]。目前，研究西部大开发政策成效的方法主要有两大类：一类是通过构建指标体系进行研究，如彭曦和陈仲常构建了指标评价体系对

---

① 靳春平、廖涛：《西部大开发对地区经济发展的影响——以四川为例》，《财经科学》2006 年第 6 期。

② 岳利萍、白永秀：《从东西部地区差距评价西部大开发战略实施绩效——基于主成份分析法的视角》，《科研管理》2008 年第 5 期。

③ 淦未宇、徐细雄、易娟：《我国西部大开发战略实施效果的阶段性评价与改进对策》，《经济地理》2011 年第 1 期。

④ 刘瑞明、赵仁杰：《西部大开发：增长驱动还是政策陷阱——基于 PSM - DID 方法的研究》，《中国工业经济》2015 年第 6 期。

⑤ 彭曦、陈仲常：《西部大开发政策效应评价》，《中国人口·资源与环境》2016 年第 3 期。

⑥ 袁航、朱承亮：《西部大开发推动产业结构转型升级了吗？——基于 PSM - DID 方法的检验》，《中国软科学》2018 年第 6 期。

⑦ Lasswell H. D. , "The Immediate Future of Research Policy and Method in Political Science," *American Political Science Review*, 1951, 45 (1) .

⑧ Dye T. R. , "Public Entrepreneurs: Agents for Change in American Government," *American Political Science Review*, 1995, 89 (4) .

1997～2013 年西部大开发对西部各省区市的具体影响进行了测评。① 另一类评价西部大开发成效的方法是通过采用 DID 模型与其衍生改进模型，以及运用面板数据进行回归分析，如刘生龙等运用 DID 对西部大开发作用于西部地区经济增长和区域经济收敛的效应进行评估。② 刘瑞明和赵仁杰采用双重差分倾向得分匹配法（PSM－DID）对西部大开发的政策效应进行评估。③ 邓翔等运用面板数据政策效应评估法对西部大开发各省区市的政策效果进行评估。④

目前学术界关于西部地区发展的政策效应研究从大的维度来看，主要是基于西部地区内部自身发展情况，以及西部地区与东部地区之间发展差距的视角展开分析。从东西部地区发展差距来看，学者们基于多个领域构建评价体系对东西部发展差距的收敛性进行了分析，大部分学者的研究观点认为东西部地区在多数领域的发展差距逐渐扩大。从西部地区内部来看，学者们多从西部地区的 GDP 增长变化情况、软硬件环境（软环境包括税收优惠、人力资本积累、投资营商环境，硬件环境包括基础设施的完善度、资源禀赋）、产业结构升级等角度进行研究。在研究方法的运用方面，学者们多采用 DID 的方法对政策效应进行评价，且多采用 2000 年作为西部大开发的时间节点。本研究认为，西部地区发展的政策效应研究涉及面较为广阔，并且在 2000 年之后陆续出台了一些支持西部地区发展的相关政策，仅采用 2000 年这一时间节点进行对比分析不能具体反映 2000 年以后的政策效应。综合上述，本研究认为新时期西部地区发展的政策效应研究还存在几个推进视角。一是应体现《关于新时代推进西部大开发形成新格局的指导意见》中提出的更加注重经济高质量发展这一要求，应该着重以产业的发展质量作为主要标的，通过测算西部地区三次产业的全要素生产率，研究其增减变化的

① 彭曦、陈仲常：《西部大开发政策效应评价》，《中国人口·资源与环境》2016 年第 3 期。

② 刘生龙、王亚华、胡鞍钢：《西部大开发成效与中国区域经济收敛》，《经济研究》2009 年第 9 期。

③ 刘瑞明、赵仁杰：《西部大开发：增长驱动还是政策陷阱——基于 PSM－DID 方法的研究》，《中国工业经济》2015 年第 6 期。

④ 邓翔、李双强、袁满：《西部大开发二十年政策效果评估——基于面板数据政策效应评估法》，《西南民族大学学报》（人文社科版）2020 年第 1 期。

同时还应探究影响各行业全要素生产率的关键因素。二是应该更加注重西部地区的开放程度，西部地区应该结合“长江经济带”发展战略，积极融入国内国际两个合作发展平台。国内层面应通过“长江经济带”建设主动与东部地区形成对接，国际层面应通过“内陆开放型城市”建设和“沿边开放城市”建设融入对外开放平台。三是在使用 DID 模型的时间节点选取上，应该更加关注 2000 年以来西部地区相关政策实施前后的具体效应差异。

（四）分析框架

基于对相关文献的梳理，本研究将探究西部大开发战略实施以来，对外开放政策、新型城镇化建设等对西部地区产业高质量发展产生的具体影响。本部分将分析这些政策影响下一些关键因素对西部地区经济高质量发展的具体作用效果，为实证模型的构建奠定理论基础。

城市化、城市体系与西部大开发。官卫华、姚士谋认为西部大开发本质上是西部地区的城市化过程，西部大开发的战略部署主要是在西部的城镇化地区，应以城市化为先导带动整个西部地区的经济社会发展①。矫海霞认为西部大开发的实施离不开合理的城市体系，应该建立基于不同规模（等级）城市的有机协调城市体系②。以大城市为先导开展西部大开发的原因在于，西部地区有别于东部平原地区，自然地质条件决定了其基础设施的建设成本较高，同时大城市是西部地区经济发展的增长极，中小城市及农村地区的发展得依靠大城市发展的辐射带动。在资源有限的约束下，究竟优先发展大城市更有效率还是优先发展中小城市及农村地区更有效率？袁航和朱承亮的研究发现，西部地区行政级别较高城市的产业结构升级效果显著，而中小城市的产业结构升级不显著③。城市经济学的规律也表明，由于投入要素的不可

---

① 官卫华、姚士谋：《西部大开发中城市化发展的几个关键问题》，《经济地理》2002 年第 5 期。

② 矫海霞：《浅论西部大开发中的城市化问题》，《兰州学刊》2002 年第 5 期。

③ 袁航、朱承亮：《西部大开发推动产业结构转型升级了吗？——基于 PSM - DID 方法的检验》，《中国软科学》2018 年第 6 期。

分割性，以及专业化带来的优势，一个地区的生产受到规模经济的影响，如果城市达不到一定规模，生产活动效率就不能达到最优水平。随着新型城镇化战略的实施，人口向市辖区集聚对西部地区三次产业的高质量发展将产生什么影响?（问题1）

对外开放与西部大开发。党的十八届三中全会审议通过的《中共中央关于全面深化改革若干重大问题的决定》明确提出，要积极构建全方位开放新格局，这给新一轮西部大开发带来契机。1992年，中国实施沿边开放战略，陆续批准设立了14个国家级边境经济合作区。对内开放与西部大开发。2016年9月《长江经济带发展规划纲要》正式印发。长江经济带横贯东西，是连接东西部地区的天然航运通道，是东西部之间区际联系的主要经济走廊。西部地区在对外开放政策的引领下，“长江经济带”覆盖城市、门户及枢纽型城市的固定资产投资对三次产业的发展产生何种影响?（问题2）

人力资本积累与西部大开发。人力资本是经济增长的核心驱动要素，也是产业结构升级的重要推动力。西部地区经济高质量发展离不开自身人力资本储备水平的提升，尤其是高质量人力资本的储备。一个国家或地区产业结构升级的关键在于其人力资本的绝对数量及结构状态。如果人力资本绝对数量较大且高水平的人力资本占比突出，那么通过知识溢出效应将有效带动该地区的产业结构优化①。袁航和朱承亮②研究发现西部大开发存在人力资本挤出效应，不利于西部地区的产业结构升级。段兴民认为西部地区的人力资源保障制度相较东部地区存在一定问题，如用人机制不够灵活；社会保障体系不够健全导致人才引进困难③。在西部大开发实施过程中，西部地区自身的人力资本对三次产业的高质量发展是否起到了显著的促进作用?（问题3）

---

① Romer P. M.，“Capital，Labor，and Productivity”，*Brookings Papers on Economic Activity Microeconomics*，1990（22）；张国强、温军、汤向俊：《中国人力资本、人力资本结构与产业结构升级》，《中国人口·资源与环境》2011年第10期。

② 袁航、朱承亮：《西部大开发推动产业结构转型升级了吗？——基于PSM－DID方法的检验》，《中国软科学》2018年第6期。

③ 段兴民：《西部可持续发展的人力资源开发战略》，《中国人力资源开发》2009年第1期。

三　模型构建

本研究通过采用 DID 的研究方法，与已有研究的不同在于，本研究设置的政策虚拟变量不同，并且政策的时间节点不再局限于西部大开发战略起始之年（2000 年），而是基于对外开放政策、新型城镇化建设来设置对应的虚拟变量，并与一些核心解释变量生成交互项，以此探究这些政策的提出对产业高质量发展的具体影响。控制变量的选取方面，选取了 2000 ~ 2018 年包括四川、重庆、云南、贵州、西藏、陕西、甘肃、宁夏、新疆、内蒙古等在内的 12 个省份各个地级市的相关指标。产业的高质量发展是经济社会高质量发展的重要支撑，因此选取了三次产业的全要素生产率作为因变量。自变量的选取则紧紧围绕分析框架中提出的影响西部大开发政策效应的几个关键因素。

（一）模型设定

$$\mathrm{TFP}_{i,j,t} = \alpha_{i,t} + \lambda_1 UPD_{i,t} \cdot d1 + \lambda_2 FAWYT_{i,t-n} \cdot d2 + \lambda_3 FAWBPC_{i,t-n} + \lambda_4 FAWNC_{i,t-n} + \lambda_5 LNIH_{i,t} + \lambda_6 NEHE_{i,j,t} + \lambda_7 LCV_{i,t} + \lambda_8 Patent_{i,j,t-n} + \varepsilon_{i,t} \tag{1}$$

式（1）中，i 表示某个具体地区，j 表示三次产业某个具体产业部门，t 表示某个特定年份。

控制变量。基于文献梳理，考虑到技术创新、公共基础设施投资、人口集聚、人力资本积累、交通物流等因素对西部地区的经济高质量发展产生影响，选取了专利数（Patent）、固定资产投资额（FA ** ）、市辖区人口密度（UPD）、高等教育学校数（LNIH）、货运周转量（LCV）作为相应的解释变量。考虑到相关解释变量作用于被解释变量是有条件的，当条件发生改变后，原本的解释变量对被解释变量的具体作用会发生显著变化，因此，需要生成交互项来更为准确地反映这种前后差异。如新型城镇化战略实施以后，西部地区各地级市的市辖区人口密度是否会因此发生显著变化，进而对各地级市各行业的全要素生产率产生何种具体影响？用新型城镇化战略实施前后的市辖区人口密度（UPD · d1）反映。“长江经济带”发展战略实施以后，相关地级市的固定资产投资是否会发生显著变化，进而对这些地区各产业的全要素生产率产生何种影响？用固定资产投资与是否处于长江经济带的交互项（$FAWYT_{i,t-n}$ · d2）来反映。考虑到固定资产投资的时间滞后效应，在投资当期可能对其他资源造成挤出效应，对不同区位城市的固定资产投资（交互项）进行滞后处理，如是否属于中心城市的固定资产投资（$FAWBPC_{i,t-n}$）、是否属于毗邻中心城市的固定资产投资（$FAWNC_{i,t-n}$）。同时还考虑到创新成果（专利）从发明到转化，再到运用到具体产业中存在一定的周期，对专利数也进行时间滞后处理（$Patent_{i,t-n}$）。

相关政策的虚拟变量。时间维度的虚拟变量，为了探究“新型城镇化发展战略”对西部地区经济高质量发展的具体影响，以《国家新型城镇化规划（2014～2020年）》正式发布时间（2014年）为时间节点设置虚拟变量（d1）。空间维度的虚拟变量，对于所选取的西部地区12个省区市的各个地级市，针对其是否属于“长江经济带”所覆盖城市设置虚拟变量（d2）。

（二）被解释变量——三次产业的全要素生产率

用OP法求TFP先构建如下函数：

$$Advalue_{i,t} = f(Capita_{i,t}, Employees_{i,t}) \tag{2}$$

其反函数为：

$$Capita_{i,t} = f^{-1}(Advalue_{i,t}, Employees_{i,t}) = h(Advalue_{i,t}, Employees_{i,t}) \tag{3}$$

原生产函数变为：

$$\begin{aligned} Advalue_{i,t} &= \alpha + \beta_1 Capita_{i,t} + \beta_2 Employees_{i,t} + h(Advalue_{i,t}, Employees_{i,t}) + \varepsilon_{i,t} \\ &= \alpha + \beta_1 Capita_{i,t} + \Phi(Advalue_{i,t}, Employees_{i,t}) + \varepsilon_{i,t} \end{aligned} \tag{4}$$

其中：

$$\begin{aligned} \Phi(Advalue_{i,t}, Employees_{i,t}) &= \beta_2 Employees_{i,t} + h(Advalue_{i,t}, Employees_{i,t}) \\ &= \beta_2 Employees_{i,t} + \omega_{i,t} \end{aligned} \tag{5}$$

通过估计式（5），可以得到β_1 的一致估计，用此估计值继续估计β_2 。

$$\begin{aligned} Advalue_{i,t} - \hat{\beta}\,Capita_{i,t} &= \alpha + \beta_2\,Employees_{i,t} + \omega_{i,t} + \varepsilon_{i,t} \\ &= \alpha + \beta_2\,Employees_{i,t} + Employees_{i,t}(\omega_{i,t} \mid \omega_{i,t-1}) + \xi_{i,t} + \varepsilon_{i,t} \\ &= \alpha + \beta_2\,Employees_{i,t} + g(\omega_{i,t-1}) + e_{i,t} \end{aligned} \tag{6}$$

其中，$e_{i,t} = \xi_{i,t} + \varepsilon_{i,t}\,\hat{\omega}\,\varepsilon_{i,t} = \hat{\Phi}_{i,t} - \beta_2\,Employees_{i,t}$

得到：

$$Advalue_{i,t} - \hat{\beta}\,Capita_{i,t} = \alpha + \beta_2\,Employees_{i,t} + g(\hat{\Phi}_{i,t-1} - \beta_2\,Employees_{i,t-1}) + e_{i,t} \tag{7}$$

假设函数 g（・）满足随机游走过程，则得到：

$$Advalue_{i,t} - \hat{\beta}\,Capita_{i,t} = \alpha + \beta_2(Employees_{i,t} - Employees_{i,t-1}) + e_{i,t} \tag{8}$$

$$e_{i,t} = Advalue_{i,t} - \hat{\beta}\,Capita_{i,t} - \alpha - \beta^*\,Employees_{i,t} - g(\hat{\Phi}_{i,t-1} - \beta^*\,Employees_{i,t-1}) \tag{9}$$

一旦（8）式被估计完成，那么生产函数中所有系数都会被成功估计。利用这一结果，可以拟合生产函数中残差的对数值，也就是全要素生产率的对数值。

按照此方法依次求得第一产业全要素生产率（TFP1）、第二产业全要素生产率（TFP2）、第三产业全要素生产率（TFP3）。

表 1　主要变量解释及数据来源说明

变量名称	变量说明	数据来源
TFP1	第一产业全要素生产率	整合龙信大数据及知网大数据计算所得
TFP2	第二产业全要素生产率	整合龙信大数据及知网大数据计算所得
TFP3	第三产业全要素生产率	整合龙信大数据及知网大数据计算所得
LNIH	高等教育学校数	中国知网大数据研究平台
LCV	货运周转量	中国知网大数据研究平台
UPD・d1	新型城镇化发展战略提出以来各地市辖区人口密度	中国知网大数据研究平台（整理计算）
FAWYT・d2	固定资产投资与是否处于长江经济带的交互项	中国知网大数据研究平台、查阅百度百科生成虚拟变量
FAWBPC	固定资产投资与是否处于中心城市的交互项	中国知网大数据研究平台、查阅百度百科生成虚拟变量

续表

变量名称	变量说明	数据来源
FAWNC	固定资产投资与是否毗邻中心城市的交互项	中国知网大数据研究平台、查阅百度百科生成虚拟变量
NEPHE	第一产业从业人员与高等教育毕业人员数的交互项	中国知网大数据研究平台(整理计算)
NESHE	第二产业从业人员与高等教育毕业人员数的交互项	中国知网大数据研究平台(整理计算)
NETHE	第三产业从业人员与高等教育毕业人员数的交互项	中国知网大数据研究平台(整理计算)
Patent1	第一产业专利数	龙信企业大数据平台
Patent2	第二产业专利数	龙信企业大数据平台
Patent3	第三产业专利数	龙信企业大数据平台

表 2　主要变量描述性统计

变量	观测值数量	均值	标准误	最小值	最大值
TFP1	2337	1.0214	0.1772	0.4281	1.2038
TFP2	2337	1.0270	0.2409	0.7042	1.6299
TFP3	2337	1.0212	0.1935	0.5153	1.3413
LNIH	2337	0.8696	0.0829	0.6941	1.1145
LCV	2337	8.7953	0.8500	7.8727	10.8905
UPD · d1	2337	1.8926	3.2197	0.0000	8.2182
FAWYT · d2	2337	0.1433	1.5051	0.0000	15.9694
FAWBPC	2337	1.5428	4.5450	0.0000	15.9694
FAWNC	2337	6.2519	7.2386	0.0000	15.9694
NEPHE	2337	126.4898	5.0889	113.7148	131.1828
NESHE	2337	117.1771	6.9720	107.3708	127.3992
NETHE	2337	123.1603	6.3496	114.1904	133.3469
Patent1	2337	22.6119	115.9336	0	2846.0000
Patent2	2337	234.9503	1368.2560	0	27722.0000
Patent3	2337	168.3112	1508.8740	0	45941.0000

注：描述性统计结果由 stata 13.0 计算所得。

四　实证分析

“长江经济带”建设对于西部地区发展资源的再分配势必产生一定影响。究竟这些发展战略会改变哪些关键因素，进而对三次产业的高质量发展产生显著影响？

（一）“长江经济带”建设对西部地区三次产业高质量发展的具体影响

从“长江经济带”建设对西部地区各类产业高质量发展的政策影响来看，所有城市样本的固定资产投入在当期对其他要素的“挤出效应”显著，与 TFP1、TFP2 和 TFP3 均存在显著的负向关联，这种“挤出效应”随着时间推移而逐渐减弱。其中“长江经济带”覆盖城市的“挤出效应”并不显著（FAWYT · d2），反映了西部地区很多不邻近长江经济带的城市在发展过程中，固定资产投入不仅存在低效率问题，而且政府力量主导下的资源配置对市场配置资源的效率造成一定影响，进而影响到该区域的产业发展质量，这佐证了陆铭和向宽虎的研究结论，即政府把大量资源往中西部地区进行配置后造成了中西部地区 TFP 的增长率的下滑（见表 3、表 4 和表 5）。①

从人口集聚和城镇化的角度来看，西部地区市辖区人口密度与 TFP1 存在较强的正向关联，与 TFP2 也存在一定的正向关联，与 TFP3 则存在显著的负向关联，这说明在“长江经济带”建设和实施“新型城镇化”战略背景下，西部地区的人口集聚在一定程度上有助于第一、第二产业的高质量发展，但由于一些微观因素的作用，目前对于第三产业的高质量发展还存在不利影响。区域经济学的一些经典理论能够很好地解释回归结果背后的内在机理。一方面，造成这一现象的关键在于各地区发展阶段的差异，按照钱纳里

① 陆铭、向宽虎：《破解效率与平衡的冲突——论中国的区域发展战略》，《经济社会体制比较》2014 年第 4 期。

表 3 “长江经济带”建设背景下西部地区第一产业高质量发展的政策效应

TFP1	（传统要素投入）固定资产投资项滞后回归			（创新）专利项滞后回归		
	（1）	（2）	（3）	（4）	（5）	（6）
UPD · d1	0.01(0.00) ***	0.01(0.00) ***	0.01(0.00) ***	0.01(0.00) ***	0.01(0.00) ***	0.02(0.00) ***
FixAsset	-0.06(0.01) ***	-0.07(0.01) ***	-0.07(0.01) ***	-0.07(0.01) ***	-0.07(0.01) ***	-0.12(0.01) ***
FAWYT · d2	0.00(0.00)	—	—	—	—	—
Lag1FAWYT · d2	—	0.00(0.00)	—	0.00(0.00)	0.00(0.00)	0.00(0.00)
lag2FAWYT · d2	—	—	0.01(0.00)	—	—	—
FAWBPC	-0.00(0.00)	-0.00(0.00)	-0.00(0.00)	-0.00(0.00)	-0.00(0.00)	-0.00(0.00)
FAWNC	-0.00(0.00)	-0.00(0.00)	-0.00(0.00)	-0.00(0.00)	-0.00(0.00)	-0.00(0.00)
LNIH	1.20(0.08) ***	1.19(0.09) ***	1.15(0.10) ***	1.16(0.10) ***	1.15(0.10) ***	1.27(0.10) ***
Patent2	-0.00(0.00)	-0.00(0.00)	-0.00(0.00)	—	—	—
Lag1Patent2	—	—	—	-0.00(0.00)	—	—
Lag2Patent2	—	—	—	—	-0.00(0.00)	—
Lag3Patent2	—	—	—	—	—	-0.00(0.00)
LCV	-0.01(0.01)	-0.01(0.01)	-0.01(0.01)	-0.01(0.01)	-0.01(0.01)	-0.01(0.01)
NESHE	0.01(0.00) ***	0.01(0.00) ***	0.01(0.00) ***	0.01(0.00) ***	0.01(0.00) ***	0.01(0.00) ***
_cons	-0.41(0.11) ***	-0.40(0.12) ***	-0.24(0.14) *	-0.24(0.14) *	-0.24(0.14) *	0.10(0.14)
obs	2337	2214	2091	2091	2091	1968
Prob > chi2	0.0000	0.0000	0.0000	0.0000	0.0000	0.0000
R - square	0.1176	0.0886	0.0766	0.0768	0.0766	0.1119

注：“*”“**”“***”分别表示显著性概率。“***”，$p<0.01$；“**”，$p<0.05$；“*”，$p<0.1$。括号里为标准误，保留两位小数。回归结果由 stata 13.0 计算所得。

表 4 "长江经济带"建设背景下西部地区第二产业高质量发展的政策效应

TFP2	（传统要素投入）固定资产投资项滞后回归			（创新）专利项滞后回归		
	（1）	（2）	（3）	（4）	（5）	（6）
UPD · d1	0.00(0.00)	0.00(0.00)	0.00(0.00)**	0.00(0.00)	0.00(0.00)	0.01(0.00)***
FixAsset	-0.09(0.01)***	-0.09(0.01)***	-0.09(0.01)***	-0.09(0.01)***	-0.09(0.01)***	-0.16(0.01)***
FAWYT · d2	0.00(0.00)	—	—	—	—	—
Lag1FAWYT · d2	—	0.00(0.00)	—	0.00(0.00)	0.00(0.00)	0.00(0.00)
lag2FAWYT · d2	—	—	0.01(0.00)	—	—	—
FAWBPC	0.00(0.00)	0.00(0.00)	0.00(0.00)	0.00(0.00)	-0.00(0.00)	0.00(0.00)
FAWNC	-0.00(0.00)	-0.00(0.00)	-0.00(0.00)	-0.00(0.00)	-0.00(0.00)	-0.00(0,00)
LNIH	1.24(0.09)***	1.20(0.10)***	1.15(0.10)***	1.19(0.10)***	1.13(0.10)***	1.32(0.10)***
Patent2	-0.00(0.00)	-0.00(0.00)	-0.00(0.00)	—	—	—
Lag1Patent2	—	—	—	-0.00(0.00)	—	—
Lag2Patent2	—	—	—	—	-0.00(0.00)	—
Lag3Patent2	—	—	—	—	—	-0.00(0.00)
LCV	0.00(0.01)	0.00(0.01)	0.01(0.01)	0.00(0.01)	0.01(0.01)	0.00(0.01)
NESHE	0.01(0.00)***	0.01(0.00)***	0.01(0.01)	0.01(0.00)***	0.01(0.00)***	0.01(0.00)***
_cons	0.20(0.07)***	0.24(0.08)***	0.38(0.10)***	0.25(0.08)***	0.39(0.10)***	0.82(0.10)***
obs	2336	2213	2090	2213	2090	1967
Prob > chi2	0.0000	0.0000	0.0000	0.0000	0.0000	0.0000
R - square	0.1033	0.0741	0.0629	0.0734	0.0614	0.0994

注："*""**""***"分别表示显著性概率。"***"，$p<0.01$；"**"，$p<0.05$；"*"，$p<0.1$。括号里为标准误，保留两位小数。回归结果由 stata 13.0 计算所得。

表 5　“长江经济带”建设背景下西部地区第三产业高质量发展的政策效应

TFP3	（传统要素投入）固定资产投资项滞后回归			（创新）专利项滞后回归		
	(1)	(2)	(3)	(4)	(5)	(6)
UPD · d1	-0.02(0.00)***	-0.03(0.00)***	-0.03(0.00)***	-0.02(0.00)***	-0.03(0.00)***	-0.03(0.00)***
FixAsset	-0.06(0.01)***	-0.06(0.01)***	-0.05(0.01)***	-0.06(0.01)***	-0.05(0.01)***	-0.06(0.01)***
FAWYT · d2	-0.01(0.00)	—	—	—	—	—
Lag1FAWYT · d2	—	0.00*(0.00)	—	0.00(0.00)	0.00(0.00)	0.00(0.00)
lag2FAWYT · d2	—	—	-0.00(0.00)	—	—	—
FAWBPC	0.00(0.00)	-0.00(0.00)	0.00(0.00)	0.00(0.00)	-0.00(0.00)	-0.00(0.00)
FAWNC	0.00(0.00)	-0.00(0.00)	-0.00(0.00)	-0.00(0.00)	-0.00(0.00)	-0.00(0.00)
LNIH	1.68(0.09)***	2.01(0.09)***	2.13(0.10)***	2.01(0.09)***	2.12(0.10)***	2.15(0.10)***
Patent3	-0.00(0.00)	-0.00(0.00)	-0.00(0.00)	—	—	—
Lag1Patent3	—	—	—	-0.00(0.00)	—	—
Lag2Patent3	—	—	—	—	-0.00(0.00)	—
Lag3Patent3	—	—	—	—	—	-0.00(0.00)
LCV	0.00(0.01)	0.00(0.01)	0.00(0.01)	0.00(0.01)	0.00(0.01)	-0.00(0.01)
NETHE	0.01(0.00)***	0.01(0.00)***	0.01(0.00)***	0.01(0.00)***	0.01(0.00)***	0.01(0.00)***
_cons	-0.36(0.08)***	-0.75(0.09)***	-1.05(0.10)***	-0.75(0.09)***	-1.04(0.10)***	-0.99(0.11)***
obs	2336	2214	2091	2213	2090	1967
Prob > chi2	0.0000	0.0000	0.0000	0.0000	0.0000	0.0000
R - square	0.2117	0.2285	0.2444	0.2296	0.2448	0.2392

注：“*”“**”“***”分别表示显著性概率。“***”，$p<0.01$；“**”，$p<0.05$；“*”，$p<0.1$。括号里为标准误，保留两位小数。回归结果由 stata 13.0 计算所得。

的发展阶段理论，结合西部地区的实际来看，西部绝大部分地区仍处于工业化中期阶段（实证中的绝大部分样本），其特征表现为制造业内部由轻型工业转向重型工业；西部少部分地区处于工业化后期阶段，其特征表现为第三产业逐渐由平衡增长向持续的高速增长转变；西部极少部分地区（如成都）处于后工业化阶段，制造业内部结构开始由资本密集型向技术密集型转换，知识密集型产业逐渐从服务业中分离出来。另一方面，配第—克拉克定律揭示了经济发展过程中产业部门劳动力分布结构变化的一般规律，即制造业相比于农业、商业相比于制造业能够获得更多收入，这种不同产业间收入的相对差异，促使劳动力逐步转移到能获得更高收入的部门。能够支付高工资的前提是该行业部门具有明显的比较优势，但目前西部地区的第三产业发展相对其他地区而言尚未表现出明显的优势，因此理论上新型城镇化战略推动下农村居民进城并不会对第三产业的高质量发展起到显著的促进作用。

从人力资本和创新要素的角度来看，一方面，西部地区的高等教育毕业生与第一产业和第三产业从业人员的交互作用（NEPHE 和 NETHE）对 TFP1、TFP3 的促进效果较为显著，高等教育毕业生与第二产业从业人员的交互作用（NESHE）与 TFP2 存在显著的负向关联，这说明西部地区的第一产业和第三产业对于留住本地人才起到了“蓄水池”的作用。第二产业人力资本流失现象明显，西部地区的第二产业的人才发展环境（包括创业环境、工作环境等）不利于留住本地人才，对此，可能的解释是第二产业相关部门的用人机制存在一定问题，即使留住本地人才，但是现有机制不利于释放人才助推第二产业高质量发展的主观能动性。同时东部沿海城市的制造业工资引力相对较强，这也可能是西部地区人才外流的一个重要原因。另一方面，西部地区的高等教育机构（LNIH）对 TFP1、TFP2 和 TFP3 的促进效果较强且较为显著，而三次产业各自的研发专利（Patent1、Patent2 和 Patent3）对 TFP1、TFP2 和 TFP3 的影响并不显著。即使在考虑研发专利存在转化周期的情况下，授权后的五年以内，专利并未有效转化为可以促进三次产业高质量发展的动力源。

从区位属性来看，西部地区的中心城市（FAWBPC）及其周边邻近城市（FAWNC）的固定资产投资对 TFP1、TFP2 和 TFP3 的影响不显著，可能的解释是这些城市也存在固定资产投资低效率问题，同时这些城市的投资营商环境也有待改善（硬件投资低效、软环境欠佳）。如政府的产业园区建设好以后并没有引来企业入驻，即使初期引来企业入驻，但是由于产业间互补性较差、投资营商环境有待改善等，后期也留不住这些企业。这说明相比于其他区位优势不明显的城市（外围）而言，中心城市及其邻近城市（核心）并未有效利用好自身的区位优势，其固定资产投资等硬环境建设并未有效促进产业的高质量发展。

（二）多重共线性检验及稳健性检验

本研究在回归分析前，先运用方差膨胀因子（VIF）对各解释变量之间的内生性问题进行了检验，在剔除相关变量后，各解释变量的 VIF 均小于 10（见表 6）。通过设置时间滞后项的方法（6 个不同模型）检验了在解释变量发生改变的情况下核心解释变量与被解释变量之间回归结果的稳健性（见表 3、表 4、表 5）。

表 6　回归模型中解释变量的多重共线性检验结果

变量	第一产业		第二产业		第三产业	
	VIF	1/VIF	VIF	1/VIF	VIF	1/VIF
LNIH	4. 14	0. 24	4. 13	0. 24	4. 12	0. 24
LCV	3. 74	0. 27	3. 78	0. 27	3. 77	0. 27
UPD · d1	2. 90	0. 35	2. 84	0. 35	2. 75	0. 36
FAWOB · d2	1. 58	0. 63	2. 26	0. 44	1. 75	0. 57
FAWYT · d3	1. 79	0. 56	1. 89	0. 53	1. 96	0. 51
FAWR · d4	1. 40	0. 71	1. 38	0. 72	1. 38	0. 72
FAWBPC	2. 77	0. 36	2. 81	0. 36	2. 79	0. 36
FAWNC	1. 30	0. 77	1. 37	0. 73	1. 32	0. 76
NEPHE	3. 16	0. 32	—	—	—	—
NESHE	—	—	7. 42	0. 14	7. 56	0. 13
NETHE	—	—	—	—		
Patent1	2. 04	0. 49	—	—	—	—
Patent2	—	—	3. 20	0. 31	—	—
Patent3	—	—	—	—	2. 30	0. 44

注：多重共线性检验结果由 stata13. 0 汇报。

五　主要结论及启示

将具体的实证研究结果和理论框架中提出的研究问题结合来看，本研究得出以下观点。

（一）发展阶段的差异性和人力资本积累不足是西部地区产业高质量发展的现实障碍

西部地区绝大部分城市仍处于工业化中期阶段，这个现实条件决定了新型城镇化战略实施对于产业高质量发展的影响相对有限。从第一产业的角度来看，新型城镇化的实施使得农村居民的居住质量、基本公共服务质量等得到一定提升，培育了一批新型农民，一定程度上提高了西部地区农业的投入产出效率。从第二产业的角度来看，一批农村居民进入西部地区的制造业部门，由于这批人员中的一部分之前到过东部沿海城市的制造业部门工作，积累了一些工作技能，同时人员间或多或少地存在工作技能（缄默知识）的溢出效应，对提高西部地区制造业的投入产出效率产生了一定的促进作用。但由于缺乏专业的“产业工人”培育机制，农村劳动力进入城市后未能有效转化为高素质的产业工人，“人力资源”并未成为“人力资本”，同时东部地区的制造业部门能够支付更高工资，在工资差的作用下有一定技能的劳动力流失现象严重，西部地区第二产业的高质量发展仍存在一定制约瓶颈。从第三产业的角度来看，新型城镇化未能显著促进西部地区第三产业高质量发展的原因在于，第三产业的高质量发展需要具备一定条件，一方面需要区域的人均收入水平显著提升，这是消费型服务业蓬勃发展的前提；另一方面需要制造业由传统的劳动力密集型和资本密集型转向技术密集型，这是生产性服务业与制造业部门融合发展的基础。

（二）西部地区“核心”与“外围”城市均存在固定资产投资低效率问题

西部地区大部分城市的固定资产投资短期内对第一产业和第三产业的其

他发展资源存在“挤出效应”，但这种“挤出效应”随着时间推移而逐渐减弱。一些必要的固定资产投入是第二产业高质量发展不可或缺的因素，尤其是制造业发展的一些重要公共基础设施。当前西部地区中心城市及其邻近周边城市的固定资产投资未显著促进三次产业全要素生产率的提升，一方面需要注意固定资产投资低效的问题，另一方面需要进一步优化投资营商环境。此外，传统的通过固定资产投资改善“旧基础设施”方式对西部地区产业的高质量发展带动效应已经难以为继，需要依靠以5G、人工智能、大数据等为代表的新基础设施建设带动西部产业的高质量发展。

（三）西部地区的产学研对接仍存在一定阻碍，创新成果对区域产业的高质量发展尚未起到显著的助推作用

在相关政策实施背景下，西部地区三次产业发明专利等创新成果在授权至少五年的时间范围内并未有效地走出高校和科研院所，走到具体的产业部门中去。在制度建设层面，研发机构、学术界和产业界之间由于现有的专利转化机制不完善、不够细化，尤其是产权和商业使用权尚未有效分离，制约了科研成果的有效转化。在创新主体层面，一个完整的创新生态系统中，实现科研成果转化并不是研发人员所擅长的，也不是产业界所擅长的，需要有一些创新中介在其中“牵线搭桥”，这类人员必须具有科技企业家的特质，即时刻了解产业发展的实际需求，还得动态跟进科研界特定领域的最新研究进展，知道哪些研究项目对解决现实中的产业发展难题具有较大潜力。但目前国内还未重视创新生态系统中的这类主体，未来西部地区的高质量发展离不开创新为其赋能，西部地区应该思考如何打通创新生态上中下游的各个环节，使得研发专利不再被“束之高阁”，真正实现研发专利流动起来，为西部地区的产业发展注入新动能。

参考文献

姚艳梅：《美国西进运动与中国西部大开发的对比及启示》，《河北学刊》2011年第

1 期。

柯迪祖：《中国西部开发与美国西部开发的比较研究》，《探索》2001 年第 4 期。

刘军、邱长溶：《西部大开发税收优惠政策实施效果评估》，《当代经济科学》2006 年第 4 期。

魏后凯：《“十一五”时期我国西部大开发的政策取向》，《经济学动态》2006 年第 1 期。

刘生龙、王亚华、胡鞍钢：《西部大开发成效与中国区域经济收敛》，《经济研究》2009 年第 9 期。

朱承亮、岳宏志、李婷：《基于 TFP 视角的西部大开发战略实施绩效评价》，《科学学研究》2009 年第 11 期。

魏后凯、袁晓勐：《我国西部大开发税收政策评价及调整方向》，《税务研究》2010 年第 2 期。

邓翔、李双强、袁满：《西部大开发二十年政策效果评估——基于面板数据政策效应评估法》，《西南民族大学学报》（人文社科版）2020 年第 1 期。

林毅夫、刘培林：《中国的经济发展战略与地区收入差距》，《经济研究》2003 年第 3 期。

Fleisher B., Li H., Zhao M. Q., “Human Capital, Economic Growth, and Regional Inequality in China,” *Journal of Development Economics*, 2009, 92 (2).

Yang Song, “Rising Chinese Regional Income Inequality: The Role of Fiscal Decentralization,” *China Economic Review*, 2013 (27).

Cheong T. S., Wu Y., “The Impacts of Structural Transformation and Industrial Upgrading on Regional Inequality in China,” *China Economic Review*, 2014 (31).

蔡昉、都阳：《中国地区经济增长的趋同与差异——对西部开发战略的启示》，《经济研究》2000 年第 10 期。

靳春平、廖涛：《西部大开发对地区经济发展的影响——以四川为例》，《财经科学》2006 年第 6 期。

岳利萍、白永秀：《从东西部地区差距评价西部大开发战略实施绩效——基于主成份分析法的视角》，《科研管理》2008 年第 5 期。

淦未宇、徐细雄、易娟：《我国西部大开发战略实施效果的阶段性评价与改进对策》，《经济地理》2011 年第 1 期。

刘瑞明、赵仁杰：《西部大开发：增长驱动还是政策陷阱——基于 PSM - DID 方法的研究》，《中国工业经济》2015 年第 6 期。

彭曦、陈仲常：《西部大开发政策效应评价》，《中国人口·资源与环境》2016 年第 3 期。

袁航、朱承亮：《西部大开发推动产业结构转型升级了吗？——基于 PSM - DID 方法的检验》，《中国软科学》2018 年第 6 期。

Lasswell H. D., "The Immediate Future of Research Policy and Method in Political Science," *American Political Science Review*, 1951, 45 (1).

Dye T. R., "Public Entrepreneurs: Agents for Change in American Government," *American Political Science Review*, 1995, 89 (4).

官卫华、姚士谋：《西部大开发中城市化发展的几个关键问题》，《经济地理》2002年第5期。

矫海霞：《浅论西部大开发中的城市化问题》，《兰州学刊》2002年第5期。

Romer P. M., "Capital, Labor, and Productivity," *Brookings Papers on Economic Activity Microeconomics*, 1990, (22).

张国强、温军、汤向俊：《中国人力资本、人力资本结构与产业结构升级》，《中国人口·资源与环境》2011年第10期。

段兴民：《西部可持续发展的人力资源开发战略》：《中国人力资源开发》2009年第1期。

陆铭、向宽虎：《破解效率与平衡的冲突——论中国的区域发展战略》，《经济社会体制比较》2014年第4期。

B.13

成渝地区双城经济圈与西部陆海新通道的互动发展研究*

和瑞芳**

摘　要： 全球正经历百年未有之大变局，成渝“双城经济圈”和西部陆海新通道将通过互动发展的方式，释放“一带一路”、长江经济带发展、西部大开发和粤港澳大湾区等国家战略红利，使成渝“双城经济圈”成为我国辐射东南亚、南亚的国际区域中心，促进西部地区整体崛起。

关键词： 成渝地区双城经济圈　西部陆海新通道　西部大开发

一　引言

新冠肺炎疫情影响下的全球百年未有之大变局引发了新一轮科技革命和产业变革，必须加快部署以国内大循环为主体、国内国际双循环相互促进的新发展格局，推动成渝地区双城经济圈发展，加快推进西部陆海新通道建设。2016 年发布的《成渝城市群发展规划》、2021 年发布的《成渝地区双城经济圈建设规划纲要》、2019 年 8 月发布的《西部陆海新通道总体规划》、2021 年 9 月发布的《“十四五”推进西部陆海新通道高质量建设实施方案》

* 本报告系基金项目：云南省哲学社会科学规划办项目（YB2019040）。

** 和瑞芳，博士，云南省社会科学院/中国（昆明）南亚东南亚研究院副研究员，研究方向为区域经济、城市经济和国际经济。

以及2021年6月印发的《成渝地区双城经济圈综合交通运输发展规划》，都着眼于更大力度地形成东中西线通路合理分工、核心覆盖区和辐射延展带密切沟通、与东南亚地区互联互通的西部陆海新通道陆路交通网络，使成渝地区双城经济圈成为引领我国西部地区发展和辐射东南亚、南亚的国际区域经济中心，打造成为我国区域经济第四增长极，促进西部大开发。

二　成渝地区双城经济圈与西部陆海新通道的发展状况

（一）成渝地区双城经济圈战略的演变过程

1. 成渝经济区战略的出台

2003年开始，随着西部大开发战略的不断推进，成渝经济区发展问题也得到众多学者的关注。国家发改委宏观院的肖金成、四川学界的学者对成渝经济区发展都进行了研究，强调成渝经济区的建设和繁荣是川渝两省市的共同任务。① 早在2005年，《国务院关于加强国民经济和社会发展规划编制工作的若干意见》中就提出要对以影响力较大的特大城市为基底的城市群以及国家总体规划明确划定的重点开发区域或保护区域等编制跨省（区、市）的区域规划，国家发展改革委在2010年发布了《成渝经济区区域规划》。根据《成渝经济区区域规划》，成渝经济区规划涉及重庆市31区县和四川省15县市，辖区面积近18.5万平方公里，经济产值超过6万亿元人民币。《成渝经济区区域规划》提出了成渝地区建设西部地区重要经济中心、国家级重要现代产业基地、内陆开放的试验区、城乡统筹发展示范区和长江上游生态安全保障区等目标，着眼于整个西部地区和全国区域发展协调。②

---

① 肖金成、汪阳红、张燕：《成渝城市群空间布局与产业发展研究》，《全球化》2019年第8期。

② 《成渝经济区区域规划》，新华网，2011年5月5日。

2. 成渝城市群发展规划的出台

2014 年，《国家新型城镇化规划（2014—2020 年）》提出中央政府和省级政府要加快培育成渝等城市群，并就协调跨省行政区、本行政区的城市群规划编制和组织实施提出了明确要求。《成渝城市群发展规划》提出以成都、重庆两个城市为核心支撑，发展中小城市和重点小城镇，优化城市空间结构。

2016 年，历时两年编制的《成渝城市群发展规划》印发，提出成渝城市群是西部大开发的重要平台，与 2010 年《成渝经济区区域规划》一脉相承，强调其在长江经济带、国家推进新型城镇化中的重要地位，提出到 2030 年重庆、成都等国家中心城市辐射带动作用明显增强的战略目标，并就相应的城市群一体化和同城化、创新型现代产业支撑体系、人口经济集聚度、国际竞争力等提出要求，力争将成渝城市群打造成世界级城市群。另外，强化与川渝毗邻地区的合作，也是《成渝城市群发展规划》的重点内容。

3. 成渝地区双城经济圈战略的推出

成渝地区双城经济圈战略备受顶层设计支持。2019 年 4 月，习近平总书记考察重庆时提出加快成渝城市群一体化发展的要求。在 2020 年 1 月 3 日举行的中央财经委员会第六次会议上，习近平总书记提出要加快建设成渝地区双城经济圈。2020 年 3 月 17 日、12 月 14 日和 2021 年 5 月 27 日，推动成渝地区双城经济圈建设川渝党政联席会议举行了 3 次，签署 200 多份合作协议，提出共建 2 个国家级和 8 个省市级川渝毗邻地区合作平台。2020 年 10 月 16 日举行的中共中央政治局会议审议通过了《成渝地区双城经济圈建设规划纲要》。[①] 会议要求成都、重庆两个核心城市要发挥协同带动作用，把成渝地区建设成为我国重要的经济和科技创新中心、改革开放新高地和高品质生活宜居地。这也标志着，自京津冀、长三角、粤港澳大湾区三大增长

① 《习近平主持中共中央政治局会议 审议〈成渝地区双城经济圈建设规划纲要〉》，《人民日报》2020 年 10 月 16 日。

极建设以来，成渝地区也将成为我国高质量发展的新动力源，即中国区域经济“第四极”。2021 年 10 月 20 日，期盼已久的《成渝地区双城经济圈建设规划纲要》正式发布，提及成渝地区双城经济圈建设“双核引领，区域联动；改革开放，创新驱动；生态优先，绿色发展；共享包容，改善民生；统筹协同，合作共建”的战略原则，目标在于大幅度提升辐射带动周边地区发展的能力，从而显著提升综合竞争力。

总之，从《成渝经济区区域规划》的发布到《成渝地区双城经济圈建设规划纲要》的出台，历时 10 年的战略演进表明成渝经济圈是新时期国家有选择有重点地在西部地区进行重点开发和重点建设，国家连续三次为成渝制定战略规划的情况在全国是少有的。随着时间推移，成渝经济圈的辐射能力不断提升，成渝两地之间的“中间塌陷地带”范围进一步缩小，成渝及其周边地区共同成为中国经济“第四极”。一体化发展、双城联动、以人为本、绿色发展，以及处理好核心城市和周边区域之间的关系，是成渝未来一段时期的建设重点。

（二）西部陆海新通道的发展过程

1. 重庆建设西部国际陆海新通道的进程

西部国际陆海新通道，是在中国与新加坡共建南向通道基础上发展起来的，意在化解内陆地区对外开放等方面的劣势并促进产业结构转型和经济发展。2011 年中欧班列常态化后，为更好地对接陆上丝绸之路经济带和 21 世纪海上丝绸之路，重庆开始探索南向经北部湾出海的通道，意在打通孟中印缅经济走廊和中南半岛经济走廊运输通道进入印度洋。2012 年，“渝昆缅（越）”国际铁路集装箱由渝黔铁路经贵阳、昆明、大理，自瑞丽出境到缅甸皎漂港进入印度洋地区。2017 年 8 月，围绕《关于合作共建中新互联互通项目南向通道的框架协议》，重庆、广西、贵州、甘肃省区之间达成一致，2017 年 9 月，由重庆向南经贵州到达广西北部湾等海疆陆疆口岸，通往新加坡等东盟主要物流节点的中新互联互通通道正式常态化运营。2019 年 1 月，共建中新国际陆海贸易新通道获得了重庆、广西、贵州、云南以及西北省区甘肃、青海、新疆、宁夏7个西部省份的支持。从重庆经广西等西部省份到达新加坡等东盟国家的国际陆海贸易新通道，借助铁路、航空、海运、公路等运输方式，与传统长江航运通道相比，运距缩短了近2150公里，耗时节约20天以上。2020年7月，重庆市西向到达缅甸皎漂港出海，打通重庆直通缅甸的海公铁联运中缅国际贸易新通道，这一通道单程时间较传统物流时间减少了20天以上。2020年10月，重庆国际物流枢纽园区被中国国家发改委、交通运输部联合认定为陆港型国家物流枢纽，上升为支撑国家"双循环"经济的关键枢纽支点之一。2021年4月2日，重庆市开始积极对接RCEP等国际合作机制，强化成渝地区双城经济圈与东盟、南亚、东北亚地区的合作。2021年4月25日，西部陆海新通道重庆无水港在重庆国际物流枢纽园区开建，它将联动长江黄金水道、中欧班列（渝新欧）等国际贸易通道，打造面向内陆辐射全国的"运产贸"一体化供应链平台和全程一站式物流服务，成为西部陆海新通道上极具竞争力和影响力的重要国际贸易节点。

2. 四川省构建西部国际陆海新通道的进程

随着2021年12月3日中老铁路的开通，从四川始发的中老国际班列等西部国际陆海大通道也将加快建设。2018年6月，结合国际国内形势，成都制定了《关于加快构建国际门户枢纽全面服务"一带一路"建设的意见》，并基于人文交流优势，制定《建设西部对外交往中心行动计划（2017—2022年）》，增强对外开放软实力，其中涉及以成都为核心的南向五大高速陆路通道，分别从成都经云南或广西到缅甸、老挝、越南、钦州（港口）。成都开通至北部湾的铁路"天天班"，也推动了成都国际铁路港、宜宾港、泸州港、西南（自贡）无水港与北部湾港的海铁联运，强化与亚太地区、欧亚大陆和环印度洋地区的互联联通。2018年9月以来，四川又陆续与广西、香港、澳门也签署了类似预备共同推动南向通道框架协定。随着当前中老铁路的运营，四川至老挝的铁海联运班列也将开通。早在2020年11月，成都国际铁路港投资发展公司就与老挝磨丁经济专区开发集团、云南洲际班列物流公司签署了相关战略合作协议，未来成都将带动沿线贵州、云南协同辐射东南亚、南亚地区。

3. 中央推进西部陆海新通道战略的进程

西部陆海新通道部署"新布局、新动能、新市场、新融合"四个"新"，是对接成渝地区发展需求的重要动力，有助于西部地区整体崛起。2019 年 8 月出台的《西部陆海新通道总体规划》这一国家战略，不仅明确"西部陆海新通道"的概念，还明确主通道、重要枢纽、核心覆盖区、辐射延展带"四维度"，确定了以成都、重庆为起点的三条陆海贸易通道主通道，支撑西部地区通过物流、贸易、产业对接"一带一路"等国际经济合作。在 2020 年 10 月 16 日中共中央政治局会议上对成渝地区双城经济圈建设提出以共建"一带一路"为引领，建设西部陆海新通道并参与国内国际经济双循环的使命。2021 年 6 月 7 日，国家发展改革委和交通运输部印发《成渝地区双城经济圈综合交通运输发展规划》，指明西向和南向通道的重点是面向东南亚和南亚，提出"西向通道为沿川藏通道经林芝至樟木，通往中尼印和孟中印缅经济走廊。向北经兰西，沿大陆桥走廊经乌鲁木齐至霍尔果斯/阿拉山口，对接新亚欧大陆桥、中国—中亚—西亚、中巴等国际经济走廊。南向通道为沿西部陆海新通道，通往北部湾出海口（北部湾港、洋浦港），衔接中国—中南半岛国际经济走廊。沿成渝昆通道经滇中，连接瑞丽、磨憨、河口等边境口岸，衔接孟中印缅国际经济走廊"。2021 年 9 月 2 日，国家发展改革委印发《"十四五"推进西部陆海新通道高质量建设实施方案》，意在加快落实《西部陆海新通道总体规划》，强调借助成渝地区双城经济圈铁海联运、国际班列班车、航线航班，持续强化东中西三条通路，使通道、港口和物流枢纽的运营更加高效，推动沿线经济和产业发展，到 2025 年建成绿色经济的高效率西部陆海新通道。

三 成渝地区双城经济圈与西部陆海新通道的互动形势

成渝地区双城经济圈通过西部陆海新通道，将加快"走出去"步伐，促进西部地区与周边地区互联互通，强化西部地区与东盟的邻近优势，使成渝等地成为西部地区重要的经济合作伙伴，推动西部大开发开放。

（一）实现战略互动

西部陆海新通道将中西部广大的省份都吸收进来，对接丝绸之路经济带和长江经济带，促进新一轮西部大开发的实施，实现了与成渝地区双城经济圈的战略互动。首先，西部陆海新通道有利于西部地区与长江经济带之间形成“国内循环”体系，来自成渝等西部地区和长江经济带的货物，通过西部陆海新通道安全、便捷地发往东南亚、南亚各国，打通“国际循环”体系。2020 年以来，受全球新冠肺炎疫情等影响，国际海运、空运受阻，陆海联动、东西互济的西部陆海新通道物流规模大幅增长，国际合作范围持续扩张。通道网络持续拓展，海运、空运、陆运三种物流形态货运规模分别增长 104%、126%、149%，合作范围覆盖我国西部地区、全球 96 个国家和地区的 250 个港口，在保障疫情下全球产业链、供应链安全，形成“双循环”新发展格局等方面体现出重要战略价值。[①] 其次，西部陆海新通道提升了成渝“双城经济圈”的经济辐射能力。西部陆海新通道的建设主要是从货运物流的角度考虑，货物进出口成本的降低，有效提升了成渝地区的制造业外向度，跨境金融、物流组织、贸易结算、船运组织等生产服务功能和跨境人员往来将增加，成渝将成为内陆开放的重要门户，有利于提升成渝地区双城经济圈在西部地区的战略地位。

（二）二者助力西部地区整体开放

通过西部陆海新通道，成渝“双城经济圈”将工业产品对外输出到东南亚、南亚和非洲，促进成渝对外开放、资本和货物输出。重庆基于“渝新欧”和产业基础，以铁海联运、跨境公路班车、国际铁路联运构成的物

① 梁倩等：《陆海新通道升级　西部地区高质量发展迎新机遇》，《经济参考报》2021 年 9 月 8 日。

流组织体系日益完善。到 2021 年至 7 月底，重庆经西部陆海新通道累计运输超 22 万标箱，货值 400 亿元，辐射 106 个国家和地区的 308 个港口。[①] 同时，西南地区之间的经济交流和合作加深。随着中国—东盟自贸协定的签署，来自东盟的亚热带水果、橡胶、香料和海鲜等优势产品也销往成渝等西部地区。2020 年，西部地区途经西部陆海新通道至北部湾的固定班列近 10 条，铁海联运班列超过 4600 列，同比增长 105%，其中至越南跨境班列近 1300 列，同比增长 23% 以上。北部湾港、洋浦港铁海联运集装箱也在飞速增长，实现了与全球 100 多个国家和地区的通航，吞吐量分别达到 505 万标箱、102 万标箱。2020 年广西北部湾港装箱吞吐量同比增速居全国第一，货物吞吐量增速居全国第二。2020 年，经广西的铁海联运班列开行 4607 列，是 2017 年开行之初的近 26 倍。2021 年 1 ~7 月，西南地区铁海联运班列开行量继续保持 60% 以上增速，未来增长态势强劲。

（三）助力重庆成为开放高地

西部陆海新通道建设有利于通道与重庆区域经济融合发展，提升通道对外开放水平，将加快《重庆市推进西部陆海新通道建设实施方案》落地，形成重庆开放格局。强化重庆在成渝地区双城经济圈的分工协作，依托重庆陆港型、港口型、空港型国家物流枢纽，发展枢纽经济，对接出海出境大通道，发挥中新（重庆）、渝新欧等战略性互联互通示范项目效应，打造境内外供应链节点体系。促进重庆和成都建立成渝地区双城经济圈省际协商合作机制，联合西部省区市、海南省、广东省湛江市，在东盟等地部署海外产业园区和经贸合作园区。

（四）助力四川开放发展

成渝地区双城经济圈和西部陆海新通道建设将助力四川经济快速发展。

---

① 肖福燕：《重庆经西部陆海新通道“运”了 22 万标箱，货值 400 亿元》，《重庆日报》2021 年 9 月 3 日。

将推动2019年《成都市推进西部陆海新通道建设促进南向开放合作三年行动计划（2019—2021年）》提出的4个方面共14项任务，使成都南向班列逐年增加，加强与上海、广西、广东、海南等主要港口城市的合作，形成以“东蓉欧”为主通道的全球供应链体系。此外，将促进四川与东盟和南亚地区的合作。随着中国—东盟自贸区的不断发展，以及《区域全面经济伙伴关系协定》的签订，东盟成为成渝国际制造业转移目的地，四川与东盟各国的经济合作日益密切，强化了西南地区与东盟的产业联系。2020年RCEP正式签署以来，东盟发展成为四川重要的贸易伙伴，2021年上半年，四川与东盟进出口额占四川与RCEP成员国进出口总额的比重超过60%。[①] 另外，四川也是与印度等南亚国家合作较深的省份，在贸易投资、教育文化等领域开展了诸多务实合作，以成都为核心的众多面向东南亚、南亚国家的双向交流和投资合作服务平台丰富，通过成都至老挝等东南亚国家的“成都—泛亚”东线国际跨境铁路班列，成都天府国际机场和双流国际机场扩能升级，以成都为核心的面向东南亚、南亚的区域分拨中心将有利于四川加速形成内外产业链，通过电子、制造、医药、交通、新能源、新材料等产业集群辐射南亚、东南亚地区。

（五）推进成渝地区双城经济圈与西部陆海新通道沿线地区的区域一体化发展

西部陆海新通道将塑造以成渝地区双城经济圈为引领的西部均衡发展模式。目前，依托西部陆海新通道，成渝两省与贵州、广西、云南等围绕物流、贸易、产业等开展合作。如四川、广西共建的川桂国际产能合作产业园由川桂先导孵化中心、供应链中心、东盟中心、配套商业街等组成，也是通道经济最直接的体现。随着由成渝地区牵头的省际协商机制不断完善，成渝地区与西部省区的交通互联互通将补齐通道短板，实现物流和贸易通道的融合。如渝昆高铁自重庆出发，途经四川、贵州接入昆明，联通中老铁路、中

---

① 白婉平：《3个60%支撑四川外贸再创历史新高》，《四川日报》2021年8月17日。

缅铁路以及中泰铁路等泛亚铁路，将提升成渝地区双城经济圈及西部地区和东盟国家贸易合作水平，促进一体化发展。

四　展望

（一）成渝地区双城经济圈崛起，借助西部陆海新通道加快落实“国内国际双循环”

西部陆海新通道是我国西部地区南下、西向发展的重要驱动力，助推成渝地区由中心城市驱动的“成渝经济区”、城市群引领的“成渝城市群”进入“成渝地区双城经济圈”时代，调整在全球产业链和供应链构成的国际价值链和全球经济秩序中的地位，强化成渝地区双城经济圈在“国内国际双循环”枢纽中的核心地位，加快与粤港澳、长三角等地的协同发展。[①] 成渝地区将以西部陆海新通道为脉络，对内联通中国西南、西北、南亚、东盟、长江经济带沿线地区，优化西部地区与长江经济带形成的“国内循环”体系；对外将来自西部地区、长江经济带的货物通过西部陆海新通道分散到东盟、南亚等国，东盟国家的货物也可以经西部陆海新通道到达中欧班列，再发往中亚、欧洲地区，形成“国际循环”体系。成渝地区双城经济圈还可以通过西部陆海新通道的铁海联运，从北部湾出海，连接中南半岛，辐射全球300余个港口，强化成渝等西部地区的对外开放力度，使西部内陆地区也能建成国际多式联运枢纽和口岸高地。

（二）西部大开发的有力支撑

成渝地区双城经济圈和西部陆海新通道的互动发展，将为西部大开发提供有力支撑。西部陆海新通道将使成渝地区与西部省区、沿海地区的合作加深，释放其在电子信息、装备制造和金融等产业领域的优势，以人口、城镇

---

① 《“云”记者会丨如何推动成渝地区双城经济圈建设？代表委员这样说》，重庆市人民政府新闻办公室，2021年3月6日。

化、创新能力、开放程度、综合发展水平等领先优势为基底，丰富既有通道能力的经济、文化和科技内涵，协同衔接长江经济带、“一带一路”、西部大开发，为西部地区高质量发展和现代化经济体系建设提供有力支撑。将根据《西部陆海新通道总体规划》建设跨区域、跨产业的集群式、多形式合作联盟，成渝将与通道沿线省（区、市）形成“四向拓展、全域开放”立体全面开放新态势，突破西部向外的能力瓶颈，直接拉动沿线地区物流和金融服务等产业发展。

（三）平台和通道双管齐下，进一步提升周边辐射能力

“一带一路”倡议、长江经济带发展、西部大开发、西部陆海新通道建设都将在成渝地区双城经济圈建设进程中释放叠加效应。结合成渝地区自成体系、自我循环的产业链，加上邻近东盟和南亚国家的地理优势，有望在我国西部打造一个辐射东南亚、南亚的区域经济中心。[①] 西部陆海新通道将使成渝地区双城经济圈打通物流通道，与广西北部湾港和海南洋浦港的资源整合初见成效，基本打通铁海联运和多式联运“最后一公里”，与云南、广西的合作，将有效对接孟中印缅、中国—中南半岛两大经济走廊，形成经北部湾东南向出海和经缅甸皎漂西南向出海两个重要通道。同时，西部陆海国际新通道辐射延展至兰州、西宁、乌鲁木齐、西安、银川等西北重要城市，将提升通道对西北地区的辐射带动作用。此外，成渝地区的5G、人工智能等数字经济发展迅速，为西部地区和周边国家的全球科技创新、产业结构调整、经济社会发展、产业转型升级、培育后发优势提供了难得的机遇。未来，在平台和通道的共同作用下，随着与周边互联互通，成渝地区双城经济圈将成为具有全球影响力的科创中心。同时，成渝和云南、广西等省份已经具备较好的人文交流合作基础和平台，有利于未来中国—欧洲中心、“一带一路”交往中心、中国（四川）—东盟自贸合作中心等平台建设；借助中

① 侯永志等：《将成渝地区双城经济圈打造成辐射东南亚、南亚的区域经济中心》，《中国经济时报》2020年9月14日。

国—东盟自贸区和 RCEP 带来的机遇，成渝等西部地区在老挝、泰国、马来西亚、新加坡等国家的境外招商和海外投资推介能力不断提升；借助西部地区与周边交往的历史、教育科技优势，分布在西部陆海新通道的成渝等地的高校将吸引更多的东南亚、南亚学生前来学习进修，或者与东南亚、南亚国家开展合作办学，同时具有国际竞争力的物流新通道、新平台，有利于货物、资金、科技、文化等不断向周边辐射。

（四）以西部国际陆海新通道为渠道打造新型物流体系

西部陆海国际新通道将促进成渝联合广西、重庆、云南等西部陆海新通道沿线省区市物流行业商协会和企事业组织组建以成渝地区为枢纽的物流行业体系，提升西部省份开放水平。尤其是在文莱、柬埔寨、老挝、新加坡、泰国、越南等 6 个东盟成员国和中国、日本、新西兰、澳大利亚等 4 个非东盟成员国已向东盟秘书长正式提交《区域全面经济伙伴关系协定》（RCEP）核准书，RCEP 于 2022 年 1 月 1 日对上述十国开始生效的背景下，① 四川、重庆、广西、贵州、甘肃、青海、新疆、云南、宁夏、陕西、内蒙古、西藏、海南、广东（湛江市）等西部陆海新通道沿线“13 +1”省（区、市）将获得开放利好，倒逼这些地区提升物流专业化、现代化、国际化水平，促进港口、铁路、航运、物流、制造企业、科研院所以及各省份重要协会等资源整合，提升西部物流行业的多式联运效率和质量。显而易见，西部陆海国际新通道将推动由成渝引领的通道经济发展，促进新旧动能转换，吸引东部地区产业向通道沿线转移，形成一批沿通道集聚的产业经济。

（五）促进云南、广西等沿边地区开发开放

成渝地区双城经济圈的崛起和西部陆海新通道将促进诸多西部沿边地区加快新一轮开放。云南、广西等沿边省份地处边疆，产业优势转化为经济优

① 《〈区域全面经济伙伴关系协定〉（RCEP）将于 2022 年 1 月 1 日生效》，中华人民共和国商务部新闻办公室，2021 年 11 月 3 日。

势的潜力大。2021 年以来，云南省委、省政府加快部署中南半岛经济走廊、中缅印度洋物流大通道等，这有利于加快成渝地区双城经济圈和西部陆海国际新通道对接云南瑞丽、保山、临沧综合交通建设等重大工程，提升南宁、贵阳、昆明等沿线国家物流枢纽地位，推动西南地区形成“东西沟通两洋，南北连接丝路”的开放格局，促进广西、云南边境经济合作区建设。具体而言，成渝双城经济圈将沿着陆海新通道建设部署连接攀枝花、临沧、清水河、缅甸、印度洋的海公铁联运物流通道，联动西部空铁国际联运港、广西北部湾国际门户港和钦州港、海南洋浦区域国际集装箱枢纽港，促进成渝与东盟以及韩国、日本、澳大利亚、新西兰与广西、重庆、云南、贵州等的互联互通，以通道带动贸易，以贸易促进产业结构调整，促使云南、广西等西南边疆地区实现陆海内外联动、东西双向互济，建设国际开放市场。

B.14
河南建设国家创新高地的问题与对策研究

王中亚*

摘　要： 创新在我国现代化建设全局中居于核心地位，科技自立自强成为我国发展的战略支撑。河南建设国家创新高地，要顺应新时代科技创新发展新趋势。河南创新综合实力持续提升，创新支撑体系持续完善，创新主体活力持续迸发，创新协同效应持续凸显，具备了建设国家创新高地的基本条件。河南建设国家创新高地也存在一些短板和弱项，创新要素投入不足，产出水平不高，载体平台不多，生态环境不优。国内其他地区实施创新驱动发展战略取得的成功经验值得河南学习借鉴，如探索建立科技创新领导机构，依托优势领域布局创新平台，全力打造高端科技创新载体，积极链接域外创新资源要素。要通过提升认识水平、加大资金投入、夯实人才支撑和深化机制改革，多管齐下，推进河南国家创新高地宏伟目标实现。

关键词： 创新高地　创新驱动　河南

区域创新是实施创新驱动发展的重要载体，在区域经济高质量发展中发挥着引领作用。近年来，河南省持续实施创新驱动发展战略，郑洛新国家自主创新示范区加快建设，全省区域创新能力稳步提升。河南省第十一

* 王中亚，博士，河南省社会科学院工业经济研究所副研究员，研究方向为产业经济和区域经济。

次党代会工作报告指出，把创新摆在发展的逻辑起点、现代化建设的核心位置，着力建设国家创新高地，持续强化“建设一流创新平台，凝练一流创新课题，培育一流创新主体，集聚一流创新团队，创设一流创新制度，厚植一流创新文化，打造一流创新生态”。河南为什么要在“十四五”开局之年提出建设国家创新高地的宏伟目标，是否具有可行性？建设国家创新高地，面临哪些需要亟待破解的难题？国内发达地区提升区域创新能力的新思路、新举措和新经验，对河南建设国家创新高地有哪些启示？建设国家创新高地，是一项复杂的系统工程，着力点和突破口在哪里？本报告试图对以上问题做出回答，为河南科技创新事业高质量发展提供力所能及的智力支撑。

一　河南建设国家创新高地面临的新形势

21 世纪以来，大数据、云计算、人工智能、物联网和 5G 等新一代信息技术提供了研发工具和创新平台，科技创新无处不在、无时不有。河南建设国家创新高地，要顺应新时代科技创新发展新趋势。

（一）更加注重高端创新平台功能

国家实验室是大国发展的必备，国家实验室水平在很大程度上与大国的科技与经济发达程度密切相关。以美国国家实验室为例，作为第三大科研群体，其是支撑美国世界科研领先地位的重要力量，培养了很多诺贝尔奖得主，取得了一大批先进科研成果。2000 年，中国科技部就开始试点国家实验室，但是大部分实验室处于筹建或试点运营阶段。2020 年，我国成功组建首批国家实验室。当前，北京市正着力打造国家战略科技力量，昌平、中关村、怀柔国家实验室全部实现挂牌。上海市推动张江综合性国家科学中心建设，加快推进硬 X 射线、海底科学观测网等项目建设。浙江省首批建设的之江实验室、良渚实验室、西湖实验室和湖畔实验室，为打造国家实验室组建了“预备队员”。

（二）更加聚焦民生科技领域创新

2020 年以来，突如其来的新冠肺炎疫情对全球经济复苏带来不利影响，疾病防治联合攻关受到前所未有的重视。生态环境保护、气候变化应对、资源开发利用、食品安全卫生、极端天气的防灾减灾等事关普通民众的生计和生活问题。当前，食品安全、健康保健等问题逐渐增多，破解这些民生问题，需要科技进步和发展提供强有力支撑。科技创新是经济和社会高质量发展的关键一环，是服务民生、让广大人民群众共享科技成果的重要路径。发展以人民为中心的民生科技是大势所趋。

（三）更加强调企业创新主体作用

越来越多的企业，尤其是大企业成为技术创新的决策、研发投入、科研组织和成果转化的主体。有关资料显示，全球七成以上新技术与新工艺的发明创造由世界 500 强企业贡献。美国和德国的科研经费超过六成来自企业，日本更高，超过了七成。我国的广东省研发投入和科技成果企业所占比例高达 90%。2021 年欧盟产业研发投入记分牌公布的研究报告显示，谷歌母公司 Alphabet 研发投入总体规模连续三年居首，2020 财年达到 224.701 亿欧元，中国的华为以 174.601 亿欧元屈居第二，排名上升两个位次，微软以 168.821 亿欧元位列第三。

（四）更加重视关键领域原始创新

对于一个国家和地区而言，原始创新能力是核心竞争力，是从 0 到 1 的首创，是无中生有的质变，是新技术和新发明的先导，对科技创新具有重大牵引作用，能促进经济结构和产业形态发生重大变革。原始创新和基础研究是科技创新的源头活水，作为一种战略投资，基础研究经费不应只是政府的财政拨款，必须探索建立健全多元化的经费保障机制。2021 年初，上海市开全国之先河，上海市科委与联影集团联合制订“探索者”计划，积极探索基础研究多元投入机制的序幕由此拉开。政府和企业共同出资制订科技计划，引导鼓励企业和社会力量加大基础研究和应用基础研究方面的投入。

二　河南建设国家创新高地具备的基础条件

近年来，河南省全面贯彻新发展理念，坚定推动高质量发展，深入实施创新驱动战略，全省科技创新能力显著提升。

（一）创新综合实力持续提升

2020 年，河南全省规模以上工业企业研究与试验发展经费投入为 686 亿元，有效发明专利数为 36500 件，与 2015 年的 369 亿元、11305 件相比，分别增加了 317 亿元、25195 件，增长率分别为 86%、223%。2020 年，河南申请专利 186369 件，授权专利 122809 件，与 2015 年的 74373 件和 47766 件相比，均有较大幅度攀升，分别增长了 111996 件和 75043 件，增长率分别为 151% 和 157%。2020 年，河南签订技术合同 11751 份，技术合同成交金额达到 384.50 亿元，与 2015 年的 3497 份和 45.56 亿元相比，分别增长了 8254 份和 338.94 亿元，增长率分别为 236% 和 744%。

（二）创新支撑体系持续完善

郑洛新国家自主创新示范区加快建设。河南省积极融入国家战略科技力量体系，整合重组省实验室体系，在争创国家实验室方面做出努力探索，取得了阶段性成效。2021 年 7 月 17 日至 10 月 20 日，嵩山实验室、神农种业实验室、黄河实验室等三家省级实验室先后揭牌成立，标志着河南在打造国家创新高地方面迈出坚实的步伐。河南省科学院重建重振工作顺利推进，于 2021 年 12 月 28 日揭牌运行。截至 2021 年，尼龙新材料、农机装备、氢能与燃料电池汽车等 10 家产业研究院，高端装备、环保与精细化工新材料、生物医药 CXO 一体化等 8 家中试基地开始运行。截至 2020 年末，河南全省拥有省级以上企业技术中心 1143 个、省级以上工程中心 921 个、省级工程技术研究中心 2426 个。

（三）创新主体活力持续迸发

2020年，河南规模以上工业企业研究与试验发展人员全时当量为145464人年，排在广东省、江苏省、浙江省和山东省之后，居全国第5位；河南规模以上工业企业新产品开发项目数为22244项，新产品销售收入为7907亿元。2020年，河南技术市场成交额达到380亿元，与2013年的40亿元相比，增加了340亿元，增长幅度为850%。统计数据显示，河南全省地方财政科技支出、高技术产品出口额、科技企业孵化器数量及在孵企业等重要指标均进入全国前10位。

（四）创新协同效应持续凸显

实施创新驱动发展战略，开展创新资源共享、科技联合攻关和科技成果协同转化，打造科技创新共同体。近年来，河南不断加强协同创新主体建设，充分调动企业、高校、科研单位、科技中介（包括科技大市场、科技孵化器、科技加速器）等协同创新主体的积极性，增强产学研一体化发展活力，创新协同效应得到发挥。2021年10月19~25日，2021年全国大众创业万众创新活动举行，主会场设在河南省郑州市，以“高质量创新创造，高水平就业创业”为主题，采用线上线下相结合的方式举办。从郑州主会场主题展示情况来看，在全国范围内择优遴选了144个项目，设立5个展区全面展示创新创业的典型案例和取得的重要成果。

三　河南建设国家创新高地存在的短板弱项

从纵向看，河南省综合科技创新能力不断增强，从横向看，河南不仅与上海、北京、广东等发达省市有较大差距，而且与湖北、安徽、湖南等中部省份也有一定差距。

（一）创新要素投入不足

从研发经费支出总额及研发经费投入强度看，2020年，河南省R&D经费支出总额为 6855770 万元，与广东省的 24999527 万元、江苏省的 23816855 万元、山东省的 13656187 万元相比，均有很大的差距。从研发经费投入强度看，2020 年，河南省研发经费投入强度为 1.25%，无论是与广东省的 2.26%、江苏省的 2.32%、浙江省的 2.16% 相比，还是与中部地区湖北省的 1.41%、湖南省的 1.59%、安徽省的 1.65% 相比，均有一定的差距，与全国平均水平 1.50% 相比，也有不小的差距。从 R&D 人员全时当量看，2020 年河南 R&D 人员全时当量为 145464 人年，仅相当于广东省 700017 人年的 20.78%、山东省 255281 人年的 56.98%、浙江省 480493 人年的 30.27%。从 R&D 项目数看，2020 年，河南省 R&D 项目数为 26416 项，与广东省的 132120 项、浙江省的 118007 项和江苏省的 103567 项相比，均有很大的差距（见表 1）。

表 1　全国部分地区创新投入指标比较

地区	R&D 人员全时当量(人年)	R&D 经费(万元)	R&D 项目数(项)
山西	32547	1561790	5150
上海	87957	6350087	14903
江苏	538781	23816855	103567
浙江	480493	13958988	118007
安徽	139988	6394211	29928
江西	100473	3460219	23056
山东	255281	13656187	63062
河南	145464	6855770	26416
湖北	125066	6109588	20626
湖南	121470	6645286	25510
广东	700017	24999527	132120

资料来源：《中国统计年鉴 2021》。

（二）创新产出水平不高

从国内专利申请数看，2020 年，河南省专利申请数为 38206 件，仅相当于广东省 305665 件的 12.50%、江苏省 196799 件的 19.41%、浙江省 138589 件的 27.57%，与中部地区安徽省的 66677 件、湖北省的 44035 件相比，也存在一定的差距。从有效发明专利数看，2020 年，河南省有效发明专利数为 36500 件，与广东省的 435509 件、江苏省的 224512 件相比，均有很大差距。从技术市场成交额看，2020 年，河南省技术市场成交额为 3797786 万元，相当于广东省 32672142 万元的 11.62%、江苏省 20878468 万元的 18.19%、山东省 19038906 万元的 19.95%、上海市 15832248 万元的 23.99%（见表 2）。

表 2　全国部分地区创新产出指标比较

单位：件，万元

地区	专利申请数	有效发明专利数	技术市场成交额
山西	8444	10218	449791
上海	40630	62147	15832248
江苏	196799	224512	20878468
浙江	138589	93159	14033228
安徽	66677	70467	6595728
江西	30838	18715	2334099
山东	78928	78926	19038906
河南	38206	36500	3797786
湖北	44035	49197	16658080
湖南	36209	39805	7359487
广东	305665	435509	32672142

资料来源：《中国统计年鉴 2021》。

（三）创新载体平台不多

从科技企业孵化器数量看，2020 年，河南省孵化器数量为 181 家，与广东省的 1079 家、江苏省的 928 家、浙江省的 437 家相比，有较大差距，与山东省的 318 家、湖北省的 250 家、安徽省的 208 家相比，也有一定的差距。从高技术产业企业数量看，2019 年，河南拥有高技术产业企业 1106 家，与广东省的 9542 家、江苏省的 5111 家、浙江省的 3150 家相比，均有不小的差距。相应地，2019 年，河南高技术企业营业收入为 6118 亿元，利润总额为 337 亿元，与广东省的营业收入 46723 亿元、利润总额 2731 亿元相比，与江苏省的营业收入 23964 亿元、利润总额 1405 亿元相比，都有非常大的差距（见表 3）。

表 3　全国部分地区创新载体平台比较

单位：家，亿元

地区	科技企业孵化器数量	高技术产业企业数量	高技术企业利润总额
山西	68	180	56
上海	165	1111	439
江苏	928	5111	1405
浙江	437	3150	825
安徽	208	1466	217
江西	79	1500	362
山东	318	1564	479
河南	181	1106	337
湖北	250	1230	282
湖南	107	1381	272
广东	1079	9542	2731

资料来源：《中国火炬统计年鉴 2021》《中国高技术产业年鉴 2020》。

（四）创新生态环境不优

2020 年，河南省地方一般公共预算支出中，用于科学技术支出的总额为 254.28 亿元，相当于广东省 955.73 亿元的 26.61%、江苏省的 584.39 亿元的 43.51%、浙江省 472.13 亿元的 53.86%、上海市 406.20 亿元的 62.60%。从科学技术支出占地方一般公共预算支出的比重看，2020 年，河南省占比为 2.45%，与上海市的 5.01%、广东省的 5.48%、安徽省的 4.95%、浙江省的 4.68% 相比，都存在不小的差距（见表 4）。

表 4 全国部分地区科学技术支出及其占一般公共预算支出比重比较

单位：亿元，%

地区	地方一般公共预算支出	科学技术支出	科学技术支出占比
山西	5110.87	66.09	1.29
上海	8102.11	406.20	5.01
江苏	13681.55	584.39	4.27
浙江	10082.01	472.13	4.68
安徽	7473.59	369.98	4.95
江西	6674.08	195.74	2.93
山东	11233.52	298.62	2.66
河南	10372.67	254.28	2.45
湖北	8442.88	287.85	3.41
湖南	8403.13	220.66	2.63
广东	17430.79	955.73	5.48

资料来源：《中国统计年鉴 2021》。

四 国内其他地区创新高地建设的经验借鉴

国内其他省份实施创新驱动发展战略、提升区域科技创新能力的新思路、新举措和新经验，值得河南借鉴学习。

（一）探索建立科技创新领导机构

上海市成立推进科技创新中心建设办公室。该办公室是市政府派出机构，由市委常委、副市长担任主任职务。广东省成立推进粤港澳大湾区国际科技创新中心建设领导小组，省政府主要领导任组长，日常工作由省发改委承担。山东省以省委名义成立科技创新委员会，省委书记、省长分别担任科技创新委员会主任、副主任。浙江省加快组建省科技强省建设领导小组和省科技咨询委，促进科研项目、研究基地、专业人才和资金要素一体化高效配置。湖南省成立科技创新战略咨询专家委员会，受省政府以及科技行政部门委托，对全省科技创新发展战略、科技规划提出咨询意见；聚焦科技创新和经济社会高质量发展需求、科技创新组织管理等重大现实问题，开展专题调研，提出咨询意见。

（二）依托优势领域布局创新平台

各省份依托自身研发资源优势和产业优势，谋划了一系列高端创新平台。广东省先后在广州、深圳等 16 个地市，围绕网络空间、再生医学、先进制造、海洋、生物医药、人工智能与数字经济等 10 个领域布局建设省实验室。始建于 2018 年 3 月的广东鹏城实验室，是中国网络通信领域新型科研机构，是国家战略科技力量的重要组成部分。湖南省做强做大长株潭国家自主创新示范区，推进岳麓山大科城、马栏山文创园、国家智能制造示范区、生物种业技术创新中心等重大创新平台建设。安徽省抓好合肥滨湖科学城、合芜蚌国家自主创新示范区建设工作，加快能源、人工智能、大健康研究院建设，打造具有全球影响力的量子中心、科大硅谷。

（三）全力打造高端科技创新载体

发达省份聚焦打造科技创新载体，优化创新资源布局，形成创新驱动发展“微环境”。北京市以建设具有全球影响力的科技创新中心为引领，发挥中关村科学城、未来科学城、怀柔科学城和北京经济技术开发区的载体功能，打造北京经济发展新高地。上海市聚焦张江科学城，依托中科院上海高等研究院建设张江实验室，成为上海建设具有全球影响力科技创新中心的重要支撑和旗舰机构。张江科学城构建起特色鲜明的“三大三新”产业格局，三大主导产业即信息技术、生物医药、文化创意产业，三个新兴产业即人工智能、航空航天、低碳环保产业。湖北省高标准谋划光谷科技创新大走廊，为建设武汉国家科技创新中心和东湖综合性国家科学中心提供有力支撑。

（四）积极连接域外创新资源要素

加快深化与发达省市的科技创新资源对接，利用域外高端要素为本地创新发展服务。浙江省积极融入长三角 G60 科创走廊，借力上海证券交易所资本市场枢纽功能和专业人才优势，打造对接资本市场的“高速公路”。安徽省提出构建长三角科技创新共同体，推动安徽合肥与上海张江两个国家科学中心共建，在加快融入长三角一体化发展进程中推动经济高质量发展。此外，安徽省在自身欠发达的金融服务业、社会服务业和文化服务业方面与上海、江苏和浙江形成新型产业溢出、协作关系，积极融入科技创新和高新技术产业发展价值链。

五　河南建设国家创新高地的着力点

数据比较分析表明，河南省与兄弟省份在科技创新能力方面还有一定的差距，要学习借鉴其他地区实施创新驱动发展战略的成功经验，建设国家创新高地，推动科技创新事业高质量发展。

（一）着力提升认识水平

要切实把创新摆在发展的逻辑起点、现代化建设的核心位置，以非常之力下非凡之功，努力建设国家创新高地。要发扬“钉钉子精神”，统筹协调科技创新工作，凝聚发展共识，形成强大合力。筹备召开全省科技创新大会，出台科技创新政策，要有“真金白银”支持，确保政策“干货”落地。要通过开展常态化制度化地区创新能力评价研究，及时发现各地制约创新能力提升的短板和弱项，打破瓶颈制约，扎实推进河南国家创新高地建设，为高水平建设现代化河南提供新动能、塑造新优势。

（二）着力加大资金投入

要压缩市场竞争领域的投资，减少基础建设领域的大项目、大工程投资开支，从绝对数量和投入强度两方面，切实加大在科学技术方面的支出力度。加大基础科研资金和人才等高端要素投入，组织产学研用等多部门开展课题联合攻关，牵头或者参与跨地区、跨学科、跨领域、跨单位等重大科研项目课题研究。做好“科技立项贷”试点示范，以务实举措支持科技型企业融资。科技行政部门要联合其他相关部门，邀请专家解读资本市场政策，加大对科技型中小企业的上市辅导力度。

（三）着力夯实人才支撑

要打造一支德才兼备、规模宏大、高端引领、活力迸发的人才队伍，为国家创新高地建设提供强大的人才驱动力。加快推进以郑州大学、河南大学为统领的“双一流”大学建设，确保取得实效。要量体裁衣，坚持因校施策原则，针对各个学校的现实基础、优势学科，制定系统、可行的方案，扎实推动高等教育内涵式高质量发展。要尽快确定一批重点高校重点学科，力争进入全国“双一流”阵营。推动教学、科研与产业全方位对接，聚焦构建现代化产业体系，不断完善现代化河南建设的人才支撑体系。

（四）着力深化机制改革

围绕河南重点优势产业链部署创新链，借鉴发达地区经验，筹建工业技术研究院，组建重点实验室，成立创新发展联盟，尽快实现河南重点支柱产业以及规模以上企业研发机构全覆盖。围绕创新链布局战略性新兴产业、谋划未来产业，加速科研成果产业化落地，打通科技创新“最后一公里”。深入推进科技体制机制改革，研究出台科技创新政策清单、问题清单、共享清单和减负清单，进一步激发全社会创新创造潜能。

参考文献

蔡晓琳、刘阳、黄灏然：《珠三角城市科技创新能力评价》，《科技管理研究》2021年第4期。

陈曦：《创新驱动发展战略的路径选择》，《经济问题》2013年第3期。

陈琦、欧阳铭珂：《中国区域创新能力的空间结构及大国雁阵模式》，《湘潭大学学报》（哲学社会科学版）2020年第5期。

辜胜阻、刘江日：《城镇化要从“要素驱动”走向“创新驱动”》，《人口研究》

2012 年第 6 期。

关成华、赵峥等:《中国城市科技创新发展报告 2020》, 科学技术文献出版社, 2020。

郭建军、耿德建、郭玲玲、郑广建、秦小玲、夏巍巍:《举全省之力建设国家创新高地》,《河南日报》2021 年 8 月 18 日。

河南日报智库:《“两个确保”与“十大战略”: 怎么看 怎么干》, 河南大学出版社, 2021。

洪银兴:《论创新驱动经济发展战略》,《经济学家》2013 年第 1 期。

李群:《推进科技创新自立自强高水平发展》,《中国科技论坛》2021 年第 8 期。

李铮、冯芸、马涛:《中国共产党河南省第十一次代表大会隆重开幕》,《河南日报》2021 年 10 月 27 日。

任保平、郭晗:《经济发展方式转变的创新驱动机制》,《学术研究》2013 年第 2 期。

申海燕:《加快推动科技创新发展的政策建议》,《宏观经济管理》2021 年第 7 期。

王中亚:《比较分析视角下河南建设国家创新高地的问题及对策》,《现代工业经济和信息化》2021 年第 11 期。

王玉珠:《“双循环”视角下科技创新发展的内在逻辑与路径选择》,《山东师范大学学报》(社会科学版) 2021 年第 2 期。

徐晓丹、柳卸林:《中国区域科技创新与发展 40 年》,《科学学研究》2018 年第 12 期。

于小琳、刘长、刘希玉:《中国四大经济强省科技创新能力比较及山东提升策略》,《中国科技论坛》2019 年第 2 期。

喻新安、胡大白、杨雪梅:《河南创新创业发展报告 (2021)》, 社会科学文献出版社, 2021。

袁志彬:《新时代科技创新的六大新趋势》,《中国大学生就业》2021 年第 11 期。

曾国屏、苟尤钊、刘磊:《从“创新系统”到“创新生态系统”》,《科学学研究》2013 年第 1 期。

张来武:《论创新驱动发展》,《中国软科学》2013 年第 1 期。

张永杰:《河南凝心聚力推动国家创新高地建设》,《中国工业报》2021 年 9 月 29 日。

中国科技发展战略研究小组、中国科学院大学中国创新创业管理研究中心:《中国区域创新能力评价报告》, 科学技术文献出版社, 2020。

中国科学技术信息研究所:《国家创新型城市创新能力评价报告 2020》, 科学技术文献出版社, 2021。

周天勇、赵滑濮、刘正山:《中国城市创新报告 (2019)》, 社会科学文献出版社, 2019。

B.15
山西现代物流高质量发展存在的问题与对策研究

王 鑫*

摘 要： 本报告以山西现代物流的高质量发展为研究对象，系统分析了山西省现代物流的发展成效：产业规模不断扩大、运行质量稳步提升，基础设施逐步完善，新业态新模式快速涌现，物流业集聚发展态势凸显。总体来说，山西现代物流业已步入转型升级、结构优化、提质增效的新发展阶段，但仍面临着物流总额小成本高、运输结构不合理、基础设施不均衡、物流人才缺乏等“痛点”。山西应坚持“市场主导、政府引导”的思路，明确发展定位，优化空间布局，加快现代物流数智化发展，推进物流业与其他产业融合发展，努力实现山西现代物流的高质量发展。

关键词： 现代物流 高质量发展 山西

现代物流业是支持国民经济发展的基础性战略性先导性产业，也是山西省重点发展的战略性新兴产业之一。推动现代物流业高质量发展，建立和完善现代物流服务体系，将对山西全面融入共建“一带一路”，实现中部地区崛起，实现从“能源大省”转向“物流强省”的高质量发展具有积极作用。

---

* 王鑫，硕士，山西省社会科学院生态文明所助理研究员，研究方向为产业经济。

一　山西省现代物流发展成效

近年来，山西省加快推进物流业转型升级，现代物流业发展取得明显成效，成为全省经济高质量发展的重要组成部分。

（一）物流产业规模不断扩大

2019 年山西省社会物流总额达到 32483 亿元，物流业总收入达到 2023 亿元，分别同比增长 5. 8% 、3. 4%；全省累计完成货运量 219312 万吨，货运周转量 46904687 万吨公里，分别同比增加 3. 68% 和 4. 48% （见图 1）；交通运输仓储邮政业实现增加值 2368 亿元，占同期 GDP 的 13. 8%；交通运输仓储邮政业的固定资产投资增长率为 29. 9%，居全国第一。全省物流总额中，工业品物流总额为 19807 亿元，占比 61%，其中大宗商品物流总额占比接近九成，反映出山西省大宗商品物流占比较高的突出特点。近年来，山西物流景气指数基本保持在 51% ~61% 的较高区间，且持续保持平稳增长态势，行业活跃度增强（见图 2）。市场主体逐步向大型化、规模化发展。截至 2019 年底，全省有 A 级物流企业 67 家，其中 5A 级有 3 家，4A 级有 41 家，3A 级有 21 家，2A 级有 2 家，全国优秀物流园区有 4 家，省级示范物流园区有 3 家，初步体现物流企业大型化、规模化发展态势，涌现出华远国际陆港集团、中国铁路太原局集团有限公司、大同国际陆港等代表性物流企业。

（二）物流运行质量效率稳步提升

2019 年，山西省获批全国物流降本增效综合改革试点省，之后陆续出台《关于进一步推进物流降本增效促进实体经济发展的实施意见》《山西省物流降本增效综合改革试点行动方案》等一系列物流降本增效措施，为山西省物流行业的降本增效打造了良好的政策环境。2019 年山西社会物流总费用为 0. 3 万亿元，同比增长 2. 9%，远低于全国平均增速的 7. 3%，且呈逐年降低趋势。运输组织方式不断优化，2019 年全省铁路与公路货运量比

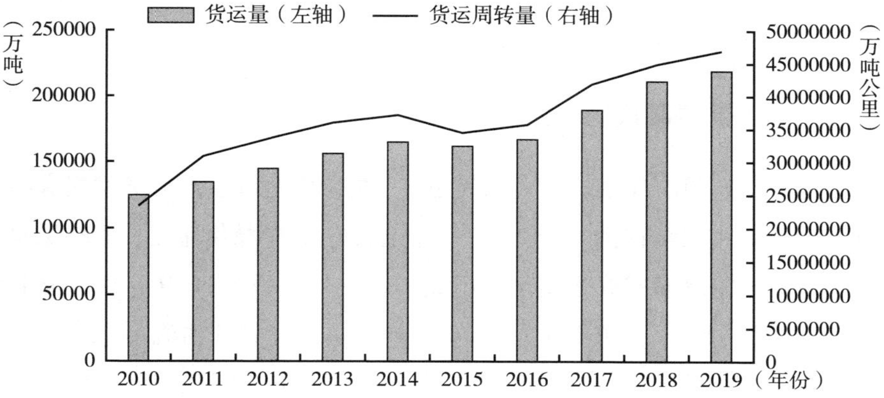

图 1　2010～2019 年山西省货运量及货运周转量

资料来源：山西省统计年鉴。

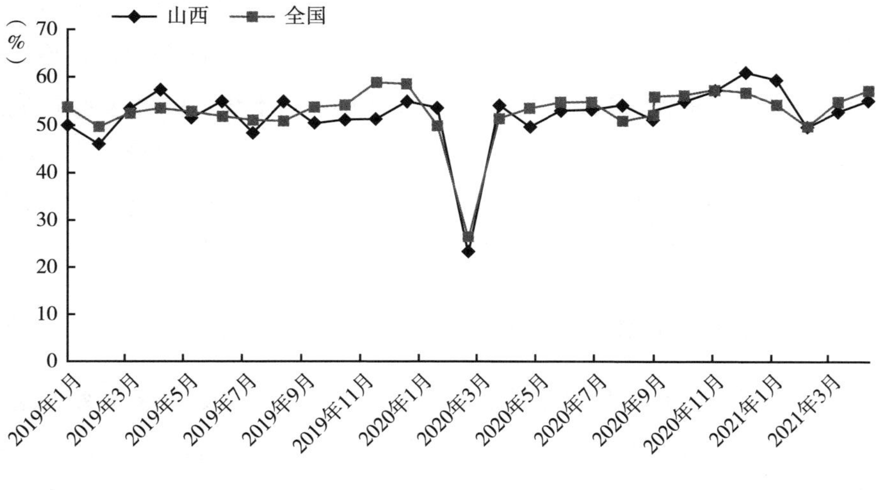

图 2　山西和全国物流业景气指数走势

资料来源：山西省工业和信息化厅。

由 2015 年的 6.4∶10 提升至 7∶10。以高价值产品为主的航空物流快速发展，2019 年民航货运量达到 5.7 万吨，比 2015 年增长 32.9%。顺应网络购物、在线支付、电子商务等新业态发展要求，邮政快递物流能力不断提升，2019

年快递业务量达到3.64亿件，同比增长20%，快递业务进入快速发展期，对农产品流通、工业品下乡等构成良好支撑。

（三）物流基础设施不断完善

物流枢纽建设有序推进。太原成为唯一的陆港型和生产服务型国家物流枢纽城市，晋中获批首批国家骨干冷链物流基地，中鼎物流园、方略保税口岸型国际内陆港等多式联运型货运枢纽加快建设。截至2019年底，形成较成熟货运枢纽150个，初步形成了10个具有辐射能力的物流集聚区。以铁路、公路为主体的交通物流通道基本形成。截至2019年底，公路里程达到14.4万公里，公路密度达到92.1公里/百平方公里，其中高速公路里程5711公里，形成了“三纵十二横十二环”的高速公路网，覆盖11个市和112个县（市区），并通达全国主要城市群、经济圈；民航方面，形成“一干六支”机场布局，通航城市86个，建立覆盖国内主要城市的国内航线和2条洲际航线网络；水运航道1557公里，通行总里程1391公里；铁路运输方面，全省铁路里程达到5680公里，形成由16条干线、14条支线构成的铁路网，到2020年底高铁覆盖9市，与京津冀、西安、郑州形成三小时高铁圈，中欧（中亚）班列2020年开行206列，辐射至10个国家23个城市，基本建立起内外联通的骨干物流网络。

（四）物流新业态新模式涌现

一是积极开展城乡共同配送创新。太原入选首批全国城乡高效配送试点，依托供销网络开展农资电商运营服务项目建设，在省内建成20个县级电商运营中心及400个基层农资电商服务站，有效缓解了农村物流配送“最后一公里”问题。二是积极开展物流供应链管理创新。太原市在快消品多仓共配、医药领域单元化配送、家居领域标准化智能化物流等方面，依托穗华物流园区、中鲁物流园区等企业打造供应链，标准托盘单元化率达到80%，仓储利用率提高15%，供应链综合成本降低20%；制造业物流方面，太钢不锈实施以基地建设为核心、战略伙伴培育为重点的供应链战略，拓展产业链上下游，稳定原材料供应，探索基于物联网、依托物流企业构建工业品供应链的管理模式。三是积极开展网络货运平台创新。以无车承运人为载体，以企业场景管理为基石，以卡车后市场为助力，以数智科技为引擎，以供应链金融为抓手，建立集车辆运力、司机、货主、全流程可视化监控、规范化财务、专业化客服、信息化管理等于一体的大宗商品智慧物流供应链管理平台。

二　山西现代物流发展存在问题

山西物流业发展取得明显成效，但总体还处于由传统物流向现代物流转型的发展阶段，发展不平衡不充分的问题仍然突出，物流业的发展与山西社会经济转型发展的定位和要求还有较大差距。

（一）物流运输结构不合理

传统运输模式仍是主流，公路集疏运比重偏高、货运量占比超60%，高铁货运、航空货运刚刚起步，货物集结能力不足，多式联运、冷链物流等发展缓慢。“公转铁”效能释放不足，公路货运低价恶性竞争，现代化仓储、集疏港铁路和多式联运等基础设施不足，制约了山西铁路货运效能的释放。多式联运发展还处于起步阶段，目前仅有两个园区具备条件，多种运输方式间的装备标准不统一。产业基础薄弱、产业间发展不均衡、新兴产业发展缓慢等问题严重制约了山西省物流运输结构的调整，全省物流车辆经常“满进空出”。

（二）物流基础设施亟待改善

物流园区的建设缺乏统一的规划与管理。物流枢纽、园区、配送中心等布局散、乱，许多园区没有考虑铁路等交通设施以及产业集聚区布局，低水平重复建设、同质化竞争与重大设施短缺问题并存。铁路连接线和集疏运设施不足，企业自有专用线建成率不高，高速公路存在“断头路”现象，机场保障设施应对国际货运的能力不足，智能快递箱等城乡末端配送设施缺乏，物流“最后一公里”问题突出。此外，智慧物流平台建设滞后。目前发展较为成熟的智慧物流平台多依托行业内领军企业建设，本地中小物流平台受制于自身资金、研发等制约，发展还比较缓慢。

（三）物流成本居高不下

长期以来生产决定流通，受“一煤独大”的产业结构影响，山西物流黑出白进、重出空回的特点突出。山西社会物流总额构成中，物流输出与流入比为7∶3，黑货与白货比为6∶4。造成物流费率偏高，达到11%，是全国的2.3倍，同时还使得周转量经济贡献率较低，仅为6.1亿元/吨公里，不足全国平均水平的1/2，这两项指标都拉高了物流总费用占GDP比重，达到17.8%，高于全国3.1个百分点。此外，随着劳动力、土地等成本不断攀升，影响物流企业经营的各要素成本也呈上升态势，进一步增加了物流企业的经营成本。

（四）专业化管理技术人才紧缺

山西省物流业发展相对滞后，难以吸引和留住从事物流业的外来高级管理人才，且本土专业人才成长缓慢。目前，山西省物流企业普遍缺乏高层次、复合型的技术和管理人才，而技术培训、人才引进工作又相对滞后，致使大部分物流企业还是采用传统的粗放管理模式。物流企业从业人员素质普遍偏低，拥有高技能、高学历的员工占比较低，专业化管理人才紧缺已经成为制约山西物流业发展的瓶颈之一。

（五）物流信息化标准化程度不高

由于企业、政府信息化建设水平参差不齐，政府与企业、企业与企业之间信息不能互联互通，信息“孤岛”现象突出，信息不能有效共享。物流自动传输线、自动导引运输车、机器人、自动立体仓库等智慧物流设备使用较少，5G装备、物联网、大数据、人工智能等新技术应用不多，物流信息化水平较低。同时，物流标准化程度不高，物流主体标准不规范，存在物流市场主体庞杂、无序竞争等问题。物流技术标准不规范，导致不同运输方式之间无法实现有效的衔接。

（六）政策支持体系不完善

相对于目前物流业的发展态势，山西省在物流业法规政策体系方面具有一定的滞后性，物流业的每个环节与过程还无法做到“有章可循”，还无法为山西现代物流业的发展提供规范保障。目前，山西物流业的信用监管体系还不健全，物流企业信用信息归集难度大，尚未建立重要产品和服务追溯体系，对企业诚信约束不强。支持新业态新模式的政策体系还需进一步创新突破。同时，物流行业多头管理、政策难以统一的现行体制，使得管理部门间职责互有交叉、缺项，且缺乏有效的激励机制，不利于全省现代物流业的健康快速发展。

三　加快推进现代物流业发展对策建议

山西承东启西、连通南北，具备发展现代物流业的良好区位条件。山西应坚持“市场主导、政府引导”的思路，明确发展定位，优化空间布局，加快现代物流数智化发展，推进物流业与其他产业融合发展，完善物流平台和产业集群的配套，畅通物流全链条运行，努力实现山西物流业发展新突破。

（一）构建现代物流网络布局

1. 明确发展定位

围绕共建“一带一路”、中部崛起等重大战略，通过培育新业态新模式、开展多式联运、促成供应链集成、建立平台支撑运行体系等方式，带动物流、人流、信息流、资金流联动发展，促进区域内和跨区域物流活动组织化、规模化、网络化运行，把山西建设成为中西部国际物流枢纽。

2. 构建现代物流网络布局

着力构建“一核、三区、四基地、四通道”的现代物流空间网络。“一核”指的是以太原国家物流枢纽为核心，依托山西转型综合改革示范区，充分发挥太原、晋中新兴产业集群优势和区位优势，以及陆港、空港、口岸、保税和跨境电商等资源优势，打造智能制造型国际物流枢纽。“三区”是指发展三个物流协同区：以大同、朔州为中心的晋北物流协同区，以临汾、运城为中心的晋南物流协同区，以长治、晋城为中心的晋东南物流协同区。“四基地”是指制造业物流基地、资源型大宗物品物流基地、多功能医药物流基地以及农副产品物流基地。“四通道”是指发挥公路、铁路、航空、水运等多式联运效能，加强山西省与国内外物流大通道的有效衔接。向北从山西至二连浩特、满洲里物流通道，进一步连接我国东北省市与蒙古国、欧洲地区；向西从山西至霍尔果斯物流通道，强化山西与我国西北省市以及中亚、欧洲地区的货运联系；向南从山西至凭祥口岸物流通道，进一步增加山西与南方省市以及南亚、东南亚国家的货运联系；向东从山西至京津冀、长三角物流通道，强化山西与东部发达省市间的货运联系。

（二）提升高质量物流服务实体经济能力

1. 促进现代物流业与制造业深度融合

充分发挥物流业与制造业深度两业联动优势，鼓励制造业企业实施供应链改造工程，满足“零”库存管理、缩短生产周期和提高运营效率的业务流程革新需求，促进传统产业转型升级。打造两业联动发展的示范主体，发挥带动引领作用。提升制造业供应链智慧化水平。支持供应链公共服务平台建设，发挥制造企业在供应链中的主导地位和核心作用，促进信息流、资金流和物流的协同整合。建设具有山西特色的供应链公共服务平台，促进上下游产业联合发展。鼓励发展以个性化定制、柔性化生产、资源高度共享为特征的虚拟生产、云制造等现代供应链模式，提升全物流链条的价值创造水平。发展绿色物流及绿色供应链，以龙头企业为核心，落实生产者责任延伸，带动上下游企业打造绿色供应链。

2. 促进大宗物品物流提质升级

立足山西在煤焦、钢铁等大宗商品方面的产能优势，推进大宗商品物流新装备新技术的智慧化。发挥太原铁路局、中国（太原）煤炭交易中心和晋能控股集团等重点企业的牵引作用，推广从坑口到装车点自动化传送带技术，鼓励运输企业与制造企业签订量价互保协议，促进大宗物品物流降本增效。利用山西省在装备制造业领域的优势，加大对物流装备制造业的投入，强化智能物流和核心装备技术的研发攻关，实现核心物流装备的高端化、智能化和产业化发展。同时，加强对铁路双层集装箱技术的应用与推广，以满足山西省对大宗物品铁路物流运能的需求。

3. 促进物流业与商贸业联动发展

推动物流线上线下融合，提升电商物流、新零售物流的服务和创新能力。采用土地保障、税费优惠等措施支持顺丰、京东等快递企业在山西建立中国北方分拨中心，增强物流枢纽集聚效应，加快物流与商贸的联动发展。充分利用好申建中国（山西）自由贸易试验区作为制度型开放的抓手，大力发展服务贸易新业态、新模式。依托太原国家电子商务示范城市与跨境电子商务综合试验区建设，构建药茶、白酒、小杂粮、陈醋等山西特色农产品电商平台。

4. 发挥物流对农业的带动作用

推进山西省农产品物流基地建设，提升农产品冷链物流水平。围绕“南果中粮北肉”的农业生产布局，完善全省农产品冷链基地布局，加强冷链物流基础设施建设。尽快出台山西省加快发展冷链物流的政策条例，建立物流全流程的可追溯体系，减少冷链物流“断链”隐患，保障食品安全。依托互联网技术与农村电商，升级现有的“邮政在乡”和“快递下乡”工程，引导农产品物流企业下沉服务网点，加强与农产品生产地的合作，不断提升农产品供应链的运营效率，进一步打通全省农产品的“上行”通道，实现山西农产品物流的降本增效。

（三）加快现代物流数智化发展

1. 建设智慧物流信息平台

运用大数据、云计算、区块链、5G、人工智能等新一代信息技术建设智慧物流公共信息平台，实现物流的自动化、可视化、可控化、智能化。引导本土企业结合自身运输特点，自主开发一批具有地方特色的智慧物流平台。加快物流信息互联共享，通过共享数据资源形成强链接，实现社会物流供给侧和需求侧的精准匹配，构建一体化的山西智慧物流云服务网络。

2. 培育智慧物流新业态新模式

大力推广和应用无人机、无人车、无人仓、无人岗、智能快递等智慧物流新技术，培育智慧物流的新业态新模式。构建“互联网＋货运物流”的专业互联网货运平台，并出台相应的实施细则来保障平台的运行。建立健全智能路网监控疏导和综合运行协调指挥系统，提升交通系统智能化协同管控水平。促进自动驾驶技术在智慧物流领域的应用，推进山西省无车承运人试点工作。建设“供应链金融服务平台”，促进区块链与货运物流融合发展。优化煤炭供应链物流服务，促进物流供应链创新发展，构建“物流、商流、资金流、信息流”四流合一的供应链综合服务平台。

（四）增强物流高质量发展的内生动力

1. 培育扶持物流骨干企业

发展一批具有标杆性作用的第三方物流企业，鼓励制造企业将物流业务进行分离外包。瞄准国内外大型知名物流企业，积极开展招商引资，完善资金、人才机制和先进的物流运行管理系统，推动全省物流业整体水平提升。整合山西现有的小而散的快递物流企业、运输仓储企业以及多式联运企业，通过兼并、收购、合作等方式不断实现物流企业规模的扩大和资源的合理配置，加快向现代物流企业转型提升，向规模化、专业化现代物流企业转型。

2. 加大人才培养力度

建立健全物流专业人才引进体系，实施“晋商回归”工程，引进物流行业优秀企业家、高级管理技术人才。建立健全多层次、多元化本土物流人才培养培训体系，创新高层次和复合型的高端物流人才培育机制。积极引导全省高校完善物流类专业设置，特别是在智慧物流、供应链管理等领域加强学科建设。推动政企、银企、校企联动，建立企业、高校产教融合对接机制，鼓励举办物流行业校企交流对接会、大学生电子商务大赛、电子商务师职业技能大赛等系列活动。成立学会、协会，组织专家、学者、物流从业者进行理论与实践研究。推动现代物流业实训培训基地建设，开展在职人员专业培训，不断提高物流业从业人群的专业素养素质。

3. 充分发挥科研院所与行业协会作用

采用公司化运作模式，整合高校优势资源，设立现代物流专业研究院，搭建产学研用有机统一的交流协作平台，打造现代物流产业研究智库，构建物流理论与实践研究相结合的人才培养基地。鼓励和引导物流行业协会开展全省物流企业国家标准综合、信用评估，国家物流能力等级行业技能培训，全国物流行业劳动模范的评选推荐。梳理行业发展信息，反映行业诉求，加强行业自律，承接政府服务，加快现代物流业高质量发展。

（五）推动绿色物流发展

1. 创新绿色物流模式

不断创新绿色物流模式，在物流运输、包装、仓储及配送等全流程实现低碳绿色化，推广共同物流、逆向物流、第四方物流、系统化物流等绿色物流模式。创新“绿色车队”评价标准，鼓励物流企业选用新能源车辆以及其他绿色环保设备，引进绿色物流技术，从包装到配送实现全流程绿色物流，构建多式联运体系，优化运输结构，逐步提升车货匹配度，增加反向运输业务往来，减少返空与迂回运输。

2. 构建绿色物流循环体系

鼓励企业建立逆向物流体系，实现资源的集约利用和合理利用，进而推动资源利用的减量化和绿色化。加大对物流包装重复使用和回收再利用的宣传力度，支持开展托盘租赁回收业务。加大对物流包装物的回收力度，加强和鼓励对绿色包装盒及包装袋的使用，推出“共享快递箱”等新模式。建立物流运输一站式信息共享平台，提高对危险化学品的运输监管水平，增强对危化品运输的环境风险防控。构建低环境负荷的绿色循环物流系统，实现物流节能减排和绿色低碳发展。

（六）优化政策环境

1. 健全物流标准规范体系和信用体系

推进山西省物流标准化和供应链体系建设试点工作，加强已发布物流标准在物流领域相关试点示范中的应用，提升物流标准化水平。根据《国家发展改革委关于进一步加强社会物流统计工作的通知》，加快研究建立物流行业统计分类标准，并将物流统计工作向市级延伸，逐步完善山西省现代物流业统计制度。构建山西省物流高质量发展评价体系，从物流服务质量、基础设施建设、制度规范性、信息化发展水平、对经济发展的贡献度等方面，对山西现代物流发展水平进行综合性评价。构建山西省现代物流信用体系，建立行之有效的“红黑名单”制度，加大对失信对象的惩戒力度。开发信用奖惩自动化触动系统，实现信用奖惩措施的自动实施。

2. 保障项目用地需求

进一步强化现代物流发展的统筹规划和项目谋划，做好物流发展规划与国土空间规划的有效衔接，满足现代物流重点建设项目的用地需求。积极探索二三产业混合用地方式，合理增加满足现代物流业发展需求的基础设施建设用地供给，针对工业生产配套的仓储物流项目实行工业用地政策。在符合规划的前提下，支持物流企业将旧厂房、旧仓库作为物流仓储中心。实施税收优惠政策，对于物流企业承租的大宗商品仓储设施用地减半征收城镇土地使用税，对于符合标准的绿色物流企业给予免征城镇土地使用税等政策优惠，或对于物流企业在契税、耕地占用税等政府留成部分给予返还。

3. 创新投融资支持政策

研究设立省级物流枢纽省内预算内投资专项，支持省级物流枢纽或物理产业园区的建设。支持金融机构为物流企业提供增信服务，推动供应链金融的发展。积极吸纳社会资本，建立物流产业发展投资基金，满足物流企业在降本增效、节能降耗、技术改造以及基础设施建设等方面的融资需求。鼓励有条件的物流企业通过债务融资、上市融资等方式，拓宽融资渠道，提高融资能力。

4. 建立区域合作机制

推动省内物流企业与国内外先进物流企业合作交流，形成有效的区域合作机制，实现跨区域、跨行业高质量发展。进一步完善与周边地区物流集疏运和多式联运服务体系，加强与天津、郑州、青岛、大连、济南等重要物流枢纽和优势产业的协同发展，逐步建立通畅高效、协同运作、服务融合的跨区域物流联动机制。

参考文献

秦武扬、王帆：《借力“一带一路”发展现代物流》，《山西日报》2019 年 8 月 12 日。

温丽琴等：《“一带一路”背景下山西省现代物流业发展策略》，《国际经济合作》2018 年第 11 期。

邢祥焕：《山西经济转型背景下发展现代物流业的对策研究》，《物流工程与管理》2017 年第 12 期。

东北地区

Northeast Region

B.16 吉林省工业碳排放影响因素研究

刘杰　刘鉴*

摘　要： 本报告采用GDIM模型对吉林省工业及分行业碳排放的影响因素进行分解，并提出节能减排的政策建议，结果表明：吉林省工业碳排放量的总体趋势为先增长后下降，其中煤产品的贡献率最高，达50%以上，分行业部门中电力、热力生产和供应业的碳排放量最大。从影响因素来看，投资规模、产出规模和能耗规模对工业碳排放具有明显的促增效应，投资碳强度和产出碳强度则是碳排放减少的重要因素。不同行业部门碳排放变化的影响因素存在差异性，产出规模和投资规模是影响各行业部门碳排放的主要因素，产出碳强度、投资碳强度、投资效率和能源强度则具有明显的促降效应。

关键词： 碳排放　GDIM模型　吉林省

* 刘杰，东北师范大学博士研究生，研究方向为区域经济地理、城市与区域规划；刘鉴，东北师范大学博士后，研究方向为经济地理、世界地理。

随着经济快速发展，中国能源消费量显著提升，CO_2排放量增长迅速，2007 年以 62 亿吨的 CO_2排放总量超过美国（国际能源署 IEA 数据），成为世界碳排放第一大国。吉林省是中国东北老工业基地的重点省份，其工业决定了经济发展和技术现代化的水平，是促进地区经济发展的主导力量。当前吉林省仍为粗放型经济增长模式，工业结构以重工业为主，对一次能源的依赖性较强，工业部门是 CO_2排放的主体。为此，吉林省政府紧跟国家减排战略，实施能源消耗总量和强度“双控”行动。深度挖掘吉林省工业碳排放的影响因素及其影响程度，对有效地制定能源环境政策、实现全省的减排目标具有重要的参考价值。

一　工业碳排放的文献简述

工业是 CO_2排放的重要部门，学者们针对工业碳排放影响因素分解开展了大量的研究工作。Sheinbaum 等研究发现 1970 ~ 2006 年工业活动推动墨西哥一次能源消耗量大幅增长，能源效率因素对减少能源消耗和 CO_2排放的贡献率最高，能源结构和燃料份额因素也发挥了重要作用。[①] Lin 和 Moubarak 证实了工业活动和能源强度是 1986 ~ 2010 年中国纺织工业碳排放的主要因素。[②] Wen 和 Li 运用两层 LMDI 方法分析了中国 30 个省份工业碳排放驱动因素，研究发现能源强度和人均 GDP 是促进工业 CO_2排放的主要动因，各省份碳排放的影响因素具有显著的时空差异，并针对划分的 6 种类型提出了具体的减排策略。[③] 邵帅等实证检验结果表明产出规模因素导致 1999 ~ 2013

① Sheinbaum, Ozawa, Castillo, “Using Logarithmic Mean Divisia Index to Analyze Changes in Energy Use and Carbon Dioxide Emissions in Mexico’s Iron and Steel Industry,” *Energy Economics*, 2010, Vol. 32.

② Lin, Moubarak, “Decomposition Analysis: Change of Carbon Dioxide Emissions in the Chinese Textile Industry,” *Renewable and Sustainable Energy Reviews*, 2013, Vol. 26.

③ Wen, Li, “Provincial-level Industrial CO_2 Emission Drivers and Emission Reduction Strategies in China: Combining Two-layer LMDI Method with Spectral Clustering,” *Science of the Total Environment*, 2020, Vol. 700.

年中国矿业部门碳排放增加，能源碳强度因素则有助于减少碳排放。①

省级尺度工业碳排放研究得到了学者们的关注。陶良虎和胡雪蓓使用LMDI方法对湖北省工业CO_2排放影响因素进行分解，得出工业碳排放量增长的首要因素是能源结构，经济效率和行业结构则可抑制CO_2的排放。② Deng等构建了结构分解分析—对数平均分裂指数（SDA－LMDI）模型，对云南省相关工业能源CO_2排放变化的影响因素进行了实证分析，研究发现金属加工和电力部门高碳产品出口的急剧增长促使二氧化碳排放增加。③ Wu等探究了2003～2012年内蒙古东北部39个工业部门的CO_2排放量变化，结果表明增长效应和人口效应是CO_2排放的关键驱动力，能源强度对减少碳排放具有重要作用。④ Jiang等结合二阶对数指数模型和分层集群系统方法，分析了1996～2013年中国30个省份碳排放驱动因素，发现经济扩张有助于增加碳排放量，能源强度可减少CO_2排放。⑤

综上所述，目前关于CO_2排放及其驱动因素的研究主要集中在煤炭、石油、天然气等资源，较少涵盖热力和电力，且解析方法集中在以LMDI为主的指数分解法和结构分解法，Vaninsky提出的GDIM方法是一种新的指数分解框架，能有效弥补现有指数分解法中因素间依赖性强、仅考察单一绝对量因素等缺点，但由于提出时间较短，尚未被大量推广。本报告以吉林省为研究对象，运用GDIM方法探究工业CO_2排放的影响因素以及分阶段、分部门工业CO_2排放的驱动因素，并提出节能减排的政策建议。

---

① Shao, Liu, Geng, Miao, Yang, "Uncovering Driving Factors of Carbon Emissions from China's Mining Sector," *Applied Energy*, 2016, Vol. 166.

② 陶良虎、胡雪蓓：《湖北省工业行业碳排放驱动因素分解——基于面板数据的实证分析》，《生态经济》2019年第35期。

③ Deng, Li, Hu., "Decomposing Industrial Energy-related CO_2 Emissions in Yunnan Province, China: Switching to Low-carbon Economic Growth," *Energies*, 2016, Vol. 9.

④ Wu, Zhang, Bao, Zhang, "Decomposing the Influencing Factors of Industrial Sector Carbon Dioxide Emissions in Inner Mongolia Based on the LMDI Method," Sustainability, 2016, Vol. 8.

⑤ Jiang, Ye, Xie, Tang, "Provincial - level Carbon Emission Drivers and Emission Reduction Strategies in China: Combining Multi - layer LMDI Decomposition with Hierarchical Clustering," *Journal of Cleaner Production*, 2017, Vol. 169.

二　方法和数据来源

（一）二氧化碳排放分解模型

依据 GDIM 的基本原理，以 Kaya 恒等式为基础，建立多维因素的分解模型，将吉林省工业碳排放分解为 8 个因素，表达式如下：

$$CO_2 = IVA \times (CO_2/IVA) = E \times (CO_2/E) = I \times (CO_2/I) \tag{1}$$

$$IVA/I = (CO_2/I)/(CO_2/IVA) \tag{2}$$

$$E/IVA = (CO_2/IVA)/(CO_2/E) \tag{3}$$

式中，CO_2为碳排放总量；IVA 为工业增加值，由于吉林省工业增加值数据于 2009 年之后不再公布，用工业产值表征工业增加值；E 为能源消耗总量；I 为固定资产投资。

将公式（1）～（3）变换为以下形式：

$$CO_2 = IVA \times (CO_2/IVA) \tag{4}$$

$$IVA \times (CO_2/IVA) - E \times (CO_2/E) = 0 \tag{5}$$

$$IVA \times (CO_2/IVA) - I \times (CO_2/I) = 0 \tag{6}$$

$$IVA - I \times (IVA/I) = 0 \tag{7}$$

$$E - IVA \times (E/IVA) = 0 \tag{8}$$

因素 X 对 CO_2排放变化的贡献表示为 $CO_2(X)$，根据以上公式构建由相关因素组成的雅可比矩阵，符号的具体含义如表 1 所示。

$$\Phi_X = \begin{bmatrix} GI & IVA & -ECI & -E & 0 & 0 & 0 & 0 \\ GI & IVA & 0 & 0 & -II & -I & 0 & 0 \\ 1 & 0 & 0 & 0 & -IE & 0 & -I & 0 \\ -EI & 0 & 1 & 0 & 0 & 0 & 0 & -IVA \end{bmatrix}^T \tag{9}$$

在 GDIM 分解中，CO_2排放量变化可分解为 8 个因素贡献加总的形式：

$$\Delta CO_2(\Phi_X) = \int_t \nabla(CO_2)^T (I - \Phi_X \Phi_X^{+}) dx \tag{10}$$

其中，t 为时间跨度，$\nabla(CO_2) = (GIIVA000000)^T$，$I$ 为单位矩阵，+表示广义逆矩阵，如果 Φ_X 中的列向量是线性无关，则 $\Phi_X^{+} = [(\Phi_X^{T})\Phi_X]^{-1}\Phi_X^{T}$。

碳排放被分解为 8 种效应之和，即产出规模效应（$\Delta CO_2\ IVA$）、能耗规模效应（$\Delta CO_2 E$）、投资规模效应（$\Delta CO_2 I$）、产出碳强度效应（$\Delta CO_2\ GI$）、能耗碳强度效应（$\Delta CO_2\ ECI$）、投资碳强度效应（$\Delta CO_2\ II$）、投资效率效应（$\Delta CO_2\ IE$）、能源强度效应（$\Delta CO_2\ EI$）。

表 1　模型中变量及其含义

变量	含义	变量	含义
CO_2	二氧化碳排放总量	I	固定资产投资
IVA	工业增加值	$II = CO_2/I$	投资碳强度
$GI = CO_2/IVA$	产出碳强度	IE = IVA/I	投资效率
E	能源消耗总量	EI = E/IVA	能源强度
$ECI = CO_2/E$	能耗碳强度		

（二）数据来源与处理

吉林省工业分行业部门能源消耗量、工业增加值、固定资产投资等数据来源于《吉林统计年鉴》，电力数据来源于《中国电力统计年鉴》。本研究充分考虑了 15 种能源数据，包括原煤、洗精煤、焦炭、焦炉煤气、原油、汽油、煤油、柴油、燃料油、液化石油气、炼厂干气、其他石油制品、天然气、热能、电力，然后，根据国家温室气体排放标准准则和相关测度方法测算工业的碳排放数量，计算过程如下：

$$CO_2 = \sum_{i}^{n} E_i \times CLV_i \times CCV_i \times COR_i \times 44/12 (i = 1,2,\cdots,16) \tag{11}$$

式中，CO_2为工业碳排放总量；i 为 15 种能源类型；E_i 为 i 能源消耗量；CLV_i 为平均低位发热值；CCV_i 为单位热值含碳量，COR_i 代表碳氧化率，44/12 为 CO_2的分子量。电力碳排放系数参考 Liu 等的方法进行计算。[①]

各变量数据由 40 个分行业数据汇总得出。依据国家行业分类标准（GB/T4754—2017），并参照张鸿武等对工业部门的划分方法，[②] 将吉林省工业划分为 23 个部门，即煤炭开采和洗选业，石油和天然气开采业，黑色金属矿采选业，有色金属矿采选业，非金属矿采选业，食品和烟草加工制造业，纺织和皮革制造业，木材和木制品制造业，造纸印刷制造业，石油加工和焦化制造业，化学原料及制品制造业，医药制造业，化学纤维制造业，橡胶和塑料制品业，非金属矿物制品业，黑色金属冶炼和压延加工业，有色金属冶炼和压延加工业，金属制品业，机械电子制造业，电力、热力生产和供应业，燃气生产和供应业，水的生产和供应业，其他工业。为方便标记，对各部门从 1 开始进行编号，即煤炭开采和洗选业为 1，其他部门进行类推。

三　结果与分析

（一）吉林省工业 CO_2排放

吉林省工业 CO_2排放总量整体呈现先增长后下降的变化趋势，2000 年吉林省工业 CO_2排放量为 1.29 亿吨，2012 年增至 3.69 亿吨，此后不断下降，2017 年为 2.83 亿吨，2017 年之后工业 CO_2排放仍然呈现减少趋势。从能源结构来看，煤产品是吉林省工业 CO_2排放的最主要来源，贡献率达 50% 以上，煤产品碳排放量的变动规律与工业 CO_2排放总量基本一致，即先增后降，并于 2012 年达到峰值；天然气消耗对工业 CO_2排放的贡献最小，

① Liu, Yang, Zhang, Sun, Xu, "Analysis of CO_2 Emissions in China's Manufacturing Industry Based on Extended Logarithmic Mean Division Index Decomposition," *Sustainability*, 2019, Vol. 11.

② 张鸿武等：《中国工业碳减排中的技术效应：1998—2013——基于直接测算法与指数分解法的比较分析》，《宏观经济研究》2016 年第 12 期。

但其增长速度最快，2017 年较 2000 年增长了 371.81%。从 CO_2 排放增长率来看，2003 年之后碳排放增长率波动提升，至 2005 年达到峰值 17.34%。自 2003 年振兴东北老工业基地国家战略实施以来，2012 年吉林省经济发展迅速，尤其是装备制造业和原材料工业等产业竞争优势逐渐恢复，促使碳排放增长率提升。2013～2019 年碳排放增长率为负值，主要是由于国家经济由高速发展向中高速发展阶段转变，同时，吉林省体制性、机制性和结构性矛盾仍然突出，发展路径固化，以往靠投资和资源拉动发展成效不显著，化工、油气、建材等行业面临过剩压力，经济出现明显下行。

吉林省工业分行业部门碳排放量占比差别较大，电力、热力生产和供应业碳排放量最大，占工业碳排放总量的 42.68%；其次是化学原料及制品制造业、黑色金属冶炼和压延加工业碳排放量分别占工业碳排放总量的 16.41%、10.21%；再次是煤炭开采和洗选业、食品和烟草加工制造业、石油加工和焦化制造业、非金属矿物制品业、机械电子制造业碳排放量分别占工业碳排放总量的 5.84%、5.65%、4.30%、4.19%、3.57%，以上八个部门碳排放占比达 92.86%，是实现节能减排目标的重点控制部门。其他部门碳排放量占比相对较小。从变化率来看，木材和木制品制造业碳排放增长最快，其次为食品和烟草加工制造业、煤炭开采和洗选业、医药制造业。燃气生产和供应业、造纸印刷制造业、石油和天然气开采业、有色金属冶炼和压延加工业等部门碳排放呈下降趋势。

（二）工业 CO_2 排放分解结果

本研究使用 R 语言对不同年份吉林省工业碳排放因素进行解析，投资规模、产出规模、能耗规模、投资碳强度、产出碳强度等因素对工业碳排放的影响程度均较大。整体来看，投资规模、产出规模和能耗规模等因素对工业 CO_2 排放的贡献率为正，表现为明显的促增效应。其中，投资规模是影响工业 CO_2 排放的主要因素，2004～2005 年导致 CO_2 排放增加了 3677.96 万吨，贡献率最大为 21.24%；2010～2011 年、2016～2017 年、2018～2019 年对 CO_2 排放的贡献率为负，主要原因是 2011 年、2017 年、2019 年吉林省固定资产投资相对出现了短期的倒退，投资规模因素导致 CO_2 排放量减少；其余年份投资规模因素对 CO_2 排放的贡献率均为正，表现为投资规模因素显著地促使工业 CO_2 排放量的增加。产出规模因素方面，2010～2011 年导致 CO_2 排放增加最多，达到 2449.83 万吨，2006～2007 年使得 CO_2 排放量增加了 2259.73 万吨，贡献率最大，达到 10.09%；仅 2016～2017 年导致 CO_2 排放量减少，这与 2017 年吉林省工业增加值呈现负增长有关。同时，2000～2012 年、2016～2019 年能耗规模对 CO_2 排放具有正向影响，说明能源消耗量的增加促使 CO_2 排放增加，2012～2016 年由于能源消耗量的减少，CO_2 排放量有所减少。

投资碳强度和产出碳强度等因素对工业 CO_2 排放的贡献率为负，表现出明显的促降效应。其中，投资碳强度是 CO_2 排放减少的主要因素，2011～2012 年导致 CO_2 排放减少 2559.47 万吨，2004～2005 年导致 CO_2 排放减少 2288.41 万吨，贡献率最小为 -13.22%，除 2010～2011 年和 2016～2017 年外，投资碳强度因素对 CO_2 排放的贡献率均为负，发挥了重要的促降效应。产出碳强度因素方面，2011～2012 年导致 CO_2 排放减少 1850.79 万吨，2006～2007 年导致 CO_2 排放减少 1514.39 万吨，贡献率最小为 -6.76%。此外，投资效率和能源强度因素对 CO_2 排放的影响程度相对较小，但都有助于减少 CO_2 排放，2010～2011 年投资效率因素导致 CO_2 排放减少 1007.51 万吨，贡献率最低为 -3.26%，2008～2009 年能源强度因素导致 CO_2 排放减少 206.96 万吨，贡献率为 0.75%。能耗碳强度因素对 CO_2 排放的影响呈现波动态势，总体上具有微弱的促降效应。

（三）分阶段分解结果

为了更好地探究各个分解因素在不同阶段对于吉林省工业 CO_2 排放的影响，本研究依据东北振兴战略实施的时间线和东北地区经济发展的阶段特点，以 2003 年、2012 年为节点划分成三个时段，分别为 2000～2003 年、2003～2012 年和 2012 年至今。

从东北振兴战略实施分阶段来看，2000～2003 年，吉林省工业 CO_2 排放增加了3381.25万吨，东北振兴战略尚未实行，这一阶段产出规模是CO_2排放增加的首要因素，导致CO_2排放增加了2356.89万吨，贡献率为18.25%，投资规模和能耗规模是CO_2排放增加的第二大和第三大因素，分别导致CO_2排放增加了1896.30万吨、1098.55万吨，贡献率分别为14.68%、8.50%，能耗碳强度使得CO_2排放增加了11.74万吨。产出碳强度和投资碳强度因素对CO_2排放具有显著的促降效应，分别导致CO_2排放减少了1072.36万吨、800.41万吨，贡献率分别为-8.30%、-6.20%，能源强度和投资效率因素有助于减少CO_2排放。2003~2012年，吉林省工业CO_2排放增加了20599.31万吨，东北经济发展“黄金十年”期间，吉林省创造了国企改制的“吉林速度”。这一阶段产出规模仍然是CO_2排放增加的首要因素，导致CO_2排放增加了12547.19万吨，贡献率为76.98%，能耗规模成为CO_2排放增加的第二大因素，导致CO_2排放增加了11289.43万吨，贡献率为69.27%，投资规模导致CO_2排放增加了9868.20万吨，贡献率为60.55%，能耗碳强度因素导致CO_2排放增加了311.30万吨。产出碳强度、投资碳强度仍然是减少CO_2排放的主要因素，分别导致CO_2排放减少了6023.57万吨、5951.64万吨，贡献率分别为-36.96%、-36.52%。能源强度和投资效率因素对CO_2排放的影响程度明显提升，分别导致CO_2排放减少了1154.96万吨、286.60万吨。2012年至今，吉林省工业CO_2排放减少了8581.99万吨，这一阶段投资规模成为CO_2排放增加的首要因素，导致CO_2排放增加了1850.20万吨，贡献率为5.01%，产出规模因素导致CO_2排放增加了848.95万吨，贡献率为2.30%。投资碳强度因素是CO_2排放减少的首要影响因素，导致CO_2排放减少了4388.03万吨，贡献率为11.89%，产出碳强度、能耗规模因素是CO_2排放减少的第二大、第三大影响因素，分别导致CO_2排放减少了3550.24万吨、2426.44万吨。能源强度、能耗碳强度、投资效率因素对CO_2排放的贡献率也均为负。

（四）分行业部门分解结果

图1显示吉林省分行业部门工业CO_2排放分解结果，研究表明不同行业

部门 CO_2 排放的影响因素存在差异性。产出规模和投资规模是影响各行业部门 CO_2 排放的两大重要因素，除石油和天然气开采业和化学纤维制造业之外，产出规模是影响其他行业部门 CO_2 排放的首要因素，尤其是在木材和木制品制造业、煤炭开采和洗选业、食品和烟草加工制造业、医药制造业、黑色金属矿采选业和有色金属矿采选业等行业中影响较大。投资规模是影响石油和天然气开采业与化学纤维制造业 CO_2 排放的首要因素，是影响其他行业部门 CO_2 排放的第二大因素，如木材和木制品制造业、医药制造业、煤炭开采和洗选业、食品和烟草加工制造业、黑色金属冶炼和压延加工业等。能耗规模因素对石油和天然气开采业、纺织和皮革制造业、造纸印刷制造业、燃气生产和供应业四个行业部门的贡献率为负，对其他行业部门 CO_2 排放增加均具有显著的效应，特别是木材和木制品制造业、食品和烟草加工制造业、医药制造业、煤炭开采和洗选业等行业部门。

产出碳强度、投资碳强度、投资效率和能源强度是减少各行业部门 CO_2 排放的因素。其中，产出碳强度和投资碳强度因素对分行业部门 CO_2 排放的影响相对较大，产出碳强度因素对木材和木制品制造业、食品和烟草加工制造业、医药制造业、非金属矿物制品业、金属制品业等行业 CO_2 排放的促降效应较为显著，投资碳强度对木材和木制品制造业、食品和烟草加工制造业、医药制造业、煤炭开采和洗选业、黑色金属矿采选业等行业 CO_2 排放的促降效应比较显著。能源强度和投资效率因素对分行业部门 CO_2 排放的影响程度相对较小，能源强度因素对燃气生产和供应业、造纸印刷制造业、纺织和皮革制造业和非金属矿采选业 CO_2 排放的促降效应相对显著，投资效率因素对黑色金属矿采选业 CO_2 排放的促降效应相对显著。能耗碳强度因素对各行业部门 CO_2 排放的影响相对较小，贡献率既有正也有负。能耗碳强度因素促进了金属制品业、水的生产和供应业、非金属矿采选业、石油和天然气开采业等行业 CO_2 排放的增加，减少了有色金属冶炼和压延加工业、木材和木制品制造业、有色金属矿采选业、非金属矿物制品业等行业的 CO_2 排放。

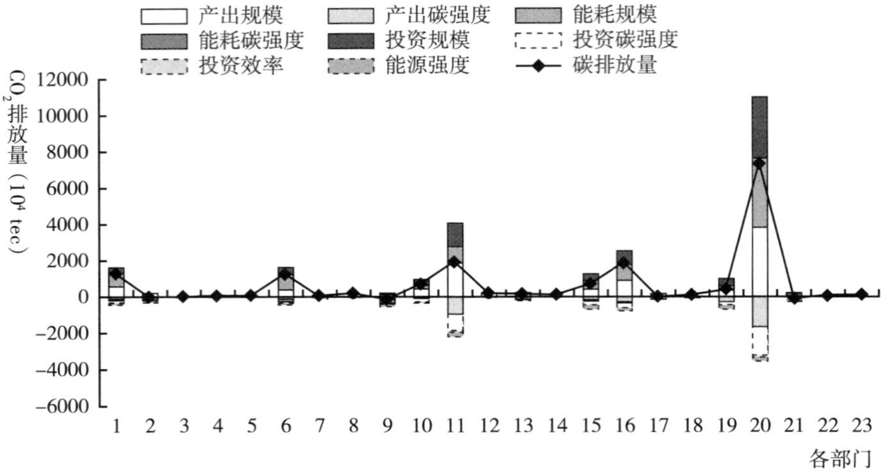

图 1　吉林省分行业部门工业 CO_2 排放分解结果

四　结论与政策建议

本报告在核算吉林省工业碳排放量的基础上，运用 GDIM 方法进行碳排放影响因素的分解，结果显示吉林省碳排放呈先增长后下降的趋势，其中煤产品的贡献率最高达 50% 以上，分行业部门中电力、热力生产和供应业碳排放量贡献率最大可达 42.68%。投资规模、产出规模和能耗规模是影响工业碳排放的主要因素，投资碳强度和产出碳强度因素具有明显的促降效应。不同行业部门影响碳排放的因素存在差异性，产出规模和投资规模是各行业部门碳排放增加的主要因素，产出碳强度、投资碳强度、投资效率和能源强度则有助于碳排放减少。本研究根据吉林省工业 CO_2 排放因素的分解结果，结合吉林省的省情，从节能减排的关键因素和关键行业部门两方面入手，有针对性地提出如下促进吉林省工业节能减排的政策建议。

第一，投资规模、产出规模和能耗规模是致使吉林省工业 CO_2 排放增加的主要因素，按照兼顾区域经济发展和环境保护的原则，吉林省需适度控制投资规模的增长，注重提升投资效率；合理引导投资流向绿色集约型产业，加大节能减排相关的技术研发和节能减排设备的投入，促进生产模式的绿色升级。继续实施吉林省能源消费总量和强度“双控”行动，加强以煤炭为主的石化能源消耗的总量控制，重点推进电力、热力、钢铁、冶金、建材等行业的能源消费总量控制，坚持将降低能源强度作为约束性发展指标，加强清洁能源技术的推广。

第二，进一步优化产业和能源结构。推动吉林省产业结构转型升级，构建节能低碳的产业体系，有序淘汰钢铁、水泥、冶金（建材）等行业落后产能，积极压缩过剩产能，加快发展新能源汽车、先进轨道交通装备、航空航天装备、生物医药和高性能医疗器械等战略性新兴产业。调整吉林省能源消费结构，实施煤炭减量替代，降低煤炭消费比重，实施“煤改气”“煤改电”“煤改生”等清洁能源替代工程，推进煤层气、页岩气等非常规油气资源开发利用，增强天然气供应保障能力；推动能源结构向非石化能源过渡，大力发展新能源，提高非石化能源比重，加快发展风电，有序发展太阳能发电，因地制宜地发展生物质热电联产、热电气联产、生物质成型燃料等。

第三，将电力、热力生产和供应业，化学原料及制品制造业，黑色金属冶炼和压延加工业，煤炭开采和洗选业，非金属矿物制品业等行业部门作为吉林省节能减排工作的重要突破口，收紧对这些高耗能行业部门的调控政策，避免与之关联的过度投资，减缓这些行业产品需求增长速度，避免其工业产出占比提升；推动这些行业域外和境外资源合作开发，加快脱碳技术发展。

参考文献

Sheinbaum, Ozawa, Castillo, “Using Logarithmic Mean Divisia Index to Analyze Changes in Energy Use and Carbon Dioxide Emissions in Mexico’s Iron and Steel Industry,” *Energy Economics*, 2010, Vol. 32.

Lin, Moubarak, “Decomposition Analysis: Change of Carbon Dioxide Emissions in the Chinese Textile Industry,” *Renewable and Sustainable Energy Reviews*, 2013, Vol. 26.

Wen, Li, "Provincial-level Industrial CO_2 Emission Drivers and Emission Reduction Strategies in China: Combining Two-layer LMDI Method with Spectral Clustering," *Science of the Total Environment*, 2020, Vol. 700.

Shao, Liu, Geng, Miao, Yang, "Uncovering Driving Factors of Carbon Emissions from China's Mining Sector," *Applied Energy*, 2016, Vol. 166.

陶良虎、胡雪蓓：《湖北省工业行业碳排放驱动因素分解——基于面板数据的实证分析》，《生态经济》2019 年第 35 期。

Deng, Li, Hu., "Decomposing Industrial Energy-related CO_2 Emissions in Yunnan Province, China: Switching to Low-carbon Economic Growth," *Energies*, 2016, Vol. 9.

Wu, Zhang, Bao, Zhang, "Decomposing the Influencing Factors of Industrial Sector Carbon Dioxide Emissions in Inner Mongolia Based on the LMDI Method," Sustainability, 2016, Vol. 8.

Jiang, Ye, Xie, Tang, "Provincial-level Carbon Emission Drivers and Emission Reduction Strategies in China: Combining Multi-layer LMDI Decomposition with Hierarchical Clustering," *Journal of Cleaner Production*, 2017, Vol. 169.

Liu, Yang, Zhang, Sun, Xu, "Analysis of CO_2 Emissions in China's Manufacturing Industry Based on Extended Logarithmic Mean Division Index Decomposition," *Sustainability*, 2019, Vol. 11.

张鸿武等：《中国工业碳减排中的技术效应：1998—2013——基于直接测算法与指数分解法的比较分析》，《宏观经济研究》2016 年第 12 期。

B.17

东北地区营商环境优化对策研究*

余思琪　吕　萍**

摘　要： 党的十九届六中全会强调，立足新发展阶段，贯彻新发展理念，构建新发展格局，推动高质量发展，同时明确提出要实施区域协调发展战略，推动东北振兴取得新突破。东北地区要推动高质量发展，实现振兴必须优化营商环境。营商环境既是衡量国家或地区经济软实力的标杆，也是影响其市场主体兴衰、生产要素聚散、发展动力强弱的重要因素。本报告从理论逻辑与现实需要两方面指出东北地区营商环境优化的必要性，分析东北地区营商环境现状，剖析营商环境优化面临的问题，提出营商环境优化对策，以激发市场主体活力，推动“十四五”时期东北地区高质量发展，为加快实现全面振兴、全方位振兴奠定基础。

关键词： 东北地区　营商环境　市场主体

营商环境既是衡量国家或地区经济软实力的标杆，也是影响其市场主体兴衰、生产要素聚散、发展动力强弱的重要因素。优化营商环境能够吸引更多市场主体参与经济活动，有利于扩大内需、拓展投资空间、畅通国内大循环、促进国内国际双循环。《东北全面振兴“十四五”实施方案》明确提

* 本报告系国家社科基金一般项目“东北地区新型城镇化与乡村振兴协调发展的机制及路径研究”（项目编号：19BJY060）的阶段性研究成果。

** 余思琪，黑龙江省社会科学院硕士研究生，研究方向为产业经济；吕萍，博士，哈尔滨商业大学经济学院研究员，硕士生导师，研究方向为区域经济、产业经济。

出，将优化营商环境与全面深化改革作为东北地区①全面振兴的首要突破点，其中，黑龙江、吉林、辽宁相继出台优化营商环境条例。基于以上背景，本报告对东北地区营商环境优化问题进行研究。

一　东北地区营商环境优化的必要性

自2003年国家提出振兴东北老工业基地战略以来，东北地区经济社会发展取得一定成绩，但仍与东部沿海等地区制度落差较大，“投资不过山海关”现象尚未得到有效改变，迫切需要优化营商环境以缓解经济下行压力。

（一）东北地区营商环境优化的理论逻辑

营商环境主要是指除自然资源和硬件设施等物质环境之外的由经济体制、政治制度、法律法规等正式制度及社会传统、文化风俗等非正式制度有机构成的制度集合体。优化东北地区营商环境迫切需要通过制度变迁打破旧制度，实现新制度均衡，为市场主体提供有效制度供给奠定基础。

1. 逻辑起点：旧制度非均衡

制度均衡是指行为者在比较改变制度的预期成本与预期收益后，无心且无力改变现存制度这样一种状态。制度非均衡则是指行为者有心改变现状但尚未付诸行动的状态。随着生产力日益提高，旧制度约束下的东北地区滞后的生产关系反作用于生产力，旧的营商环境弊端渐显，企业受阻，部分利益主体产生打破原有旧制度均衡进行变革的潜在需求，制度需求诱发制度供给，然而目前潜在的制度需求已转变为现实的制度需求，其诱发的潜在制度供给却尚未得到现实制度供给，以致供求失衡，旧制度由均衡状态转变为非均衡状态。

2. 实现路径：制度变迁

制度非均衡带来制度变迁的动机与可能，东北地区营商环境优化就是一

① 东北地区包括辽宁、吉林、黑龙江3省。

个以效率更高的新营商制度替代旧营商制度的变迁过程，也是一个将潜在营商制度供给转变为现实有效的营商制度供给，满足利益主体新的制度需求以实现供求平衡的过程。我国对营商环境进行优化调整将有可能损害旧制度下部分利益主体的既得利益，造成某些被损害的利益主体因“人治”思想根深蒂固，排斥“法治”行为；因权利本位思想影响排斥简政放权；因维护自身利益不愿降低企业费用；因地方保护坐视行业垄断；因追求政绩放松排污管制。为了最大化自身利益提出新制度诉求的利益主体与被损害的利益主体两个集团力量“拉锯”成为东北优化营商环境工作中的主要阻碍。

3. 优化终点：新制度均衡与路径依赖

制度变迁理论认为，制度具有降低交易费用、促进合作、使外部性内在化以及提供激励机制等作用。市场活则企业活，东北地区优化营商环境推动制度变迁，实现新营商制度均衡的同时能够带来巨大外部收益。一是体现在加强产权保护、减少寻租行为、简化行政审批、改善政企关系、构建服务型政府，为进一步降低企业制度性交易费用支出创造条件，提高企业生产效率；二是体现在稳定企业家预期、引导企业家活动、培育企业家精神、打造优秀企业家队伍、营造一流营商文化，为经济可持续增长提供内在动力。当优化营商环境对企业形成正向反馈并产生一定规模效应时，营商环境的改善将朝着良性方向发展，形成良性路径依赖，对经济形成持久的、连续的、累积的正向作用。

（二）东北营商环境优化的现实需要

东北地区是我国重要工业基地与粮食主产区之一，党中央陆续出台多项政策，通过国家顶层设计指导东北振兴。近年来，东北地区经济处于相对低迷状态。一是经济增速逐年放缓，从 2015 年开始，东北地区经济呈断崖式滑坡，在我国区域四大板块中表现最弱。2019 年，黑龙江省经济增速仅为 4%；吉林省经济增速只有 3%，全国垫底；辽宁省经济增速为 5.5%，但仍低于全国平均水平。2020 年，新冠肺炎疫情对东北地区经济发展造成较大影响。二是产业结构失衡，工业占比居首位，市场占有率高的行业集中分布于传统重化工业。东北地区“煤粮木油”四大传统支柱产业均存在明显产业依赖性，其发展既受地区资源约束，又面临生态环境保护挑战，难以突破困境。智能机器人、生物医药、卫星及应用等战略性新兴产业发展初步取得成效，但在地区生产总值中的占比依旧较小，无法顺利接替传统产业成为东北经济发展的新支柱。三是企业数量增长缓慢，2015～2019 年，全国企业数量呈井喷式增长，增加 67.48%，同期东北地区的企业增长率却远未达到全国均值。

东北地区营商环境不优导致生产要素大量流出、生产要素配置效率较低，致使东北地区经济发展缓慢。2020 年第七次人口普查数据显示，东北地区包揽人口流出前三强，仅黑龙江十年间人口流出就达到 646 万，劳动力尤其是高素质技术人才大量流出，严重制约东北振兴的步伐，反映出东北地区营商环境比较优势弱化的严峻态势。因此，东北地区亟待优化营商环境，筑牢经济发展的环境基础。

二　东北地区营商环境发展现状分析

我国“十三五”规划纲要明确提出，要营造公平竞争的市场环境、高效廉洁的政务环境、公正透明的法律政策环境和开放包容的人文环境。本部分主要参考《中国省份营商环境研究报告 2020》分析东北地区营商环境发展情况。

（一）东北地区营商环境有所改善，但仍低于全国平均水平

近年来，东北地区营商环境优化工作取得一定成效，市场主体对营商环境满意度逐年提高，2019～2020 年，黑龙江省营商环境监测报告显示，对营商环境感到满意的市场主体比例由 87.8% 提高至 97.2%，同时辽宁省与吉林省营商环境也在不断改善。《中国省份营商环境研究报告 2020》表明，东北地区吉林、黑龙江与辽宁营商环境得分分别为 51.21 分、47.98 分、47.43 分，居全国第 20 位、第 21 位、第 22 位，且营商环境均值低于全国平

均值，如表1所示。东北地区在市场环境、政务环境、法律政策环境、人文环境四个子环境均衡度有所差异，亟须补齐短板，加快优化营商环境步伐。

表1　2019年全国地区营商环境得分

区域	营商环境	市场环境	政务环境	法律政策环境	人文环境
全国	53.86	40.26	53.10	66.92	55.50
东部地区	62.23	48.97	58.42	78.60	63.62
中部地区	52.64	39.66	51.78	64.13	60.92
东北地区	48.87	40.21	47.18	57.30	57.70
黑龙江	47.98	37.36	43.05	62.81	51.76
吉林	51.21	41.66	52.08	58.35	54.62
辽宁	47.43	41.60	46.40	50.74	66.72
西部地区	48.74	33.32	50.80	60.98	45.49

资料来源：由《中国省份营商环境研究报告2020》整理得出。

（二）市场环境差别较大，吉林、辽宁表现较好

根据《优化营商环境条例》，市场环境优化应着眼于市场竞争公平、鼓励创新、拓宽企业融资渠道、为企业资源获取及活动经营提供便利等方面。《中国省份营商环境研究报告2020》表明，吉林省与辽宁省在市场环境优化方面得分相近，均超过40分，进入全国前十，表现较好，其中，吉林在企业资源获取上表现十分亮眼，水价控制较好，有利于降低企业生产成本；铁路交通发达，铁路线合计4000多公里，水运、公路、航空及管道运输均有相当规模，加快了企业生产要素流动速度。企业活动经营较为便利，市场中介占比高有利于商业活动开展。企业创新氛围不足是吉林营商环境优化的痛点，全省进行招生的高校及科研机构仅有64所，科研人才吸纳不足、集聚度较差。科研资金投入较少，2019年吉林R&D支出为148.4亿元，仅占GDP的1.27%，科研产出也相应较少，科研对企业贡献率较低。因此，优化吉林省市场环境应将营造良好创新氛围作为重要发力点。

辽宁省在创新和市场竞争领域具有比较优势，2019年辽宁省共有141所高校及科研院所，研发支出达508.5亿元，技术市场成交额为571.2亿

元，授权专利40037件，区域创新能力居全国上游。非国有经济占比较高，2019年非国有资产投资占总投资的87.3%，且呈波动上升趋势，竞争环境较为公平。辽宁省融资与企业资源获取存在短板，根据中国人民银行公布的统计数据，2019年辽宁地区融资规模增量占GDP比重仅为11.8%，2020年降至5.2%，企业融资困难成为辽宁优化营商环境的痛点。除此之外，辽宁省企业的水、电等资源获取便利度为全国垫底。

黑龙江省市场竞争表现较弱，且在市场公平竞争以及企业融资方面均处于全国落后水平。2019年，黑龙江省国有企业固定资产投资额上涨22.9%，私营企业固定资产投资额下降30.6%。据统计，黑龙江省拥有的中介服务资源较多，会计师事务所有400多家。律师事务所、租赁及商业服务企业也具有较大规模，市场中介占比居全国前列，通过连接买卖双方为区域内企业发展提供便利。诚然，这一比例较高也与省内企业数量较少密切相关。此外，交通设施较为完善、土地租金相对低廉均有利于企业发展。

（三）政务环境不容乐观，吉林相对较优

党的十九大报告明确提出要构建“亲”“清”新型政商关系。《中国省份营商环境研究报告2020》显示，东北地区政务环境不容乐观，区域内表现最佳的吉林省得分为52.08分，居全国第17位；辽宁省得分为46.40分，排第23位；黑龙江省在政务环境上表现最差，得分为43.05分，全国排名倒数第五位。吉林省在政府廉洁与关怀企业方面表现突出，廉洁指数与政府关怀程度排名进入全国前十，体现出吉林省坚持以公开透明、廉洁高效为原则，持之以恒地“打虎猎狐拍蝇”，秉持为人民服务的宗旨，切实关心企业，政企关系较为和谐。

辽宁省的政府廉洁、政府效率均处于中下游水平，且存在较大改善空间，应着重注意提高政府电子政务水平，合理利用电子信息技术，极大地提高政府工作效率。辽宁省电子服务能力综合指数排名全国倒数，政务网站、政务微博、政务微信三个服务渠道建设水平均为全国垫底，不利于辽宁省政府提高为企业服务的能力。

黑龙江省政府效率、政府廉洁、政企关系均在全国排末位，政务环境优化工作效果不佳。2021 年，黑龙江省建成首个省级政务 App，其他相关服务渠道建设水平均居全国下游，电子政务水平处于全国落后水平。政府廉洁指数较低，廉政建设尚需加强，政府关怀程度较低，当地政务人员应当加强廉政建设，做到既“亲”又“清”。

（四）法律政策环境有待改善，吉林表现最佳

稳定的社会秩序、良好的法治环境是企业发展的基本要求。黑龙江与吉林两省法律政策环境相似，均处于中下游水平，辽宁省法律政策环境排全国第 27 位。应根据“公正透明”要求，优化法律政策环境，兼顾司法公正与政策透明。《中国司法文明指数报告 2019》显示，吉林省总体表现较好，是东北三省中唯一高于全国平均水平的省份，但吉林省在司法公开与司法腐败遏制方面处于全国落后水平，应在后续工作中将此作为重点优化对象；黑龙江省居全国第 24 位，辽宁省排名全国倒数第三位，司法权力、司法公开等指标排名均处于全国末尾。

政策透明要求政府积极推进政务信息公开。吉林省政府透明指数排名全国第 19 位，表明政府透明度水平居中下游，信息披露力度有待加强，其中决策公开与申请公开是吉林省政府工作中的短板，执行结果公开工作表现优秀，排名位居第四，政策解读与回应也较为及时，排名位居第五，具备相对优势。辽宁省政策透明度略优于吉林，在决策公开与申请公开上表现较好，处于上游水平，执行和结果公开力度不足，排名全国倒数。黑龙江省政府透明度处于全国中游水平，在执行结果公开上排名靠前，在政策解读与回应关切以及决策公开等方面排名全国前十，具有较大优势，其优化重心应放在排名靠后的申请公开方面。

（五）人文环境影响力、吸引力不足，辽宁优势明显

依照《优化营商环境条例》的要求，建设开放包容的人文环境既要坚持扩大对外开放，也要加强建设社会信用体系。辽宁在人文环境上表现较突

出，居全国第9位。吉林与黑龙江两省则分别排第17位和第19位。辽宁省地理条件优越，对外开放程度较高。2019年，辽宁省货物进出口总额达9220.81亿元人民币，引用外资5.8亿元，“引进来”“走出去”战略卓有成效。社会信用体系较为完善，信用市场建设排名第四，商业机构信用意识排名也靠前。吉林省对外开放和社会信用均处于全国中下游水平，其中外资企业比和商业机构信用意识表现较好，排名居前列，但对外投资规模过小，为全国垫底。黑龙江省对外开放程度与社会信用水平处于全国中下游水平。商业机构信用意识表现较好，排名第9，其余领域均处于中游或下游水平。

三　东北地区营商环境存在的问题

通过上述分析可知，东北地区营商环境问题主要表现为：企业成本居高不下；政府职能定位模糊，越位、缺位、错位现象频出；传统观念根深蒂固、“官本位”思想深入人心，政府缺乏服务意识，企业缺乏开放创新意识。

（一）企业成本居高不下

东北地区在推进“放管服”改革取得一定成效的同时，政府与企业在企业成本上出现认知偏差，政府认为，通过一系列简政放权、减费等措施可以减少政府行政审批制度导致的成本增加，已经切实减轻企业负担，难有较大改善空间。可在企业方看来，东北成本“高地”现象尚未得到根本性改变。

东北民营企业税费负担依然较重，各级政府工作重心是清理行政性收费以及行政机关与事业单位的经营性收费，对于某些具有强制垄断性的涉企经营服务性单位收取经营性隐性费用控制不足，基金性收费改革效果也不显著，尤其对于既没有谈判能力又缺少优惠政策的中小型企业来说，政府性基金是沉重的负担。企业融资渠道单一，由于民营企业普遍“嘴上无毛、办事不牢”自身信誉水平低，还贷能力不足，拖欠贷款问题普遍存在，银行一般“不敢贷”“惜贷”，要求企业抵押担保，甚至即使有抵押担保也出现

“抽贷”“断贷”现象。社会信用体系不完善导致企业融资困难且成本较高。东北地区水、电、气等企业基本生产要素价格偏高，冬季供暖期过长、供暖成本较高，企业生产成本过高，这些制度性交易成本居高不下是东北营商环境优化工作的重点，但政府时有忽略。除此之外，东北地区中介机构在为企业经营带来便利的同时，也会增加其相应成本，涉企诉讼案件审理周期长、执行难度大、诉讼成本高，企业在行政许可办理方面所耗费的时间、人力等非资金成本较高，市场体制不完善、人才外流严重、创新创业成本高等问题也不容忽视。

（二）政府职能定位模糊

长期以来，东北地区政府职能定位模糊，政府越位、缺位、错位现象频出，政府职能转变滞后于市场经济发展，体制机制问题未得到有效解决，阻碍了营商环境优化和经济可持续发展。东北政府职能越位体现在政府未能处理好与市场的关系，行政干预过度、行政审批过多和过滥破坏市场原有秩序；政企不分，政府长期管束庇护企业。东北地区基础设施不完善、医疗水平区域差距较大、社会保障服务体系与社会信用体系尚不健全、生态环境污染等问题反映出政府没能充分尽职尽责，满足社会公共需要，职能缺位问题严重。东北政府部门及其内部机构设置依旧以“条块”模式为主，各部门负责各自一“块”功能，对于部门“块”状功能又无法完全界定清晰，在此情况下，机构间不自觉地强化自身职能，进而出现机构职能交叉与重叠，管理混乱、政出多门、踢皮球现象时有发生，政府职能出现错位，行政效率较低，行政成本增加。

（三）法治建设有待加强

东北地区法治建设尚且有待加强。法律规范工作存在滞后化、工具化等倾向。一些法规制定相对滞后于经济发展需要，如自贸区营商环境相关配套的法律服务还处于短缺阶段，不能兼顾不同经济主体的差异化需求。部分官员将职位权力转变为政治手段，导致执法不严、违法不究的现象。包容审慎监管未落到实处，对投资者的法律保护、对行政人员行为的约束不到位。民众和市场主体法治意识淡薄。由于历史原因和思维惯性，部分东北人对法治的认知流于表面，甚至对法治持怀疑态度，不能充分意识到学法的重要性。普法宣传工作不到位，民众法律知识储备较少，缺少守法自觉性，看待、分析、解决问题的法律意识缺乏。地方保护主义盛行，经济主体待遇区别化明显。本地企业与外地企业、国企与私企之间存在不公平竞争，存在某些不法分子阻碍司法公正，不利于营造公平的营商环境。

（四）官本位思想根深蒂固

东北地区受计划经济影响持续时间较长，政府缺乏服务意识，企业生存发展条件差。机构庞杂、人员冗余、权力固化是官本位思想的主要体现，东北一直以来“唯上是从”的单一行政化体制给予“官本位”思想制度支撑，使其得以长期扎根东北。官本位思想根深蒂固导致“长官意志”凌驾于“市场意志”之上，阻碍了市场经济发展。同时，官员在与企业沟通时缺乏主动意识、服务意识，从意识层面阻塞政商交流通道，政商常态化沟通机制不完善，无法使优化营商环境达成共识，致使东北经济社会发展面临较多困难。另外，国有企业得到政府更多“偏爱”，民营企业却面临繁杂的审批与各种限制门槛，难以与国企展开竞争，市场竞争公平性不足。从主观上看，“官本位”将官职作为衡量个人价值的尺度，抑制人们的市场意识，抹杀人们创新创业精神，不利于培育企业家精神，部分国有企业通过寻求“保护伞”能以更小的代价获取相同的利润，求安稳、图享受、怕风险也就成普遍心理。

四　东北地区营商环境优化对策

东北地区营商环境优化应在增强优势的同时，补齐短板，及时披露企业成本信息，着力减轻民营企业负担，明确政府职能定位，持续推进行政管理机制改革，提高政府服务能力，增强人民群众与市场主体的法治意识，健全法治体系，在中国特色社会主义市场经济条件下营造良好的营商环境。

（一）明确政府职能定位，提升政府服务能力

优化营商环境必须要理顺政府与市场的关系，政府应在市场经济中明确自己的定位，积极发挥宏观调控作用，提高政府治理能力，激发市场活力，推动经济社会发展。习近平总书记在党的十九大报告中指出，要转变政府职能，深化简政放权，创新监管方式，增强政府公信力和执行力，建设人民满意的服务型政府。“放管服”就是政府经济职能在社会主义市场经济中的科学定位。东北地区应当坚定不移地推进“放管服”改革，把政府不该管的还给市场，放管结合，既要市场有效，也要政府有为，优化政府服务，建设服务型政府。提升政府服务能力，应打破政府部门“条块”状职能设置模式，参考深圳做法，探索“行政三分制”改革，建立部门间制衡机制，决策、执行与监督相结合，明确界定机构各部门职能，提高政府行政效率，优化公共服务。同时，提高电子政务水平，加强电子信息技术在营商环境优化工作中的应用，畅通政商交流服务渠道，形成跨部门、跨地域、跨系统的政务数据中心，并对其数据展开融合分析和深度挖掘。

（二）增强企业成本透明度，减轻民营企业负担

东北地区企业成本透明度较低，政企对企业成本认知不一，应由东北地区三省政府牵头支持相关机构或社会组织定期统计企业成本，并发布营商环境报告，以便动态把握区域内企业负担水平。推行涉企收费清单制度，及时向社会公开各项涉企收费项目及相关流程，供企业自行核查，清单外项目企业有权拒收，增强涉企收费透明度，避免乱收费现象。推行行政服务中心集中收费制度，集中处理同级非税收入。尽量减少企业制度性交易成本，将一些不合理的准政府经营性费用纳入清理范畴。减轻企业税费负担。降低水、电、气等基础性生产要素价格，减少企业生产成本。拓宽企业融资渠道，加快财税金融和资本改革，加大对实体经济、中小微企业的扶持力度，降低其融资成本。简化行政审批手续，降低审批前置门槛，深化“一件事一次办”模式，减少企业人力、时间、精力消耗。完善多元化纠纷解决工作机制，降低企业诉讼成本。

（三）解放思想转变观念，鼓励企业开放创新

优化东北营商环境必须坚持以人为本，破除“官本位”传统观念。主观上要求加强思想政治教育，使各级政府官员树立正确的权力观，牢记全心全意为人民服务的宗旨，强化官员服务意识。以人民美好生活需求为导向，完善公共服务体系，将解决人民群众困难作为工作重心。体制不完善是“官本位”生长的土壤，破除官本位思想客观上要落实和发展民主制度、推进体制机制改革、规范政绩评价体系、完善监督机制。政府要积极引导鼓励企业开放创新，发挥舆论引导功能，积极倡导创新创业，大力发展高等教育，提高人才待遇，破除人才流动制度障碍，集聚高层次创新人才，打造公平的市场竞争环境，营造良好创新氛围。逐步清除妨碍开放创新的制度性障碍，加强知识产权保护，为企业开放创新保驾护航。

（四）加强人民法治意识，建立健全法治体系

大力普及法治文化宣传教育，增强民众法治意识。吸引公民切身参与普法，与时俱进、因材施教创新普法方式，避免教条式说教。面对青年学生，以 VR 等新媒体、新手段为媒介，传播法治知识；面对老年人，通过案例现身说法的形式，增强其共鸣。建立健全法治体系，完善配套法律法规，保证有法可依，尤其要完善现代企业经济法律体系，东北地区国有企业改革任务艰巨，应完善现代企业法律制度，促进国企深化改革，同时保证经济社会平稳运行。严格执法、健全执法监督机制，保证有法必依，消除地方保护主义，理论与实践相结合培养法律人才，加强法治工作队伍建设，保证司法程序公正。

参考文献

林毅夫：《关于制度变迁的经济学理论：诱致性变迁与强制性变迁》，载陈昕主编《财产权利与制度变迁：产权学派与新制度学派译文集》，上海人民出版社，1994。

尹奎杰、李欣：《论东北地区营商环境制度供给意识与制度需求的断裂与弥合》，《北方论丛》2021 年第 2 期。

娄成武、张国勇：《治理视阈下的营商环境：内在逻辑与构建思路》，《辽宁大学学报》（哲学社会科学版）2018 年第 2 期。

武靖州：《振兴东北应从优化营商环境做起》，《经济纵横》2017 年第 1 期。

杨志勇、文丰安：《优化营商环境的价值、难点与策略》，《改革》2018 年第 10 期。

张三保、张志学：《中国省份营商环境研究报告 2020》，北京大学光华管理学院管理创新交叉学科平台，2020。

B.18
东北地区交通可达性研究

史晓萌　欧素华　刘　鉴*

摘　要：　本报告基于2005年和2018年的交通数据，利用复杂网络分析方法和最短出行时间法分别对东北地区陆路交通（公路和铁路）的拓扑可达性和时间可达性进行了分析，研究发现2018年东北地区陆路交通可达性相较于2005年有了较大程度的提升，但在空间分布上仍然呈现出明显的“核心—边缘”分布模式，为此从继续加大陆路交通基础设施投资力度和推动东北地区陆路交通网络一体化发展两个方面提出了政策性建议。

关键词：　东北地区　交通网络　拓扑可达性　时间可达性

交通在区域经济发展中扮演着重要角色，对区域发展具有显著推动作用和积极影响。随着交通建设的加快，区域内铁路、公路、航空等各级各类运输通道相互连接，形成复杂的交通网络。东北地区是我国重要的老工业基地，区域交通网络建设水平对老工业区的振兴与发展至关重要。本报告主要利用复杂网络分析方法和最短出行时间法，分别对东北地区陆路交通（公路和铁路）的拓扑可达性和时间可达性进行了评价，以期为东北地区交通规划、建设提供理论参考。

---

* 史晓萌，天津大学建筑设计规划研究总院规划师，研究方向为城市与区域规划；欧素华，东北师范大学博士研究生，研究方向为区域经济地理、城市与区域规划；刘鉴，博士，东北师范大学讲师，研究方向为世界经济地理、环境经济地理与可持续发展。

一　交通可达性的文献简述

交通可达性作为区域交通网络建设水平的重要评价指标之一，一般被认为是利用交通系统从一个地方到达其他地方开展活动的便利程度。① 关于交通可达性的相关论述最早可追溯到以杜能农业区位论、韦伯工业区位论为代表的地理学古典区位理论，② 而其正式概念于 1959 年由 Hansen 首次提出，被定义为网络中各节点相互作用机会的大小。③ 之后，国内外许多学者针对交通网络可达性开展了研究。在可达性评价方法模型方面，通常将交通网络分为拓扑网络、几何网络两类。④ 拓扑网络是将交通网络抽象为复杂网络，通过矩阵法⑤和空间句法⑥探究交通网络的拓扑结构及网络特性，进而计算拓扑距离以分析其可达性。几何网络模型则是在建立空间网络的基础上利用距离度量法⑦、时空约束法⑧、重力模型法⑨等评价方法计算几何距离以研究其可达性。在交通可达性实证研究方面，陈娱等学者以百年时间尺度系统梳

① M. Q. Dalv, K. M. Martin, "The Measurement of Accessibility: Some Preliminary Results," *Transportation*, 1976, 5 (1), pp. 17 – 42; J. M. Morris, P. L. Dumble, M. R. Wigan, "Accessibility Indicators for Transport Planning," *Transportation Research Part A General*, 1979, 13 (2), pp. 91 – 109.

② 〔德〕约翰·冯·杜能：《孤立国同农业和国民经济的关系》，吴衡康译，商务印书馆，1986；〔德〕阿尔弗雷德·韦伯：《工业区位论》，李刚剑译，商务印书馆，1997。

③ Hansen W. G., "How Accessibility Shapes Land – use," *Journal of the American Institute of Lanners*, 1959, 25 (2), pp. 73 – 76.

④ 刘安乐等：《跨省山区陆路交通网络可达性评价——以乌蒙山区为例》，《地域研究与开发》2017 年第 1 期。

⑤ D. C. Wheeler, M. E. O'Kelly, "Network Topology and City Accessibility of the Commercial Internet," *Professional Geographer*, 1999, 51 (3): 327 – 339.

⑥ Hillier B., *Space is the Machine: A Configurational Theory of Architecture*, Cambridge: Cambridge University Press, 1996.

⑦ D. R. Ingram, "The Concept of Accessibility: A Search for an Operational Form," *Regional Studies*, 1971 (5), pp. 1012 – 1076.

⑧ H. J. Miller, "Modeling Accessibility Using Space – time Prism Concepts Within Geographical Information Systems," *International Journal of Geographical Systems*, 1991, 5 (3), pp. 287 – 301.

⑨ 周一星：《城市地理学》，商务印书馆，2013。

理了京津冀地区陆路交通网络发展过程，并采用时间距离计算模型探讨了13个地市的可达性演变过程;[①] 梁宇等采用空间句法对中国大陆的铁路网和公路网的通达性开展了研究，并详细分析了其演化过程。[②]

二 东北地区交通拓扑网络构建

（一）研究区域

本报告的研究区域为广义上的东北地区，包括黑龙江省、吉林省、辽宁省以及内蒙古自治区东部三市一盟，研究对象为东北地区的地级城市和县级行政单元，包括辽宁省14个地级城市、40个县级行政单元（除长海县），吉林省8个地级城市（除延边朝鲜族自治州）、39个县级行政单元，黑龙江省12个地级城市（除大兴安岭地区）、63个县级行政单元，内蒙古自治区3个地级城市、34个县级行政单元，共计213个研究单元。

（二）拓扑网络构建

公路交通拓扑网络构建以研究单元政府所在地作为网络节点，并选取高速公路、国道和省道三类公路构建交通网络的边，其作为边的权重分别为3、2.5、1.5。当两研究单元之间有公路联系，认为两节点之间存在边，若有多条公路连接两研究单元，仅选取高等级公路作为边，当两研究单元连接公路包括不同等级路段仅选取低等级公路作为边，最终构建公路交通的无向加权网络。

铁路交通拓扑网络构建以铁路站点作为网络节点，将列车联系作为节点的边，以车次数量作为边的权重。同一研究单元的多个铁路站点整合成一个站点进行研究，两研究单元之间有列车通行视为两节点有边，同一车次不作往返重复计算，最终构建铁路交通的无向加权网络。

---

① 陈娱等:《京津冀地区陆路交通网络发展过程及可达性演变特征》,《地理学报》2017年第12期。

② 梁宇等:《中国大陆交通网络通达性演化》,《地理研究》2017年第12期。

三　东北地区公路交通可达性评价

（一）公路交通拓扑网络特征分析

2005 年公路交通网络 213 个网络节点之间存在 341 条边，总体网络密度较低，说明东北地区各市县间的公路交通网络较为稀疏。2018 年公路交通网络中边的数量提升至 471 条，表明东北地区各市县间的联系逐渐增多。

1. 度中心度分析

2005 年东北地区公路交通网络的平均度为 3.2，平均加权度为 6.93，2018 年两类度值分别提升为 4.4 和 10.73，明显看出随着东北地区公路交通设施的建设，市县间公路联系逐渐紧密，且公路联系等级得到了较大的提升。

对东北地区 2005 年和 2018 年公路交通网络度值进行统计分析发现，2005 年公路交通网络度值范围为 1 ~ 12，且主要分布在 2、3 和 4，占比高达 80%，其中度值为 2 的节点数量最多，达到 86 个；度值最高的节点为沈阳，有 12 个市县节点通过公路与其直接相连，表明在东北地区沈阳市公路交通通达性最高。2018 年公路交通网络各节点度值分布范围为 1 ~ 13，近八成网络节点的度值分布在 2、3、4 和 5，其中度值为 4 的节点数量最多，相较于 2005 年增加了 15 个，度值最高的城市节点依然是沈阳，且度值提高到了 13（见图 1）。

2. 接近中心度分析

接近中心度反映节点对整个网络的控制能力，通过 Gephi 软件计算得到东北地区公路交通网络各节点的接近中心度值，做位序—规模散点图分析发现（见图 2）：2005 年以及 2018 年公路交通网络各节点的接近中心度值均集中分布在 0.1 ~ 0.2，整体网络联通效率不高；2005 年接近中心度最高的节点为沈阳市，其值为 0.182，接近中心度最低的节点为友谊县，其值为 0.088；2018 年接近中心度最高的节点为长春市，其值达到 0.193，而接近中心度最低

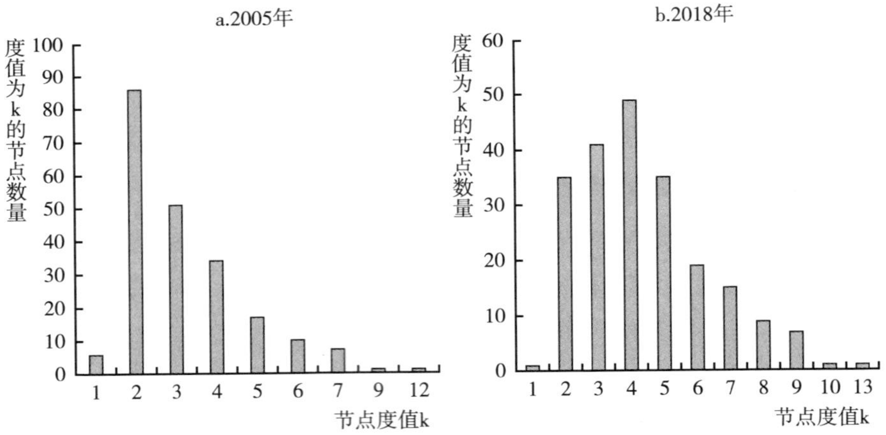

图 1　2005 年和 2018 年东北地区公路交通网络节点度值分布

值为 0.098，节点为漠河市。分析结果表明东北地区公路交通网络节点的网络控制水平小幅提升，其中以长春提升最为显著，但网络联通效率仍较差。

3. 中介中心度分析

中介中心度反映节点在网络中承担“中转站”的能力，对东北地区公路网络中 213 个节点的中介中心度值做位序—规模散点图分析发现（见图 3）：2005 年以及 2018 年东北地区各研究单元的中介中心度值集中分布在 0 ~ 0.02，这表明大多数城市在公路网络中无法担任交通联系“中转站”。2005 年东北地区各研究单元中介中心度最高的为长春市，其值为 0.142，此外有 20 个研究单元的中介中心度值为 0，包括友谊县、同江市等。2018 年各研究单元中介中心度值最高为 0.112（双辽市），最低值依然为 0，但中介中心度值为 0 的节点数量下降到 16 个。总体而言，东北地区公路交通网络中各节点的中介中心度值均下降了一定程度。

（二）公路交通拓扑可达性评价

选取前文分析中反映网络中节点重要程度的指标（度、加权度、接近中心度和中介中心度），在标准化处理后采用等比加权求和得到各节点的拓扑可达性值，用以测度东北地区公路交通网络中各研究单元的拓扑可达性。

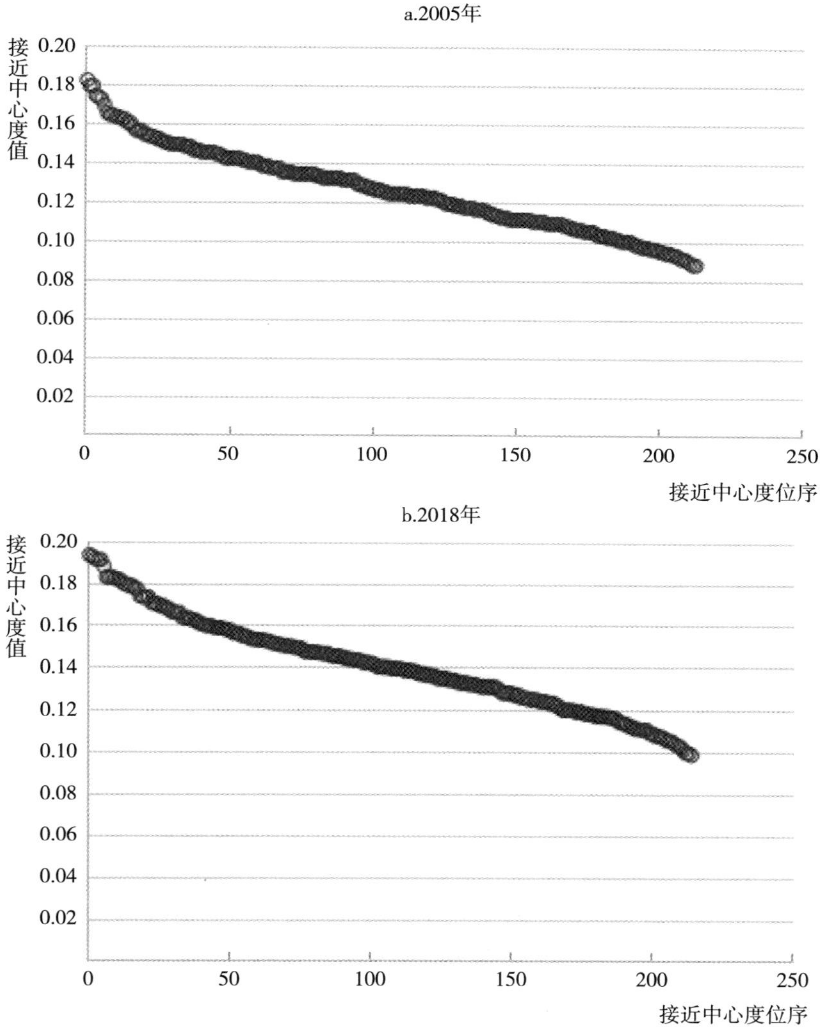

图 2　2005 年和 2018 年东北地区公路交通网络接近中心度位序—规模散点图

节点的拓扑可达性值大小可表征其到达其他节点的机会大小，值越高说明节点的公路建设水平越高。依据等值法将公路交通网络中各节点的拓扑可达性值划分为 4 个等级，包括高值区（TAV≥4.5）、中高值区（3.0≤TAV＜4.5）、中低值区（1.5≤TAV＜3.0）和低值区（TAV＜1.5），数量分布如

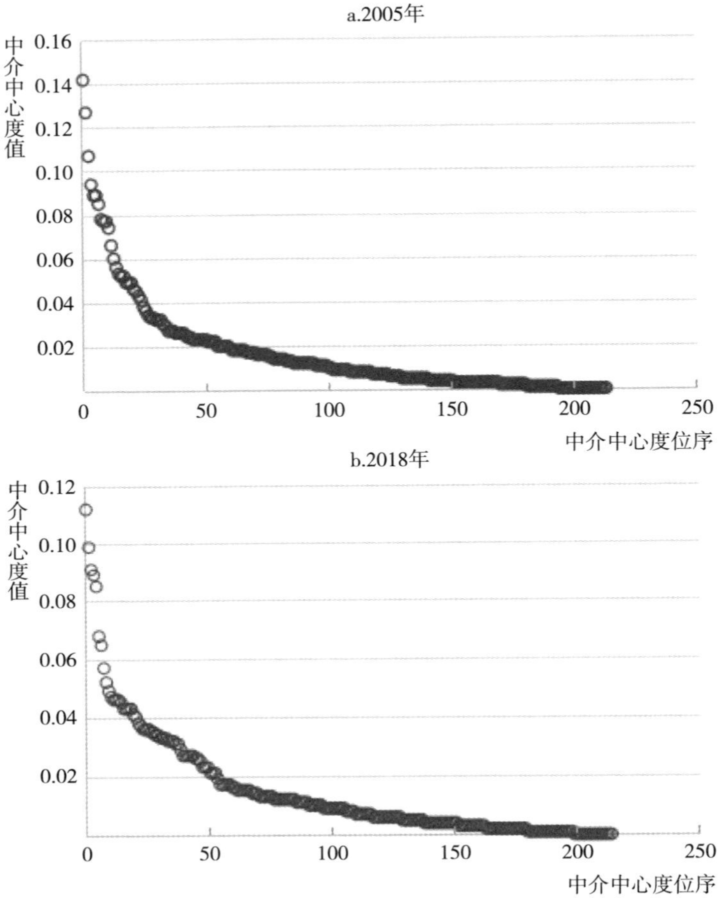

图 3　2005 年和 2018 年东北地区公路交通网络中介中心度位序—规模散点图

图 4 所示，利用 ArcGIS 软件对各研究单元 2005 年及 2018 年的公路交通拓扑可达性进行空间可视化表达。

东北地区公路交通网络中各研究单元的拓扑可达性空间分布不均匀。在 2005 年的公路交通网络中，拓扑可达性处于高值区的研究单元有 18 个，空间上集中分布在辽宁省的东北部以及沈阳市周边，此外还包括吉林省的长春市、松原市，黑龙江省的哈尔滨市；其次有 52 个研究单元的公路交通拓扑可达性处于中高值区，占比为 24.4%；而公路交通拓扑可达性处于中低值区以及低值区的研究单元占比达到67.1%；总体而言，2005年东北地区公路交通网络拓扑可达性处于较低水平。随着交通基础设施建设的推进，东北地区公路交通网络中各研究单元的拓扑可达性水平得到了提升，2018年已有67个研究单元的拓扑可达性处于高值区，占研究单元总数的三成，空间上主要集中在辽宁省与吉林省的中西部地区；只有11个研究单元的拓扑可达性处于低值区，数量下降了38个，低值区研究单元主要分布在东北地区西北部。

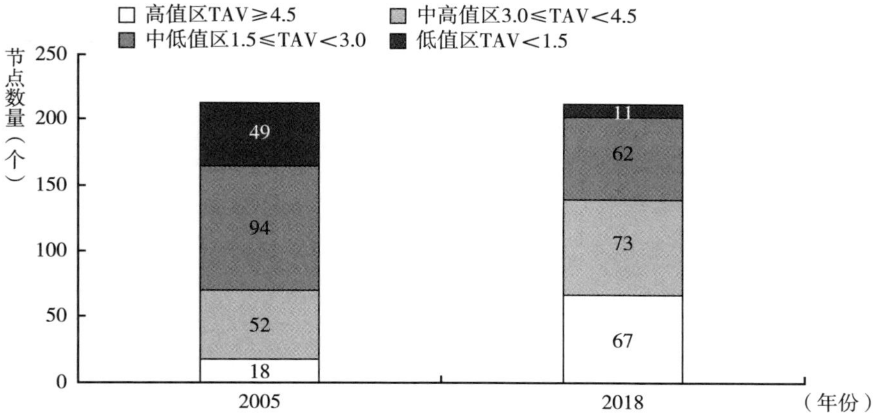

图4　2005年和2018年东北地区公路交通拓扑可达性等级数量分布

（三）公路交通时间可达性评价

2005年东北地区公路交通时间可达性水平较低，各研究单元的平均通达时间范围为6～21h，长春市凭借地处东北地区几何中心的区位条件，公路交通时间可达性水平最高，平均时间可达性为6.02h；漠河市与其他研究单元通达性最差，平均时间可达性为20.38h，主要源于其地处偏远及落后的交通设施建设水平。随着长深高速、鹤大高速等开通运营，东北地区各个研究单元的公路交通可达性得到了较大改善。2018年，各研究单元的时间可达性区间为4～17h，通达时间在8h以内的研究单元占了绝大部分，整体时间可达性水平较高。长春市与漠河市依然分别是东北地区公路交通时间可达性最高和最低的城市，可见地理区位对城市交通联系影响巨大，但城市交通时间可达性水平相较于2005年均有较大提升，长春市公路交通时间可达性提升为4.29h（见表1），漠河市公路交通时间可达性提升为16.55h。

表1　2005年和2018年东北地区公路交通时间可达性前20名

单位：h

排名	2005年		2018年	
	城市名称	平均时间可达性	城市名称	平均时间可达性
1	长春市	6.02	长春市	4.29
2	德惠市	6.06	公主岭市	4.48
3	扶余市	6.07	德惠市	4.50
4	公主岭市	6.14	扶余市	4.51
5	四平市	6.22	双辽市	4.53
6	哈尔滨市	6.25	松原市	4.54
7	昌图县	6.42	前郭蒙古族自治县	4.57
8	梨树县	6.47	伊通满族自治县	4.59
9	开原市	6.51	四平市	4.60
10	伊通满族自治县	6.53	哈尔滨市	4.66
11	肇东市	6.60	长岭县	4.69
12	铁岭市	6.69	肇源县	4.69
13	榆树市	6.70	康平县	4.74
14	吉林市	6.72	昌图县	4.78
15	铁岭县	6.74	吉林市	4.81
16	东辽县	6.76	开原市	4.83
17	宾县	6.77	肇州县	4.83
18	安达市	6.79	磐石市	4.85
19	沈阳市	6.86	法库县	4.87
20	双辽市	6.86	梅河口市	4.90

将东北地区各研究单元的公路交通时间可达性值划分为五个等级（见表2），利用ArcGIS10.2可视化。在空间分布上，东北地区公路交通时间可

达性呈现出明显的“核心—边缘”分布模式，其值整体上由区域几何中心向外围圈层式递增。相较于2005年，2018年交通时间可达性处于高水平的研究单元数量显著增加，由集中分布在京哈高速公路沿线向整个东北地区中部扩张，2018年几乎吉林省全部研究单元的公路交通时间可达性值均处于高水平层次，此外辽宁省和黑龙江省中部地区县市的可达性值也小于6.0h。可达性水平较低的地区主要分布在东北地区西北角、东北角和西南角，集中分布在呼伦贝尔市境内。

表2　2005年和2018年东北地区公路交通时间可达性等级数量分布

单位：个，%

等级	阈值	2005年数量	2005年占比	2018年数量	2018年占比
高水平	TMA＜6h	0	0.0	96	45.0
次高水平	6h≤TMA＜7h	25	11.7	60	28.2
中等水平	7h≤TMA＜8h	46	21.6	27	12.7
次低水平	8h≤TMA＜9h	42	19.7	13	6.1
低水平	TMA≥9h	100	47.0	17	8.0

四　东北地区铁路交通可达性评价

（一）铁路交通拓扑网络特征分析

2005年213个网络节点之间有3084条边连接，总体网络密度较高，说明各研究单元之间的铁路关联网络较为密集。2018年213个节点之间的连接边数提升至3890条，总体变化不大。

（1）度中心度分析

2005年东北地区铁路交通拓扑网络的平均度为29.0，平均加权度为192.4，2018年平均度为36.5，平均加权度为320.4。2005年，平均每个节点与29个对象直接相连，2018年，平均每个节点通过火车车次直接相连的对象增至36.5个，表明随着高速铁路的建设通车，东北地区通过铁路联系的研究单元越来越多。2005年和2018年东北地区铁路交通拓扑网络中心度值分布如图5所示，2005年东北地区铁路交通网络节点的度值分布在0～117之间，分布区间为0～15的节点占比约为43.7%，也就是说东北地区总体对外联系水平较低，大部分研究单元能够通过铁路直接联系的城市数量在15个以内。2018年节点度值分布范围变为0～151，沈阳市中心度值最高，达到151，分布区间在0～15的节点比重仍较高，但节点数量比2005年少，同时度值区间在15～30、45～60、60～75以及105以上的节点数量在2005年的基础上均有所增加，表明东北地区有越来越多的城市能够通过铁路直接进行联系。

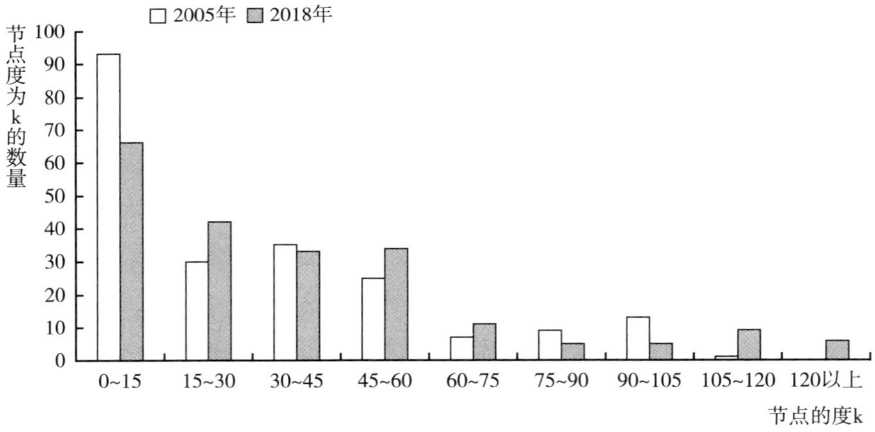

图5　2005年和2018年东北地区铁路交通网络节点度值分布

（2）接近中心度分析

计算得到东北地区铁路交通拓扑网络213个节点的接近中心度值，根据节点的接近中心度位序—规模散点图发现（见图6），各节点的接近中心度值集中分布在0.4～0.6，铁路交通网络整体连通效率较高。2005年东北地区铁路交通拓扑网络节点接近中心度最高值为0.762，节点为沈阳市，节点接近中心度最低值为0，包括康平县、法库县等42个没有客运列车通行的市县，不考虑无客运列车通行的研究单元，其他研究单元网络连通效率较高，但表现出明显的区域差异。2018年，最高接近中心度值节点仍为沈阳市，其值提升至0.851，接近中心度值为0的节点数量下降至29个，尽管不少城市在哈佳快速等铁路通车运营之后结束了无客运列车的历史，但区域联通差异逐渐变大。

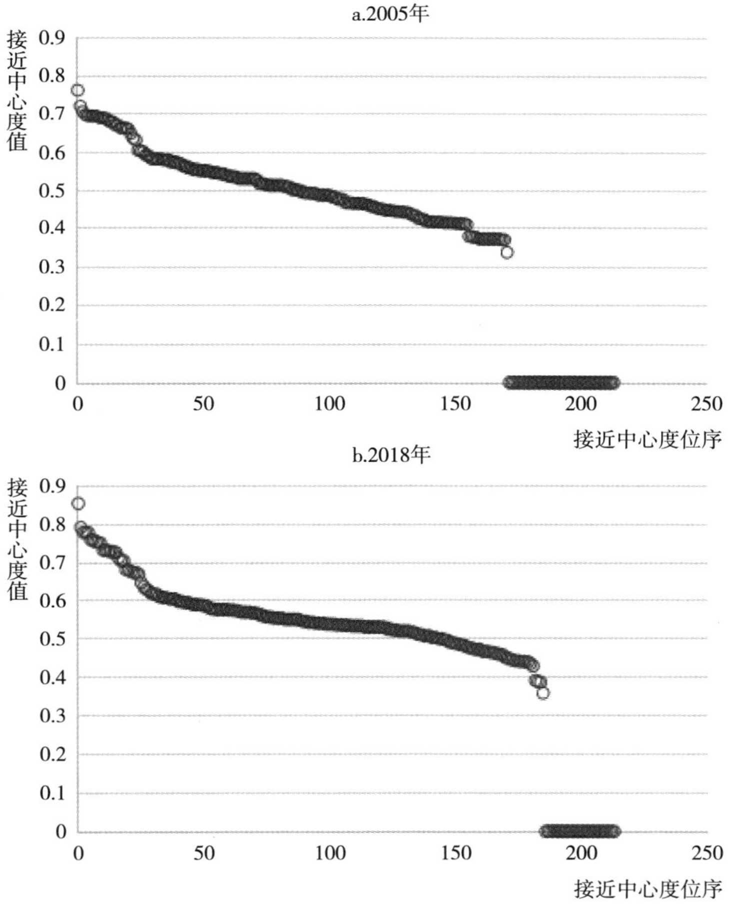

图6　2005年和2018年东北地区铁路网络接近中心度位序—规模散点图

（3）中介中心度分析

计算得到东北地区 213 个节点的中介中心度值，从位序—规模散点图可以发现（见图 7），东北地区各研究单元节点的中介中心度值集中在 0 ~ 0.01，表明大部分研究单元在铁路交通网络中缺乏承担“中转站”的能力。2005 年，节点中介中心度值最高为 0.058，对应城市为哈尔滨市，节点中介中心度最低值为 0，对应城市包括突泉县等共计 78 个研究单元。2018 年节点中介中心度最大值为 0.04，仍为哈尔滨市，最低值 0 的对应节点市县数量下降至 47 个，随着铁路交通网络的复杂化，各节点的中介中心度值均有所下降。

（二）铁路交通拓扑可达性评价

根据铁路交通拓扑网络中各节点的度、加权度、接近中心度和中介中心度综合测度得到东北地区铁路交通拓扑可达性值，并将其划分为 4 个等级，对应等级及研究单元数量如图 8 所示。2005 年，铁路交通拓扑可达性低值区研究单元数量比重接近五成，处于高值区的研究单元数量较少，表明大部分市县在东北地区铁路交通网络中的拓扑可达性处于低水平。2018 年，位于高值区研究单元数量为 38，相较 2005 年略有增加，位于低值区的研究单元数量出现了明显的下降，表明经过多年的铁路建设，东北地区铁路交通拓扑可达性得到了一定程度的改善。

从空间分布上来看，东北地区铁路交通网络拓扑可达性分布极不均衡，呈现“轴带状”分布模式，高值区主要分布在京哈线、沈大线等铁路沿线，中高值区集中分布在平齐铁路以及哈绥—绥佳铁路沿线。整体上可达性水平空间分布变化不大，但空间分化明显，大部分低值区铁路交通建设缺乏。

（三）铁路交通时间可达性评价

从东北地区各研究单元铁路交通时间可达性看（见表 3），2005 年东北地区铁路交通整体时间可达性水平较低，时间可达性范围为 8 ~ 25h。铁路交通时间可达性水平最高的研究单元为四平市等，与其他研究单元直接联系

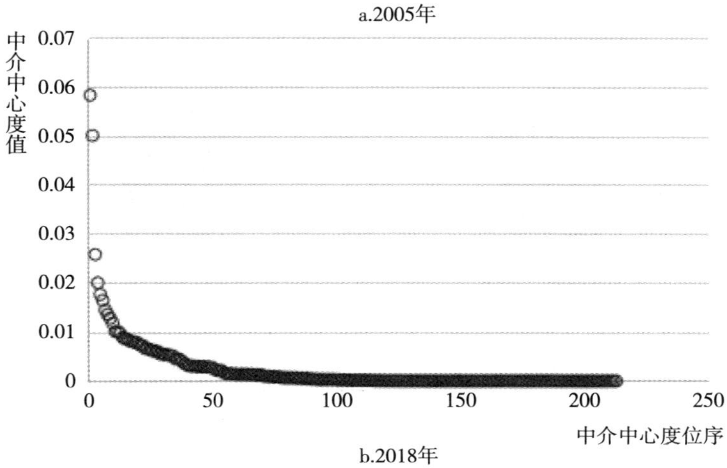

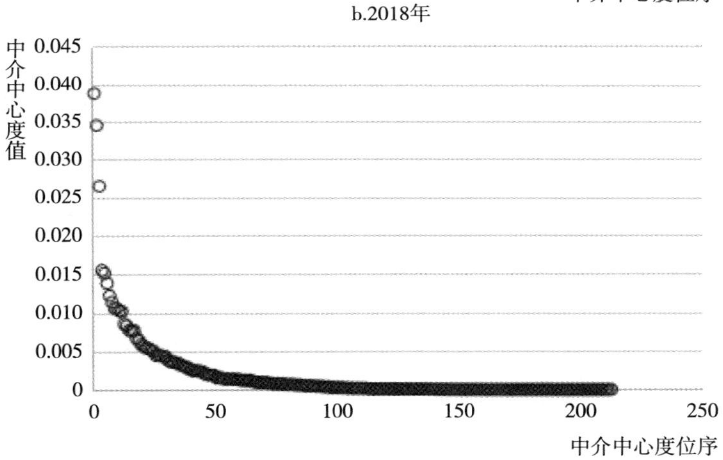

图 7　2005 年和 2018 年东北地区铁路网络中介中心度位序—规模散点图

的最短耗时总和为 1446. 62h，平均时间可达性为 8. 41h，充分彰显了其作为多条铁路交通干线交会地的优势。铁路交通时间可达性水平最低的研究单元为漠河市，其到达其他研究单元最短耗时总和为 4184. 20h，平均时间可达性为 24. 33h，且与 42 个研究单元未开通客运列车运营。2018 年东北地区铁路交通时间可达性范围变为 4 ~ 15h，且可达性水平在 8h 内的研究单元占大部分，这主要得益于哈大、哈牡—哈齐等高速铁路的开通运营，区域铁路交通时间可达性水平得到了显著提升。鉴于东北地区地理几何中心的区位优势

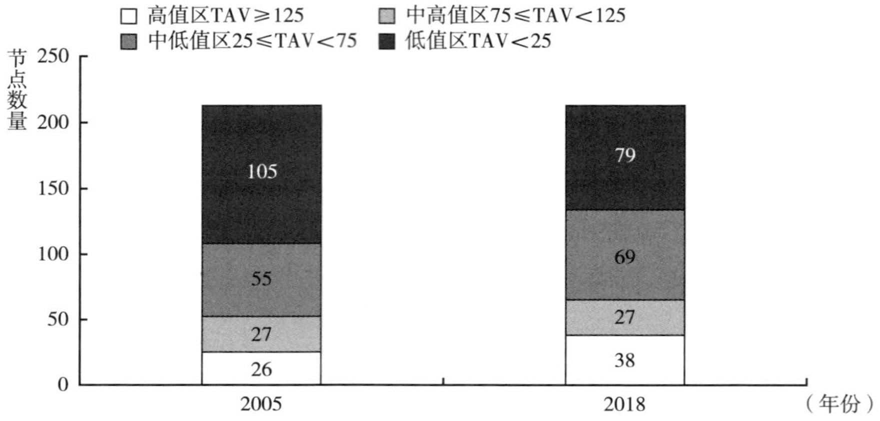

图8　东北地区铁路交通网络拓扑可达性等级数量分布

以及哈大高速铁路和长珲—长白快速铁路交会的交通优势，长春市平均时间可达性为4.12h，成为东北地区铁路交通时间可达性水平最高的城市，而可达性水平最低的研究单元依旧是漠河市，与东北地区其他研究单元铁路联系的最短时间总和为2662.23h，平均时间可达性为14.47h。

表3　2005年和2018年东北地区铁路交通时间可达性前20名

单位：h

排名	2005年		2018年	
	城市名称	平均时间可达性	城市名称	平均时间可达性
1	四平市	8.41	长春市	4.12
2	长春市	8.41	公主岭市	4.14
3	梨树县	8.43	四平市	4.15
4	公主岭市	8.46	德惠市	4.23
5	德惠市	8.79	梨树县	4.23
6	昌图县	8.82	昌图县	4.24
7	双辽市	8.92	扶余市	4.27
8	农安县	8.95	开原市	4.28
9	扶余市	8.97	铁岭市	4.34
10	开原市	8.98	铁岭县	4.36
11	哈尔滨市	9.22	哈尔滨市	4.43
12	大安市	9.26	农安县	4.44
13	铁岭市	9.27	沈阳市	4.45
14	东辽县	9.27	吉林市	4.57

续表

排名	2005 年		2018 年	
	城市名称	平均时间可达性	城市名称	平均时间可达性
15	长岭县	9.28	灯塔市	4.59
16	科尔沁左翼中旗	9.34	新民市	4.60
17	前郭蒙古族自治县	9.37	东辽县	4.62
18	铁岭县	9.37	前郭蒙古族自治县	4.65
19	肇源县	9.38	松原市	4.66
20	松原市	9.40	辽阳市	4.67

将东北地区各研究单元铁路交通时间可达性值划分为五个等级进行可视化分析（见表4）。从整体空间分布看，东北地区铁路交通时间可达性同样呈现出较为明显的“核心—边缘”分布模式，时间可达性水平低的研究单元主要围绕可达性水平较高的研究单元分布。2005 年，东北地区铁路交通时间可达性水平处于高水平和次高水平的研究单元数量为 0，绝大部分研究单元处于时间可达性次低水平和低水平区，东北地区中心的研究单元时间可达性相对较高，但也仅处于中等水平。2018 年，60% 以上的研究单元铁路交通时间可达性处于高水平和次高水平，即时间可达性在 8h 以内，其中平均时间可达性小于 6h 的研究单元数量有 90 个，6～8h 为 48 个，时间可达性在 6h 以内的研究单元几乎覆盖整个辽宁省和吉林省，并包括黑龙江省中部地区；时间可达性处于中等水平、次低水平和低水平的研究单元数量均有显著下降，主要分布在东北地区西北角和东北角。

表 4　2005 年和 2018 年东北地区各研究单元铁路交通时间可达性等级数量分布

单位：个，%

等级	阈值	2005 年数量	2005 年占比	2018 年数量	2018 年占比
高水平	TMA < 6h	0	0.0	90	42.3
次高水平	6h ≤ TMA < 8h	0	0.0	48	22.5
中等水平	8h ≤ TMA < 10h	81	38.0	24	11.3
次低水平	10h ≤ TMA < 12h	52	24.4	13	6.1
低水平	TMA ≥ 12h	80	37.6	38	17.8

五　结论与政策建议

本研究从交通网络拓扑可达性和时间可达性两个方面对东北地区陆路交通可达性进行了分析，研究发现，2018 年东北地区陆路交通可达性相较于 2005 年有了较大的提升，但空间分布上仍然呈现出明显的“核心—边缘”分布模式。

（一）继续加大陆路交通基础设施投资力度

交通基础设施是地区经济社会发展的先行官，谋划建设适度超前的交通基础设施对地区经济发展具有强大的支撑和推动作用。路网密度偏低、线路布局结构不合理、可达性水平空间分布不均等是东北地区陆路交通长期存在的问题，而近年来东北地区交通基础设施建设的投资力度呈下降趋势，各类交通工程建设项目也在不断减少，因此应持续加大交通建设投资力度，推动陆路交通基础设施适度超前发展。在规划布局方面，统筹考虑区域协调发展问题，在完善路网结构方面，重点考虑交通网络中各城市节点间的通达性提升问题。此外，东北地区具有较好的铁路交通发展基础，但与公路交通相比，铁路客货运量明显不足，因此应加快提升东北地区铁路交通的运输能力，进而推动东北地区公路交通和铁路交通的协调发展。

（二）推动东北地区陆路交通网络化发展

交通基础设施网络化有利于缩小不同层级城市之间和区域之间的经济发展差距，促进区域协调和均衡发展，推动不同等级城市和区域实现共同富裕。当前东北地区经济发展差异显著，应大力推动陆路交通网络化发展，加快建设区域间互联互通机制，形成安全、便捷、高效、绿色、经济的陆路交通网络体系，实现交通“无缝对接”，促进东北地区协调发展。在公路建设方面，注重普通国省干线公路提等升级，提高公路通车里程，同时要突破行政壁垒，消除“断头路”，形成不同等级公路有效衔接的道路体系；在铁路建设方面，注重铁路线的新建与旧线扩容改造协同发展，同时增设更多大型火车站，增加站点间的通行车次，以减少周转次数，进一步提高站点与站点之间的通行效率。

参考文献

M. Q. Dalv, K. M. Martin, "The Measurement of Accessibility: Some Preliminary Results," *Transportation*, 1976, 5 (1).

J. M. Morris, P. L. Dumble, M. R. Wigan, "Accessibility Indicators for Transport Planning," *Transportation Research Part A General*, 1979, 13 (2).

〔德〕约翰·冯·杜能：《孤立国同农业和国民经济的关系》，吴衡康译，商务印书馆，1986。

〔德〕阿尔弗雷德·韦伯：《工业区位论》，李刚剑译，商务印书馆，1997。

Hansen W. G., "How Accessibility Shapes Land - use," *Journal of the American Institute of Lanners*, 1959, 25 (2).

刘安乐等：《跨省山区陆路交通网络可达性评价——以乌蒙山区为例》，《地域研究与开发》2017 年第 1 期。

D. C. Wheeler, M. E. O'Kelly, "Network Topology and City Accessibility of the Commercial Internet," *Professional Geographer*, 1999, 51 (3).

Hillier B., *Space is the Machine: A Configurational Theory of Architecture*, Cambridge: Cambridge University Press, 1996.

D. R. Ingram, "The Concept of Accessibility: A Search for an Operational Form," *Regional Studies*, 1971 (5).

H. J. Miller, "Modeling Accessibility Using Space-time Prism Concepts Within Geographical Information Systems," *International Journal of Geographical Systems*, 1991, 5 (3).

周一星：《城市地理学》，商务印书馆，2013。

陈娱等：《京津冀地区陆路交通网络发展过程及可达性演变特征》，《地理学报》2017 年第 12 期。

梁宇等：《中国大陆交通网络通达性演化》，《地理研究》2017 年第 12 期。

大事记

Key Events

B.19
2021年全国区域经济发展大事记

区域经济大事记课题组*

1月3日 广东省推进粤港澳大湾区建设领导小组第六次全体会议召开。省委书记、省推进粤港澳大湾区建设领导小组组长李希主持会议，省长、省推进粤港澳大湾区建设领导小组常务副组长马兴瑞出席会议。会议听取了广东省推进粤港澳大湾区建设工作情况，审议了有关文件，研究部署了工作。

1月12日 廊坊市政府正式批复了廊坊市北三县与北京市通州区协同发展“5+12”系列规划，为全面推进廊坊市北三县与北京市通州区协同发展奠定了规划基础，形成了全域覆盖、分层管理、分类指导、多规合一的高质量规划体系。

---

* 课题组成员：杨维凤，北京市社会科学院经济所副研究员，研究方向为区域经济；王德利，北京市社会科学院经济所研究员，研究方向为区域经济；方方，北京市社会科学院经济所副研究员，研究方向为区域经济；何砚、徐李璐邑，北京市社会科学院经济所助理研究员，研究方向为区域经济；张建平，广东省社会科学院广东海上丝绸之路研究院副研究员。

1月15日 北京大学首都发展研究院发布《京津冀协同创新指数（2020）》，2013～2018年京津冀协同创新指数从16.18增长到80.99，增长了4倍多。

1月17日 江苏省委、省政府发布《关于推进贸易高质量发展的实施意见》，加快培育贸易竞争新优势，推进贸易高质量发展。

1月19日 粤港澳大湾区（广州）网络安全产业园在广州市黄埔区授牌，并印发了《关于加快推进广州市网络安全产业发展的指导意见》。

1月22日 北京至哈尔滨高速铁路开通运营，京哈高铁实现全线贯通，哈尔滨至北京的高速动车组列车最短运行时间将由目前的6小时32分压缩至4小时52分，旅行时间压缩1小时40分。

1月22日 江苏省委、省政府出台《关于推进贸易高质量发展的实施意见》，描绘贸易发展“路线图”。

1月26日 “前海深港合作重大项目签约暨落户仪式”在深圳市前海嘉里中心举行。

2月3日 《广东省进一步深化粤港合作若干措施》正式发布，共15条措施。

2月6日 北京、天津地铁乘车二维码实现互联互通，范围包括两市城市轨道交通所有运营线路及车站。

2月20日 中关村企业所得税试点新政落地推动科创中心建设，天竺综合保税区退税政策显著增强北京航空企业国际竞争力，新鲜出炉的《京津冀办税事项“最多跑一次”清单》共计129个办税事项，让纳税人办事更加省时省心又省力。

2月22日 广东省人民政府发布《广东省进一步推动竞争政策在粤港澳大湾区先行落地的实施方案》。

2月26日 香港特区政府举办“湾区起跑线　青年创明天”启动仪式，正式启动三项鼓励香港青年在粤港澳大湾区创业计划、体验计划及就业计划。

2月28日 《中国（江苏）自由贸易试验区条例》将于3月1日起

施行。

3月1日 上海发布《上海市加快新能源汽车产业发展实施计划（2021—2025年）》，鼓励绿色低碳出行。

3月2日 《江苏省国民经济和社会发展第十四个五年规划和二〇三五年远景目标纲要》发布。

3月3日 上海出台《关于本市“十四五”加快推进新城规划建设工作的实施意见》等一系列新政，加快嘉定、青浦、松江、奉贤、南汇等五个新城规划建设。

3月4日 国务院批复《虹桥国际开放枢纽建设总体方案》，明确了虹桥国际开放枢纽建设的指导思想、发展目标、功能布局和主要任务。

3月6日 江苏省政府办公厅印发《2021年江苏省深化“放管服”改革优化营商环境工作要点的通知》，深化“放管服”优化营商环境。

3月11日 十三届全国人大四次会议以高票表决通过《全国人民代表大会关于完善香港特别行政区选举制度的决定》。

3月11日 江苏省政府办公厅印发《关于支持多渠道灵活就业若干措施的通知》，出台14项举措支持多渠道灵活就业。

3月12日 北京新发地市场与涿鹿县政府、张家口市建发集团正式签署战略合作协议，将在涿鹿县建设新发地安全农产品集散中心总仓，在保障首都“菜篮子”“果盘子”供应的基础上探索京津冀协同发展全新合作模式，助力张家口市乡村振兴。

3月17日 国务院台办、农业农村部、国家林草局、国家发展改革委、财政部、自然资源部、水利部、商务部、中国人民银行、国家市场监管总局、供销总社联合出台《关于支持台湾同胞台资企业在大陆农业林业领域发展的若干措施》，自公布之日起施行。

3月19日 数字山东建设专项小组全体会议在济南召开。山东省委副书记、省长李干杰主持会议。山东省委常委、常务副省长王书坚，省政府秘书长宋军继出席会议。

3月20日 山东省副省长凌文签发《山东省人民政府办公厅关于加快

推进世界一流海洋港口建设的实施意见》。

3月23日 我国首个冬奥气象科普馆——崇礼冬奥气象科普馆日前完成建设，于3月23日世界气象日通过线上云直播的形式，首次与公众见面。

3月24日 《关于在长三角生态绿色一体化发展示范区强化知识产权保护推进先行先试的若干举措》出台，这是国内首个跨省域强化知识产权保护的指导性文件。

3月28日 长龙航空执行新航季，将新开哈尔滨—济南—珠海等航线，开航初期票价低至199元。

3月29日 粤港澳大湾区（广东）创新创业孵化基地在广州市天河区开园。

3月30日 广州市推进粤港澳大湾区建设领导小组办公室印发《粤港澳大湾区北部生态文化旅游合作区建设方案》。

3月30日 广州市推进粤港澳大湾区建设领导小组关于印发《广州市关于推进共建粤港澳大湾区国际金融枢纽实施意见》和《广州市关于推进共建粤港澳大湾区国际金融枢纽三年行动计划（2021—2023年）》的通知。

3月30日 中共中央政治局召开会议，审议《关于新时代推动中部地区高质量发展的指导意见》。中共中央总书记习近平主持会议。会议从党和国家事业发展全局出发，对推动中部地区高质量发展、促进中部地区崛起再上新台阶作出重大部署、提出明确要求。

4月6日 广东省人民政府印发《广东省国民经济和社会发展第十四个五年规划和2035年远景目标纲要》。

4月13～14日 北京市·山西省召开合作交流座谈会，共同签署《北京市人民政府　山西省人民政府全面战略合作框架协议》。

4月15日 第八届中国（上海）国际技术进出口交易会开幕。

4月16日 《浙江省医疗保障条例》于7月1日正式实施。

4月19日 国家发改委印发《粤港澳大湾区建设、长江三角洲区域一体化发展中央预算内投资专项管理办法》，提出粤港澳大湾区建设以直接投资安排方式支持地方政府投资项目。

4月21日 哈尔滨市防洪纪念塔处顺航码头的两艘客船缓缓驶离码头，沉寂一冬的松花江客运船舶终于迎来首航，拉开2021年度哈尔滨客运船舶开航序幕。

4月22日 山西省委、省政府印发《山西省黄河流域生态保护和高质量发展规划》。本规划全面对接落实国家《黄河流域生态保护和高质量发展规划纲要》，是山西省当前和今后一个时期制定实施相关规划方案、政策措施和建设相关工程项目的重要依据。

4月22日 中共中央政治局常委、国务院副总理、粤港澳大湾区建设领导小组组长韩正，在广州主持召开粤港澳大湾区建设领导小组会议。深入学习贯彻习近平总书记重要讲话精神，研究部署粤港澳重大合作平台建设有关政策落实等工作。

4月22日 怀来官厅水库国家湿地公园成立“永定河流域湿地修复科技示范中心”。

4月22日 沪苏浙两省一市市场监督管理局联合批准发布《长三角生态绿色一体化发展示范区挥发性有机物走航监测技术规范》《长三角生态绿色一体化发展示范区固定污染源废气现场监测技术规范》《长三角生态绿色一体化发展示范区环境空气质量预报技术规范》3项一体化示范区技术规范。

4月23日 浙江省发改委、省医保局联合发布《浙江省医疗保障事业发展“十四五”规划》。

4月25日 世界首条清洁能源“空中大动脉”，±800千伏青海—河南特高压直流输电工程向河南电网输送电量累计达到100亿千瓦时。这相当于减少标准煤燃烧459.9万吨，减排二氧化碳997万吨、二氧化硫36万吨、氮化物15.3万吨、粉尘2723万吨，综合效益显著。

4月28日 中共中央政治局常委、国务院副总理韩正到河北雄安新区调研，主持召开京津冀协同发展领导小组会议并讲话。他强调，要认真学习贯彻习近平总书记重要讲话和指示精神，严格按规划高标准高质量建设雄安新区，积极稳妥有序地疏解北京非首都功能。

4 月 29 日 第二届中国（上海）工业品在线交易节正式开幕，主题是“产业互联双循环，数字经济新活力”。

5 月 11 日 为贯彻落实黄河流域生态保护和高质量发展战略，加快山东新旧动能转换综合试验区建设，国家发展改革委印发了《济南新旧动能转换起步区建设实施方案》。

5 月 13 日 在黑龙江省伊春市，哈尔滨至伊春高铁项目铁力至伊春段先行工程正式开工建设。

5 月 14 日 粤港合作联席会议第二十二次会议以视频连线方式举行。广东省省长马兴瑞、香港特别行政区行政长官林郑月娥共同主持会议并作主题发言。粤港双方会后签署了 5 份合作协议：《粤港马产业发展合作协议》《广州市人民政府　香港赛马会关于共同促进穗港赛马产业发展的框架合作协议》《广东省体育局与香港赛马会大湾区体育项目合作补充备忘录》《深化粤港澳大湾区投资推广合作备忘录》《开启“十四五”双循环商机深化粤港经贸合作备忘录》。

5 月 17 日 浙江省经信厅等七部门、省生态环境厅相继出台了针对 26 县的《浙江省山区 26 县生物科技产业发展行动计划（2021—2025 年）》《关于支持山区 26 县跨越式高质量发展生态环保专项政策意见》。

5 月 18 日 由广州市推进粤港澳大湾区建设领导小组办公室指导，广药集团、广州市生物产业联盟联合主办的首届“广州粤港澳大湾区生物医药与健康圆桌峰会”在广东广州召开。主题是：逐梦健康，耀启湾区。

5 月 21 日 西安市公共资源交易中心邀请乌鲁木齐、成都、济南、兰州、银川、郑州、太原、呼和浩特、贵阳等省会城市公共资源交易中心和包头、三门峡、海东、大连市交易中心，共同发起成立“黄河流域高质量发展公共资源交易跨区域合作联盟”。

5 月 24 日 在第五届世界智能大会的“2021 全国工业互联网平台赋能深度行（天津站）”高峰论坛上成功举办《关于打造京津冀工业互联网协同发展示范区的框架合作协议》签约仪式。

5 月 26 日 山东省委、省政府在济南新旧动能转换起步区召开起步区建设动员大会。

6月1日 《上海市基本公共服务“十四五”规划》发布，打造基本公共服务高质量发展上海样板。

6月1日 上海市和内蒙古自治区签署《深化战略合作框架协议》，并议定“十四五”期间以年度工作要点形式常态化推动协议事项落实。

6月4日 广西壮族自治区与青海省在青海省西宁市共同签订《关于加强西部陆海新通道建设合作框架协议》。

6月6日 京秦高速公路遵秦段建设取得重要进展，下平山大桥右幅T梁全部完成架设，这是遵秦项目首座实现单幅贯通的大桥。

6月7日 《广东省人民政府办公厅关于建立广东省推进粤港澳大湾区药品医疗器械监管创新发展工作联席会议制度》印发。

6月9日 《上海市综合交通发展“十四五”规划》发布。

6月10日 通州区、廊坊市“北三县”的四地七局联合签署一揽子合作发展协议，从企业办照、食品安全保障、跨地区监管等三方面开展深入协作。

6月13日 2021年新一代人工智能（天津）产业发展高峰论坛在天津举办。活动期间，京津冀协同创新发展联盟授牌，14家企业签约入驻天津滨海中关村（天津自创区）创新中心。

6月15日 “粤澳合作联席会议”以视频连线方式举行。广东省省长马兴瑞、澳门特别行政区行政长官贺一诚共同主持会议并作主题发言。会上，《粤澳标准质量和检测认证工作合作协议》等签署。

6月15日 全国人大常委会副委员长丁仲礼率执法检查组到黑龙江省开展固体废物污染环境防治法执法检查。

6月16日 国家发改委基础司组织召开沿江高铁及铁水联运设施联通建设协调推进会，系统梳理沿江高铁、铁水联运等项目推进过程中存在的困难及问题，研究下一步工作措施，确保年初确定目标顺利实现。

6月18日 上海市文化旅游局、市发展改革委、市财政局、市人力资源社会保障局、国家税务总局上海局、市总工会联合发布《关于支持上海旅游业提质增能的若干措施》，助力旅游企业复苏发展。

6月18日 湘赣边区域合作示范区建设推进大会在湖南醴陵市召开。

6月24日 以“对接新规划，畅通双循环”为主题的黑龙江省对俄经贸合作务实创新推进会在哈尔滨市召开。

6月25日 由哈尔滨西站开往北京朝阳站方向的G904次列车缓缓驶离站台，列车由CR400BF-GZ型复兴号智能动车组重联运行，这是黑龙江省开行的首趟复兴号智能动车组列车，也是复兴号智能动车组目前到达的我国最北最寒冷的地区，再一次刷新中国高铁纪录。

6月28日 《江苏省地方金融条例》自7月1日起正式实施。

7月8日 世界人工智能大会在上海开幕。

7月9日 《上海人工智能社会实验方案》发布，聚焦数字化转型重大议题。

7月15日 广州市南沙区举办“创享湾TIMETABLE粤港澳青创基地”和“港澳新青寓”启动仪式。

7月15日 浙江省市场监管局出台《关于改革突破争先推动高质量发展建设共同富裕示范区的实施意见》。

7月16日 山东省委常委、常务副省长王书坚签发山东省人民政府办公厅印发《关于贯彻落实〈山东省“十四五”数字强省建设规划〉的实施方案》的通知。

7月19日 浙江发布《数字化改革 公共数据分类分级指南》省级地方标准，将于8月5日起在全省范围内正式实施。

7月20日 “大湾区（广东）国际人才驿站”挂牌仪式在广东广州南沙国际人才港举办。

7月22日 中共中央、国务院印发《关于新时代推动中部地区高质量发展的意见》。

7月23日 国家发展改革委在安徽合肥召开推进沿江综合交通运输体系规划建设座谈会。

7月27日 中国地震预警网示范运行新闻发布会在唐山举行。据悉，包括京津冀在内的6个省市已经实现地震预警网示范运行，具备震后秒级地震预警和分钟级地震烈度速报能力。

7月28日 牡丹江市举行第四届全省旅发大会产业推介会暨项目签约仪式，会上共签约71个项目，总投资额达548.239亿元。

8月2日 山东省委副书记、省长李干杰签发《山东省人民政府印发关于全面深化“证照分离”改革工作实施方案的通知》。

8月3日 《河北雄安新区条例》经河北省人大常委会审议通过。

8月4日 《浙江省全球先进制造业基地建设“十四五”规划》正式对外发布。

8月6日 黑龙江省交投集团与哈尔滨市平房区政府签署合作协议，启动黑龙江省网络货运数字产业园项目，旨在打造东北地区首个网络货运平台型企业生态集聚区和数字物流孵化产业园区，以智慧手段提高全省数字经济竞争力。

8月6日 黑龙江省举行省校合作线上推进会暨集中签约仪式，与北京大学、清华大学、复旦大学、浙江大学、南京大学、上海交通大学、中国人民大学、哈尔滨工业大学、西安交通大学、武汉大学、华中科技大学、厦门大学等国内46所重点高校相聚云端，共谋合作发展。会上，黑龙江省委、省政府与40所高校签订了省校合作战略协议。

8月6日 北京经开区、天津经开区、广州经开区8月6日通过“跨省云签”方式签署《京津穗经开区政务服务改革创新合作联盟框架协议》，正式启动三地国家级经开区268项政务服务事项跨省通办。

8月6日 《上海市生态空间建设和市容环境优化“十四五”规划》发布。

8月16日 《江苏省“十四五”现代服务业发展规划》由江苏省政府办公厅印发实施。

8月26日 由中华全国工商业联合会、台湾工商企业联合会、香港中华厂商联合会、澳门中华总商会共同主办的“第十五届海峡两岸和香港、澳门经贸合作研讨会暨助推粤港澳大湾区建设工商峰会”在广东广州南沙召开。峰会采用线下线上相结合形式举办。主题是：推进粤港澳大湾区科技创新合作，构建双循环新发展格局。

8月27日 在黑龙江省人民政府新闻办公室组织召开的“中国（黑龙江）自由贸易试验区成立两周年”新闻发布会上，绥芬河市委领导介绍，黑龙江自贸试验区绥芬河片区是全国唯一的县级片区，也是黑龙江省重要的对俄口岸，沿边开放、对俄特色十分突出。在制度创新方面，绥芬河片区进行了卓有成效的探索和实践。

8月27日 广东省药品监管局联合广东省卫生健康委召开专题新闻发布会，通报“港澳药械通”试点工作情况，以及该政策的主要配套制度文件和正式扩展实施工作安排。

8月28日 浙江省文化和旅游厅印发《浙江省文化和旅游厅推进文化和旅游高质量发展促进共同富裕示范区建设行动计划（2021—2025年）》。

8月31日 《上海市慢行交通规划设计导则》正式出台，从顶层设计出发，对全市的慢行交通发展做出规划和统筹。

8月31日 黑龙江省河湖长办组织召开2021年度全省河湖长制专项督查动员暨培训会议，动员部署全省河湖长制专项督查工作，通过开展高质量高标准专项督查，推动全省河湖长制落地见效。

9月1日 宁夏回族自治区发展改革委等八部门联合印发《宁夏回族自治区加快培育新型消费行动计划（2021—2023年）》。

9月1~2日 由香港特区政府和香港贸易发展局合办的“第六届‘一带一路’高峰论坛”在香港举行。其间，商务部与香港特别行政区政府共同签署了《关于推进境外经贸合作区高质量发展合作备忘录》。

9月2日 《上海市促进城市数字化转型的若干政策措施》正式生效，是上海数字化转型“1+3+1+1”制度体系的重要组成部分。

9月2日 国家发展改革委印发《“十四五”推进西部陆海新通道高质量建设实施方案》，指出到2025年，基本建成经济、高效、便捷、绿色、安全的西部陆海新通道。在强化重点枢纽功能方面，方案着重提出要打造海南洋浦区域国际集装箱枢纽港。

9月3日 上海编制《上海市社会主义国际文化大都市建设“十四五”规划》。

9月3日 贵州省发展改革委印发《贵州省“十四五”特殊类型地区振兴发展规划》。

9月5日 中共中央、国务院印发《横琴粤澳深度合作区建设总体方案》。

9月6日 中共中央、国务院印发《全面深化前海深港现代服务业合作区改革开放方案》。

9月7日 江苏省政府发布《江苏省“十四五”知识产权发展规划》，明确“十四五”时期江苏知识产权发展思路、主要目标、重点任务和保障措施。

9月8日 浙江省机关事务管理局、省发改委联合印发《浙江省公共机构节约能源资源“十四五”规划》。

9月8日 粤澳新通道（青茂口岸）开通仪式在澳门举行。

9月8日 “‘珠澳通’App发布暨珠澳跨境数字服务联盟成立大会”在广东珠海召开。

9月9日 大湄公河次区域经济合作第七次领导人会议以视频方式召开。会议发表了《大湄公河次区域经济合作第七次领导人会议宣言》，通过了《大湄公河次区域经济合作2030战略框架》和《大湄公河次区域经济合作应对新冠肺炎疫情和经济复苏计划（2021—2023）》等成果文件。

9月10日 《粤港澳大湾区“跨境理财通”业务试点实施细则》发布，于10月10日正式生效。

9月10日 国家体育总局、吉林省人民政府、中国一汽战略合作签约仪式在北京举行。

9月10日 江西省、湖南省、湖北省协同推动高质量发展座谈会在武汉举行。会议审议通过了《深化协同发展 加快绿色崛起——长江中游三省战略合作总体构想》，并签署了《长江中游三省协同推动高质量发展行动计划》《长江中游三省省会城市深化合作方案》《长江中游三省“通平修”绿色发展先行区建设框架协议》《长江中游三省文化旅游深化合作方案》《洞庭湖生态经济区五市深化协作工作方案》《九江市、黄石市、鄂州市、黄冈市人民政府关于深化跨江合作推进区域融合发展的框架协议》等六个合作文件。

9月14日 中共中央办公厅、国务院办公厅印发了《关于深化生态保护补偿制度改革的意见》。

9月14日 宁夏回族自治区和湖南省召开推进会，共同推动“一线一园一基地”建设。

9月15日 中国—东盟产能与投资合作论坛在广西南宁举行。

9月17日 由广东省工业和信息化厅、广东省通信管理局、工业和信息化部电子第五研究所、中国工业互联网研究院共同主办，广州市人民政府特别支持，广州市海珠区人民政府、广东省工业互联网产业联盟协办的“2021中国工业互联网大会暨粤港澳大湾区数字经济大会”在广东广州召开。主题是：数字驱动·智造未来。

9月23日 江苏省政府发布《江苏省“十四五”科技创新规划》。

9月23日 浙江省经信厅印发《浙江省经济和信息化领域推动高质量发展建设共同富裕示范区实施方案（2021—2025年）》。

9月23日 东北亚产业园区对话会在长春举办。

9月24日 以“美好目的地生态查干湖”为主题的首届查干湖生态旅游论坛在松原市举办。

9月23~24日 泛珠三角区域合作行政首长联席会议在四川省成都市召开。在泛珠“9+2”各方行政首长见证下，内地9省区相关部门签署了《泛珠内地九省区政务服务“跨省通办”合作框架协议》。

9月26~27日 2021粤港澳大湾区女性科技创新大赛决赛及颁奖仪式，在广东东莞松山湖科学城举行。国内外近900个项目参与。

9月27日 香港特区政府发布《香港营商环境报告：优势独特　机遇无限》。

9月29日 “粤港金融合作研讨会”在广东广州召开。

9 月 29 日　《河南省革命老区振兴发展促进条例》经河南省第十三届人民代表大会常务委员会第二十六次会议于 2021 年 7 月 30 日审议通过，将于 2021 年 10 月 1 日起施行。条例明确重点革命老区的范围，进行振兴发展予以普惠促进的同时，对大别山、太行山等革命老区在资金项目、基础设施、对口帮扶等方面给予更多倾斜。

10 月 8 日　中共中央、国务院印发了《黄河流域生态保护和高质量发展规划纲要》，并发出通知，要求各地区各部门结合实际认真贯彻落实。

10 月 11 日　由全国工商联和广东省人民政府联合主办的“2021 粤港澳大湾区民营企业科技创新峰会暨民营企业科技成果对接会”在广东广州召开。全国工商联授予广州民营科技园“全国工商联民营企业科技创新示范基地”称号。

10 月 11 日　广州南沙粤港合作咨询委员会服务中心举行启动仪式，16 个香港工商界专业机构正式加入。活动在穗港两地同步连线进行。

10 月 14 日　上海市《关于持续创新生态环保举措精准服务经济高质量发展的若干措施》出台，帮助企业解决在环保工作中的痛点、难点、堵点问题。

10 月 14 日　《浙江省土地管理条例》发布。

10 月 14 日　西安市委、市政府发布《关于支持西咸新区创新体制机制推动高质量发展建设创新城市发展方式试验区的若干意见》，全力推动西咸新区高质量发展。意见共分五个部分，从总体要求、基本原则、发展目标、重点任务以及组织保障等各方面，对支持西咸新区创新体制机制、推动高质量发展、建设创新城市发展方式试验区进行系统规划。

10 月 15 日　通燕高速燕郊出口立交枢纽正式通车，通车后，从河北省三河市燕郊高新区通往北京城市副中心仅需 10 分钟。

10 月 15 日　北京潞河中学三河校区和北京实验学校三河校区揭牌仪式在河北省三河市燕郊高新区举行。

10 月 16 日　澳门特别行政区第七届立法会全体议员宣誓就职，高开贤连任立法会主席。

10月19日 2021中德汽车大会在长春开幕。

10月20日 全国新农科建设工作推进会在长春举行。

10月20日 上海市政府办公厅印发《上海加快打造国际绿色金融枢纽服务碳达峰碳中和目标的实施意见》，加快打造国际绿色金融枢纽，积极助力国家实现碳达峰、碳中和目标。

10月20日 中共中央、国务院印发了《成渝地区双城经济圈建设规划纲要》。该规划纲要是指导当前和今后一个时期成渝地区双城经济圈建设的纲领性文件，是制定相关规划和政策的依据。

10月20日 贵州省六盘水市“立足山地资源优势，打造猕猴桃‘吨产园’、刺梨‘千斤园’、茶叶‘万元田’，形成全国最大的刺梨基地、全省最大的猕猴桃基地”“按照‘减量化、再利用、资源化’的原则，对产业‘存量’实施循环化改造，对‘增量’进行循环化构建，全面推进煤炭、电力、钢铁等传统产业绿色转型”两项经验做法获推广并得到通报表扬。

10月22日 横琴粤澳深度合作区管理委员会第一次会议在广东广州召开。

10月24日 广州粤港澳大湾区研究院成立仪式暨“高质量发展引领共同富裕：广州在大湾区建设中的功能和作用”论坛在广东广州黄埔国际会议中心举行。

10月24日 国务院关于印发2030年前碳达峰行动方案的通知。

10月27日 《江苏省“十四五”全面推进乡村振兴加快农业农村现代化规划》出台。

10月27日 北京2022年冬奥会进入100天倒计时。上午，黑龙江省迎北京2022年冬奥会倒计时100天冰雪系列活动启动。主会场与4个分会场四地联动，黑龙江省各地以百倍热情为北京冬奥会助力，为冬奥健儿加油鼓劲。

10月27~30日 由广州市台办、广州市协作办主办，广州市台资企业协会承办的“2021广州·台湾商品博览会”在广东广州琶洲展馆举行。

10月28日 吉林省“陆上风光三峡”工程全面建设启动仪式在白城通

榆吉西基地鲁固直流140万千瓦外送项目现场举行。

10月30日 黑龙江省最繁忙、最重要的南下出省大通道，省内首条双向八车道高速公路——京哈高速拉林河（吉黑省界）至哈尔滨段改扩建项目交工通车。

11月1日 为方便群众首次申领居民身份证异地办理，京津冀地区正式启动首次申领居民身份证“跨省通办”试点工作。

11月2日 辽宁发布《数字辽宁发展规划（2.0版）》。规划提出，到2025年，要实现数字辽宁整体发展水平实现跨越式提升；全省数字经济核心产业增加值占GDP比重超过全国平均水平，数字经济增加值年均增速10%左右；到2035年，要高水平建成网络强省，跻身创新型省份前列，高质量建成数字辽宁、智造强省。

11月3日 江苏省政府办公厅印发《江苏省“十四五”生态环境保护规划》。

11月5日 北京冬奥会张家口赛区交通基础设施工程之一的崇礼客运枢纽通过竣工验收，移交崇礼区体育文化传媒有限公司接管使用。至此，冬奥会张家口赛区8个临时交通场站全部建成。

11月5日 郑州市印发《新时代支持革命老区振兴发展实施方案》，深入贯彻落实国家、省关于新时代支持革命老区振兴发展的工作部署。

11月5日 江苏省政府出台《关于大力发展绿色金融的指导意见》。

11月5日 区域全面经济伙伴关系协定（RCEP）将于2022年1月1日开始生效。

11月6日 首届“粤港澳大湾区文艺创新论坛”在广东省中山市召开，约100人参会。

11月8日 作为推进未来农业农村优先发展的一项新举措，大连市将着手在金普新区三十里堡现代物流园区，高起点、高标准规划建设有国际影响力的大连现代农业中心。

11月8日 由广东省商务厅、香港投资推广署、澳门贸易投资促进局共同主办的“2021粤港澳大湾区推介会”在上海市举行。

11 月 10 日 浙江《关于加快发展保障性租赁住房的指导意见》出台。

11 月 15 日 内蒙古自治区与陕西省联合印发《推动呼包鄂榆城市群发展规划实施“十四五”重点合作事项》。

11 月 15 日 由中国（云南）自贸试验区昆明片区和昆明电力交易中心共同总结上报的制度创新案例“面向南亚东南亚跨境电力交易平台”，入选国务院自由贸易试验区工作部际联席会议办公室最新一批制度创新案例。

11 月 17 日 内蒙古、辽宁、吉林、黑龙江四省区生态环境厅共同签订生态环境执法联动协议，本着联合治污、团结治污原则，开展联防共治、联合执法等工作。

11 月 19 日 《浙江省防震减灾“十四五”规划》正式发布。

11 月 26 日 《上海市数据条例》表决通过。

11 月 26 日 国务院印发《关于支持北京城市副中心高质量发展的意见》，深入贯彻落实党中央、国务院决策部署，明确了支持北京城市副中心高质量发展的指导思想、基本原则、主要目标，提出了重点任务安排和组织实施要求。

11 月 29 日 《长三角生态绿色一体化发展示范区绿色金融发展实施方案》正式印发。

11 月 29 日 京津冀国家级经开区优化营商环境改革创新合作联盟在北京经开区成立。北京经开区相关负责人介绍，三地的 14 个国家级经开区，将针对企业和群众关注的高频政务服务事项，实现“跨省通办”和“异地代办”，并逐步推动“同事同标”。

12 月 1 日 河北省人民政府印发《河北省建设京津冀生态环境支撑区“十四五”规划》。

12 月 3 日 蒙冀两省区察汗淖尔生态保护协作机制工作推进会在商都县召开。

12 月 5 日 由中共广州市委宣传部、广州市文化广电旅游局指导，广州市社会科学院主办的“广州文交会”系列活动之一“2021 广州文化企业 30 强发布暨粤港澳大湾区背景下文化产业高质量发展论坛”系列学术会议在广东广州召开。

12月7日 中老铁路首运专列（万象—昆明）顺利接货。

12月7日 根据《全国重要生态系统保护和修复重大工程总体规划（2021—2035年）》要求，国家发展改革委会同有关部门编制了《青藏高原生态屏障区生态保护和修复重大工程建设规划（2021—2035年）》。

12月10日 国家发展改革委印发《成渝地区双城经济圈多层次轨道交通规划》。

12月11日 北京科技大学举办2021年京津冀物联网与数字经济高峰论坛，来自中国人工智能学会、北京大数据中心、国家管网集团、簃筐技术、北京师范大学、北京科技大学、北京物联网学会等政产学研各界专家学者参加了本次会议。

12月12日 由国务院发展研究中心金融研究所和广东省地方金融监督管理局联合主办的"第四届粤港澳大湾区金融发展论坛"在广东广州召开。

12月17日 浙江省政府印发《浙江省人民政府关于加快建立健全绿色低碳循环发展经济体系的实施意见》，为实现"双碳"目标提供制度保证。

12月17日 吉林省召开省委常委会议，深入学习贯彻中央经济工作会议精神，听取2021年经济工作汇报，分析研究2022年经济工作。

12月18日 粤港澳大湾区首个"专精特新"产业园——广州开发区专精特新产业园正式启动。

12月20日 由辽宁省对外友协、省政府外办、铁岭市人民政府、俄罗斯驻沈阳总领事馆共同主办的"2021辽宁中俄经济文化座谈会"在沈阳召开。

12月23日 伊春机场新航站楼正式启用，进一步提高了伊春民航运输能力和服务水平，标志着伊春民航事业发展迈上新台阶，为伊春市高质量转型发展增添了新引擎。

12月24日 《浙江高质量发展建设共同富裕示范区实施方案（2021—2025年）》印发。

12月24日 丹东市举行第34届"科普之冬"主场活动暨辽宁省首家

院士科普站签约仪式。

12 月 24～25 日 中国共产党黑龙江省第十二届委员会第十一次全体会议暨省委经济工作会议在哈尔滨召开。

12 月 25 日 呼包鄂榆城市群第三届市长联席会议暨呼包鄂乌一体化发展第五届市长联席会议在包头召开。

12 月 30 日 辽宁省红色旅游展示推介大会在沈阳举行，大会采取线上线下相结合的方式，全方位展示“红色辽宁”的深厚底蕴与精神气质。

12 月 30 日 辽宁省第十次台湾同胞代表大会在沈阳召开。全国台联党组书记、会长黄志贤，省委常委、统战部部长胡立杰出席开幕式并讲话。

12 月 31 日 国家发展改革委等部门正式复函同意在甘肃省启动建设全国一体化算力网络国家枢纽节点。

12 月 31 日 雄安新区印发《河北雄安新区积分落户实施细则（试行）》。

12 月 31 日 中共重庆市委、中共四川省委、重庆市人民政府、四川省人民政府联合印发了《重庆四川两省市贯彻落实〈成渝地区双城经济圈建设规划纲要〉联合实施方案》。

Abstract

The year 2021 is the first year of China's 14th Five-year Plan. With repeated outbreaks of COVID – 19 and the spread of mutated viruses around the world, the global economy is struggling to recover amid setbacks and China's economy faces multiple tests. The CPC Central Committee with Comrade Xi Jinping at its core accurately judged the situation and made careful plans. Coordinating epidemic prevention and control with economic development, It has embarked on a new journey to fully build a modern socialist country. China's regional economy showed strong resilience and vitality, bucking the trend for the better on the whole, with the relative gap between regions gradually narrowing, but the north-south divide widening. We fully implemented the master strategy for regional development. Coordinated regional development moved to a higher level. The transformation of driving forces for regional economic development has been accelerated to promote high-quality development of regional economy. We consolidated and expanded our achievements in poverty alleviation and continue to promote rural vitalization. Efforts to promote ecological progress have been deepened, and local governments have been implementing carbon dioxide targets and tasks. Repeated outbreaks of COVID-19 and the spread of mutated viruses have brought great uncertainties to world economic development, and China's economic development is under great external pressure. In 2022, China's regional economic development faces many opportunities and challenges. In 2022, China's regional economic development will present the following trends. We will thoroughly implement the strategy for major regional development and the strategy for coordinated regional development, and improve the distribution of regional economies. With modern metropolitan areas as the core, We will promote the development of city clusters based on different levels and categories. A new pattern of development in which domestic cycles play the main role and both domestic and international cycles reinforce each other will be established at a faster pace. Rural vitalization will be promoted across the board, and agricultural and rural modernization will be accelerated. With carbon reduction as the key strategic direction, China's economic and social development will accelerate a comprehensive green transformation.

Through the general report, the Beijing – Tianjin – Hebei region, the Yangtze River Delta region, the Pearl River Delta and the southern coastal region, the central and western regions and the northeast regions, the book deeply analyzes the overall trend of China's regional economic development. The general report analyzes the overall situation of China's regional economic development in 2021, studies and judges the opportunities and challenges facing China's regional economic development in 2022, and forecasts and analyzes the trend of China's regional economic development in 2021. The Beijing – Tianjin – Hebei region section focuses on the beijing-Tianjin-Hebei green and low-carbon development, high-tech industries, and the Beijing – Tianjin – Xiong urban agglomeration. The Yangtze River Delta region section conducts special studies on carbon emissions, innovation capacity, inclusive finance and cultural and tourism integration in the Yangtze River Delta. In the pearl River Delta and southern Coastal Areas, the collaborative development of the Guangdong – Hong Kong – Macao Greater Bay Area, regional cooperation of the polar cities, innovative development and other issues are deeply analyzed. In the middle and western regions, the problems of Chengdu – Chongqing economic circle, Henan building innovation highland, Shanxi modern logistics high quality development and so on are analyzed. The Northeast region section focuses on the business environment in northeast China, transportation accessibility and industrial carbon emissions in Jilin Province. The major events in the national regional economic development in 2021 are summarized and sorted out.

Keywords: Regional Economies; Coordinated Development; High Quality Development; Low-carbon Development

Contents

Ⅰ General Report

Abstract: In 2021, China's regional economy showed strong resilience and vitality, bucking the trend for the better on the whole, with the relative gap between regions gradually narrowing, but the north-south divide widening. We fully implemented the master strategy for regional development . Coordinated regional development moved to a higher level. The transformation of driving forces for regional economic development has been accelerated to promote high-quality development of regional economy. We consolidated and expanded our achievements in poverty alleviation and continue to promote rural vitalization. Efforts to promote ecological progress have been deepened, and local governments have been implementing carbon dioxide targets and tasks. Repeated outbreaks of COVID -19 and the spread of mutated viruses have brought great uncertainties to world economic development, and China's economic development is under great external pressure. In 2022, China's regional economic development faces many opportunities and challenges. In 2022, China's regional economic development will present five major trends.

Keywords: Regional Development Gap; Major Regional Strategies; High-quality Development; Rural Revitalization; Ecological Progress

Ⅱ Beijing, Tianjin and Hebei Region

B.2 Study on Green and Low-carbon Development in Beijing – Tianjin – Hebei Region

Wu Yiqing, Zhang Xu and Yao Lianxiao / 045

Abstract: Green low-carbon development is the only way to achieve carbon peaking and carbon neutrality. The green total factor productivity and carbon productivity of Beijing, Tianjin and Hebei are measured separately, and compared with those of Beijing, Tianjin and Hebei, the Yangtze River Delta and the Pearl River Delta, and the results show that the green low-carbon development of Beijing, Tianjin and Hebei is higher, Tianjin is second and Hebei is lower; the green low-carbon development of the Pearl River Delta is higher, the Yangtze River Delta is second and Beijing, Tianjin and Hebei is lower. The economic growth mode is determined by the contribution rate of carbon productivity growth to economic growth, and the growth mode of Beijing – Tianjin – Hebei region gradually improved during the period from the Tenth Five – Year Plan to the Twelfth Five – Year Plan. The economic growth mode is high-carbon type II in the 13th Five – Year Plan period. The motives of green and low-carbon development in Beijing, Tianjin and Hebei are analyzed from the perspectives of industrial structure, energy structure and technological innovation respectively.

Keywords: Beijing, Tianjin and Hebei; Green Low-carbon Development; Green Total Factor Productivity; Carbon Productivity; Economic Growth Mode

Abstract: This report argues that the establishment of the Xiongan New Area in hebei changes the beijing-tianjin-hebei core region development pattern, the Xiongan New Area to speed up the construction will initially formed in "The 14th Five –Year Plan" period at the beijing-tianjin – Xiongan urban agglomeration as the core of regional spatial structure. Through the Beijing, Tianjin, Xiongan, Shanghai and Chongqing nearly 20 years review and comparison of main macroeconomic indicators, preliminary build a macro analysis framework of Beijing – Tianjin – Xiongan urban agglomerations. Macro econometric model forecast analysis showed that during "The 14th Five – Year Plan" period, the economic scale of the Beijing – Tianjin – Xiongan urban agglomeration will be significantly improved, the quality of development will also be significantly improved. It is suggested to strengthen the leading role of scientific and technological innovation in the Xiongan New Area, we will stimulate the vitality of new citizens in the Beijing – Tianjin – Xiongan urban agglomerations through institutional innovation, promote regional high quality development.

Keywords: Beijing –Tianjin –Xiongan New Area; Digital Economy; New Infrastructure

Abstract: As a high added value and high benefit industry, high-tech industry is an important component and main power to promote high quality economic development. Based on the data of Beijing, Tianjin and Hebei provinces from 2011 to 2019, this paper constructs the panel data model of high-tech industry agglomeration and regional industrial competitiveness, then analyzes the relationship between them, the results show that there is an inverted U-shaped non-linear relationship between the degree of agglomeration of the high-tech and regional competitiveness. At the same time, high-tech industry agglomeration can enhance regional competitiveness through knowledge spillover effect, scale economy effect and various cooperation mechanisms strengthening effect.

Keywords: High-tech Industrial; Industry Agglomeration; Regional Competitiveness; High-quality Development

Ⅲ Yangtze River Delta Region

B.5 Research on Characteristics of Carbon Emissions and Reduction Strategies in the Yangtze River Delta

Gao Shan, *Cao Mingxia* / 095

Abstract: Through carbon emissions accounting, this report found that the total carbon emissions from 2005 to 2019 were relatively large in the Yangtze River Delta, but the energy consumption intensity and carbon emissions intensity were lower than the national level. Economic growth and carbon emissions in the region were weakly decoupled. There were obvious regional differences. Shanghai is a low-carbon leading area, and the pressure of emission reduction in Jiangsu, Zhejiang and Anhui provinces was still large. In order to solve the problems of heavy economic and energy structure and the shortage of resources and environment, the report puts forward some emission reduction strategies, including clean replacement of fossil energy, low-carbon transformation of key industries, establishment of a low-carbon financial market, and administrative coordination, and so on.

Keywords: Yangtze River Delta; Carbon Emissions; Accounting; Emission Reduction Strategies

B.6 Research on the Evolution of Spatial and Temporal Pattern of Urban Innovation Capacity in the Yangtze River Delta

Abstract: This paper uses the entropy method, the global natural breakpoint method, and the analysis of hot and cold spots to study the evolution of the spatiotemporal pattern of urban innovation capacity in the Yangtze River Delta and its phase characteristics. The research finds that the overall performance of innovation ability is a growth trend, and the influence degree of basic dimensions on innovation ability is innovation basic environment > technological innovation > innovative talents > industrial cluster > market openness. Changes in the ranking of cities in the Yangtze River Delta in terms of innovation capability can be divided into three types, namely, 6 cities in the top ranking such as Shanghai, 12 cities in the middle ranking such as Hefei, and 9 cities in the lower ranking such as Yancheng. The overall innovation capability is divided into four levels, namely high-level cities, high-level cities, low-level cities and low-level cities. The innovation capacity of cities in the Yangtze River Delta from 2000 to 2019 can be divided into a rapid growth stage from 2000 to 2006, a steady growth stage from 2007 to 2010, and a slow growth stage from 2011 to 2019.

Keywords: Innovation Capability; Spatiotemporal Pattern; Evolution Stage; Yangtze River Delta City

B.7 A Study of Digital Financial Inclusion's Impacts on Regional Convergence: Its Mechanism and Spatial Spillover Effects

Abstract: This report synthesizes the relevant theories of information economics, regional economics and spatial economics, analyzes the impact mechanism of digital financial inclusion development on regional convergence, and then measures the spatial spillover effect of digital financial inclusion in the three major urban agglomerations of the Yangtze River Basin from 2011 to 2018, and establishes a spatial Durbin panel data model, empirically analyzes its impact path and spatial role characteristics of promoting regional convergence, and finally puts forward policy suggestions for optimizing the development pattern of digital financial inclusion and improving the quality of development in cities in the Yangtze River Basin in combination with the empirical results.

Keywords: Digital Financial Inclusion; Urban Agglomerations; Economic Convergence; Spatial Spillover

Abstract: The Yangtze River delta needs to grasp the important opportunities for the country to promote the integrated development of culture and tourism, accurately grasp the constraints on the integrated development of culture and tourism in the Yangtze River Delta, identify the development path, innovate development ideas, and promote the integrated development of culture and tourism to become an important force to highlight the core competitiveness of culture in the Yangtze River Delta and help the regional integration of the Yangtze River Delta. To promote the transformation of traditional culture and tourism industry by policy, technology and market environment, we need to grasp five trends and laws. First, the development focuses on the development goal of cultural self-confidence, second, the integration of culture and tourism presents the upstream and downstream industrial chain model, and third, promote the transformation and development of platform economy with the support of cultural content. Fourth, take cultural content as the core to form a multi format integration of cultural tourism. Fifth, take the cultural content as the driving force and empower the experiential cultural tourism model. At present, there are still some restrictive factors in the integration of culture and tourism in the Yangtze River Delta, such as insufficient excavation and transformation of cultural content, insufficient theme of "cultural tourism", imperfect departmental cooperation mechanism and so on. Therefore, it is suggested to strengthen the ability of cultural excavation, interpretation and artistic creation in the Yangtze River Delta, improve the supporting upstream and downstream industrial chain of cultural tourism integration, strengthen the construction of platform carrier of cultural tourism integration, layout experiential tourism infrastructure, innovate multi regional and multi sectional cooperation mechanism, and promote the sustainable and healthy development of cultural tourism integration in the Yangtze River Delta.

Keywords: Yangtze River Delta Region; Integration of Culture and Tourism; Cooperation Mechanism

Ⅳ Pearl River Delta and South Coastal Region

B.9 Problems and Suggestions on the Coordinated Development of The Guangdong – Hong Kong – Macau Bay Area Based on the Perspective of Central Cities

Long Jianhui, Zhu Zhetong / 155

Abstract: *The Outline of the Development Plan of Guangdong – Hong Kong – Macao Bay Area* takes "the demonstration area of in-depth cooperation between the mainland and Hong Kong & Macao" as one of the five strategic positioning for the construction of Guangdong – Hong Kong – Macao Bay area. Building an open regional collaborative development community is an important measure to realize this strategic positioning, and "exploring a new model of coordinated development" is the key strategy to realize this strategic positioning. Giving full play to the unique advantages of "one country, two systems", promoting the joint efforts of effective market and promising government, innovating system and mechanism, and fully stimulating the advantages of the four central cities are the direction of promoting the coordinated development of Guangdong –Hong Kong – Macao Bay Area.

Keywords: Central Cities; Guangdong – Hong Kong – Macao Bay Area; Coordinated Development

B.10 A Comparative Study on the Regional Cooperation of Core Cities in Guangdong –Hong Kong –Macao Greater Bay Area

Abstract: According to the population and economic size and interactive relationship evolution process of all the 11 cities in Guangdong – Hong Kong – Macao Greater Bay Area, we summarized the three effects of "polarization", "trickle down" and "network" in different development stages of the core cities. At least in the stage of function spillover, the core cities held the demand for regional cooperation, and in the stage of networking, with the continuous promotion of cooperation, a new model has been formed. We constructed an explanatory framework based on the combination and evolution of three factors: spatial proximity, functional complementarity and the role of government and market, analyzed the regional cooperation model between the core cities in Guangdong – Hong Kong – Macao Greater Bay Area, and focused on the Comparison development of "The integration of Guangzhou and Buddhism" and "The integration of Shenzhen Dongguan Huizhou Hui", in order to provide reference for the regional cooperation of other cities.

Keywords: Guangdong – Hong Kong – Macao Greater Bay Area; Core Cities; Regional Cooperation

B.11 Research on the Innovative Development of the "Two Collaborative Zones" in Guangdong – Hong Kong – Macao Greater Bay Area: An Institutional Openness Perspective

Chen Zhiming / 184

Abstract: Qianhai collaborative zone and Hengqin collaborative zone, which play as "bridgeheads" links with Hong Kong and Macao, are the most forward position to promote high-level opening up and the international scientific and technological innovation center building of the Guangdong – Hong Kong – Macao Greater Bay Area. In September 2021, the programs for the reform and construction of Hengqin collaborative zone and Qianhai collaborative zone were issued to expanding Qianhai district and upgrading Hengqin district. Institutional openness of innovation therefore become the key point of the "two collaborative zones" to achieve high-level reform and opening-up. Under this background and by the perspective of institutional openness, the paper discussed the economic, platform and environmental foundations for the innovative development of the "two collaborative zones", and analyzed related difficulties and directions of institutional openness of innovative development from dimensions of direction, hierarchy, structure and effectiveness of institutional openness. Meanwhile, three principles of institutional openness of innovation for the "two collaborative zones" were proposed, such as persisting in reform and innovation of the system and mechanism, upholding the combination of points, lines and plane in the Guangdong – Hong Kong – Macao Bay Area, and adhering to the innovation main body status. Finally, to promote factor flow openness to institutional openness, some countermeasures for the "two collaborative zones" were putting forward such as focusing on institutional system construction, institutional docking, institutional guidance and institutional efficacy, etc.

Keywords: Guangdong – Hongkong – Macao Greater Bay Area; Qianhai Collaborative Zone; Hengqin Collaborative Zone; Innovative Development; Institutional Openness

V Central and Western Region

B.12 The Evaluation of the Impact of Major Development Strategies in the Western Region on the High-quality Industrial Development

Ye Tanglin, Li Guoliang and Liu Ying / 198

Abstract: As used herein, 12 provinces in the Western Region from 2000 to 2018 of prefecture-level city data are used in the research of western region high-quality industrial development factors by constructing DID model. As for further study we mainly focus on whether the implementation of relevant policies will lead to obvious changes in these key factors, which will affect the high-quality development of the three industries as well. It is found that from the perspective of development efficiency, the fixed asset investment under the government-led model in the western region has had a "crowding-out effect" on other resources in the current period, and there are many inefficient investments and repeated construction. From the perspective of the development stage, most cities in the western region are still in the middle stage of industrialization. This realistic condition determines the impact of the implementation of the new urbanization strategy on the high-quality industrial development. From the perspective of development location, the industrial development of "core" and "peripheral" cities in the western region is still significantly dependent on traditional factor input. The reliance on traditional factor inputs remains significant. The "crowding-out effect" of fixed asset investment in major cities covered by the development strategy of the Yangtze River Economic Belt is relatively unconspicuous. From the perspective of development momentum, there are still some obstacles to the docking of industry, university and research in the western region.

Keywords: Western Region; Policy Effect; High-quality Development; Total Factor Productivity

B.13 Research on the Interactive Development of Chengdu – Chongqing Economic Circle and the New Western Land-sea Corridor

He Ruifang / 221

Abstract: Today's world is experiencing a great change that has not happened in a century, Chengdu – Chongqing Economic Circle and the new western land-sea corridor will be developed by means of interaction, will release dividends from national strategies such as the Belt and Road Initiative, the Yangtze River Economic Belt, the Western Development, and the Guangdong – Hong Kong – Macao Greater Bay Area, make the Chengdu – Chongqing Economic Circle becoming the sub-regional center for Southeast Asia and South Asia, promoting the rise of the Western Development.

Keywords: Chengdu – Chongqing Economic Circle; New Western Land-sea Corridor; Western Development

B.14 Research on the Problems and Countermeasures of Building National Innovation Highland in Henan Province

Wang Zhongya / 234

Abstract: Innovation occupies the core position in the overall situation of China's modernization construction, and self-reliance and self-improvement of science and technology has become the strategic support for China's development. Henan's construction of national innovation highland should conform to the new trend of scientific and technological innovation and development in the new era. In recent years, Henan's comprehensive strength of innovation has been significantly improved, the innovation support system has been increasingly improved, the vitality of innovation subjects has burst out, and the synergy effect of innovation has been constantly highlighted, which has met the basic conditions for building a national innovation highland. The comparative analysis results show that there are some shortcomings and weaknesses in the construction of national innovation highland in Henan Province, such as insufficient innovation input, insufficient output level, insufficient carrier platforms and inadequate ecological environment. The successful experience of implementing innovation-driven development strategy in other regions of China, such as exploring the establishment of leading institutions for scientific and technological innovation, relying on the layout of innovation platforms in advantageous areas, making every effort to build high-end carriers for scientific and technological innovation, and actively linking elements of innovation resources outside the region. Henan should learn from these successful experiences. We should take various measures to promote the transformation of Henan's grand goal of national innovation highland into reality by raising the level of understanding, increasing capital investment, consolidating talent support and deepening mechanism reform.

Keywords: Innovation Highland; Innovation-driven; Henan

Abstract: This paper takes the high quality development of modern logistics in Shanxi Province as the research object, and systematically analyzes the development effect of modern logistics in Shanxi Province: the industrial scale continues to expand, the operation quality improves steadily, the infrastructure enhances gradually, new formats and new models emerge rapidly, and the development trend of logistics industry cluster highlights. In general, modern logistics in Shanxi Province has entered a new development stage of transformation and upgrading, structure optimization, quality and efficiency improvement. However, it still faces a series of "pain points", such as high logistics cost, unreasonable transportation structure, unbalanced infrastructure and lack of logistics talents. Shanxi Province should adhere to the "market dominant, government guidance", make the development orientation clear, optimize the spatial layout, accelerate the development of digital intelligence in modern logistics, promote the integrated development of logistics industry and other industries, smooth logistics chain operation, to achieve the high quality of the modern logistics development in Shanxi Province.

Keywords: Modern Logistics; High Quality Development; Shanxi Province

Ⅵ Northeast Region

Abstract: This report used GDIM model to decompose the influencing factors of industrial and sub-industry carbon emissions in Jilin Province, and put forward policy suggestions for energy conservation and emission reduction. The results showed that the overall trend of industrial carbon emissions wasto increase first and then decrease in Jilin province, among which the contribution rate of coal products was the highest, reaching more than 50%. Among the sub-sectors, production and supply of electric power and heat power had the highest carbon emissions. From the perspective of influencing factors, investment scale, output scale and energy consumption scale had obvious promoting effects on industrial carbon emissions, while investment carbon intensity and output carbon intensity were important factors for reducing carbon emissions. There were differences in the influencing factors of carbon emission changes in different industries. The output scale and investment scale were the main factors that promote carbon emissions in various industries, while output carbon intensity, investment carbon intensity, investment efficiency and energy intensity contributed to reducing carbon emissions.

Keywords: Carbon Emission; GDIM Model; Jilin Province

Abstract: The Sixth Plenary Session of the 19th CPC Central Committee emphasized that, based on the new development stage, implement the new development concept, build a new development pattern, and promote high-quality developmen, at the same time, it is clearly proposed to implement the regional coordinated development strategy and promote the revitalization of Northeast China to achieve new breakthroughs. To promote high-quality developmentand and achieve revitalization in the Northeast, the business environment must be optimized. The business environment is not only a benchmark for measuring the soft power of a country or region's economy, but also an important factor affecting the rise and fall of market entities, the convergence and dispersion of production factors, and the strength of development momentum. This paper points out the necessity of optimizing the business environment in Northeast China from the perspective of theoretical logic and practical needs, analyzes the current situation of business environment in Northeast China, analyzes the problems existing in the optimization of business environment, and proposes countermeasures for optimizing business environment, so as to stimulate the vitality of market entities and promote the high-quality development of the Northeast region during the "14th Five-Year Plan" period has laid the foundation for accelerating the realization of all-round revitalization.

Keywords: Northeast China; Business Environment; Market Entities

Abstract: Based on the traffic data in 2005 and 2018, this report used the complex network analysis method and the shortest travel time method to analyze the topological accessibility and temporal accessibility of land transportation (road and railway) in Northeast China. The study found that, compared with 2005, the accessibility of land transportation in Northeast China in 2018 has been greatly improved, but the spatial distribution still shows an obvious "core-edge" distribution pattern. Finally, policy suggestions were put forward from two aspects: continuing to increase investment in land transportation infrastructure and promoting the integrated development of land transportation network in Northeast China.

Keywords: Northeast Area; Transportation Network; Topological Accessibility; Temporal Accessibility

皮 书

智库成果出版与传播平台

皮书定义

皮书是对中国与世界发展状况和热点问题进行年度监测，以专业的角度、专家的视野和实证研究方法，针对某一领域或区域现状与发展态势展开分析和预测，具备前沿性、原创性、实证性、连续性、时效性等特点的公开出版物，由一系列权威研究报告组成。

皮书作者

皮书系列报告作者以国内外一流研究机构、知名高校等重点智库的研究人员为主，多为相关领域一流专家学者，他们的观点代表了当下学界对中国与世界的现实和未来最高水平的解读与分析。截至 2021 年底，皮书研创机构逾千家，报告作者累计超过 10 万人。

皮书荣誉

皮书作为中国社会科学院基础理论研究与应用对策研究融合发展的代表性成果，不仅是哲学社会科学工作者服务中国特色社会主义现代化建设的重要成果，更是助力中国特色新型智库建设、构建中国特色哲学社会科学“三大体系”的重要平台。皮书系列先后被列入“十二五”“十三五”“ 十四五”时期国家重点出版物出版专项规划项目；2013~2022 年，重点皮书列入中国社会科学院国家哲学社会科学创新工程项目。

S 基本子库
SUB DATABASE

中国社会发展数据库（下设 12 个专题子库）

紧扣人口、政治、外交、法律、教育、医疗卫生、资源环境等 12 个社会发展领域的前沿和热点，全面整合专业著作、智库报告、学术资讯、调研数据等类型资源，帮助用户追踪中国社会发展动态、研究社会发展战略与政策、了解社会热点问题、分析社会发展趋势。

中国经济发展数据库（下设 12 专题子库）

内容涵盖宏观经济、产业经济、工业经济、农业经济、财政金融、房地产经济、城市经济、商业贸易等12个重点经济领域，为把握经济运行态势、洞察经济发展规律、研判经济发展趋势、进行经济调控决策提供参考和依据。

中国行业发展数据库（下设 17 个专题子库）

以中国国民经济行业分类为依据，覆盖金融业、旅游业、交通运输业、能源矿产业、制造业等 100 多个行业，跟踪分析国民经济相关行业市场运行状况和政策导向，汇集行业发展前沿资讯，为投资、从业及各种经济决策提供理论支撑和实践指导。

中国区域发展数据库（下设 4 个专题子库）

对中国特定区域内的经济、社会、文化等领域现状与发展情况进行深度分析和预测，涉及省级行政区、城市群、城市、农村等不同维度，研究层级至县及县以下行政区，为学者研究地方经济社会宏观态势、经验模式、发展案例提供支撑，为地方政府决策提供参考。

中国文化传媒数据库（下设 18 个专题子库）

内容覆盖文化产业、新闻传播、电影娱乐、文学艺术、群众文化、图书情报等 18 个重点研究领域，聚焦文化传媒领域发展前沿、热点话题、行业实践，服务用户的教学科研、文化投资、企业规划等需要。

世界经济与国际关系数据库（下设 6 个专题子库）

整合世界经济、国际政治、世界文化与科技、全球性问题、国际组织与国际法、区域研究 6 大领域研究成果，对世界经济形势、国际形势进行连续性深度分析，对年度热点问题进行专题解读，为研判全球发展趋势提供事实和数据支持。

法律声明